资助项目：河北省教育厅人文社会科学研究重大课题攻关项目最终成果
项目编号：ZD201812

金融创新支持雄安新区高质量发展研究

王宪明　王立平　等著

中国财经出版传媒集团
中国财政经济出版社

图书在版编目（CIP）数据

金融创新支持雄安新区高质量发展研究 / 王宪明等著. -- 北京：中国财政经济出版社，2022.6
ISBN 978-7-5223-1466-2

Ⅰ.①金… Ⅱ.①王… Ⅲ.①金融改革－关系－雄安新区－区域经济发展－研究 Ⅳ.①F832.1②F127.22

中国版本图书馆 CIP 数据核字（2022）第 099621 号

责任编辑：高树花　彭　波　　　　责任印制：史大鹏
封面设计：卜建辰　　　　　　　　责任校对：胡永立

中国财政经济出版社 出版
URL：http：//www.cfeph.cn
E-mail：cfeph@cfeph.cn

社址：北京市海淀区阜成路甲 28 号　邮政编码：100142
营销中心电话：010-88191522
天猫网店：中国财政经济出版社旗舰店
网址：https：//zgczjjcbs.tmall.com
北京财经印刷厂印刷　各地新华书店经销
成品尺寸：170mm×240mm　16 开　19.5 印张　300 000 字
2022 年 6 月第 1 版　2022 年 6 月北京第 1 次印刷
定价：68.00 元
ISBN 978-7-5223-1466-2
（图书出现印装问题，本社负责调换，电话：010-88190548）
本社质量投诉电话：010-88190744
打击盗版举报热线：010-88191661　QQ：2242791300

前　　言

四月芳菲，花事正盛，雄安新区迎来了设立五周年的日子，过去的五年，雄安新区的建设者们牢牢把握北京“非首都功能疏解集中承载地”这个初心，以紧紧围绕创造“雄安新区质量”、建设“廉洁雄安新区”和打造“推动高质量发展的全国样板”为发展目标，从世界眼光、国际标准起笔，以中国特色、时代标杆落笔，创造了一个又一个奇迹。正是雄安新区的建设者们在这片热土上播下了一粒一粒种子，用爱与希望，智慧与热情，开疆拓土，使这座承载千年大计、国家大事的“未来之城”展现蓬勃生命力。

心是一棵树，根须扎在故乡的土里。我与雄安新区的缘分从1992年求学于河北大学开始，毕业留校后，在保定学习工作将近三十年。应该说，白洋淀的碧波一直在心头荡漾。当雄安新区成立时，我就在思考自己能为新区建设发展做些什么。2018年，我和河北金融学院的研究团队承担河北省教育厅重大课题——“‘雄安新区质量’金融服务创新研究”之后，心里一直惴惴不安。原因是，一方面雄安新区是一张白纸，没有经验可以借鉴，不能空想猜测；另一方面雄安新区高质量发展的标准定在哪？怎么定？之后，通过查阅大量的资料，课题组的同志们研讨，并请教有关专家，最终决定课题研究按照习近平总书记提出的五大发展理念来分类评价，制定雄安新区高质量发展的标准。当时还考虑雄安新区金融业的发展借鉴美国硅谷以及日本筑波、英国伦敦金融城的发展历史，后来感觉还不如深圳、上海浦东更有历史和现实借鉴价值，所以最终以深圳和上海的改革发展历程为经验，提取金融业发展的精髓，通过政策梳理，为雄安新区金融产业发展建言献策，以期能为新区建设提供绵薄之力，同时也希望能给广大读者提供一些启迪与帮助。本书借鉴了很多前人的观点，也有很多深圳、浦东建设者实践的案例，在此一并致谢。书中不妥之处还请广大读者批评指正。历史照进现实，梦想引领未来，衷心希望雄安新区发展越来越好，雄安新区的人民生活越来越幸福。

王宪明　王立平

2022 年 4 月 16 日

目　　录

| 第一章 |

绪　　论

第一节　研究背景及研究意义

一、研究背景

为深入推进京津冀区域协同发展，以习近平同志为核心的党中央在2017年4月1日做出了一项重大的历史性战略决策，设立雄安新区。作为我国千年大计、国家大事的雄安新区是继深圳特区和上海浦东新区后又一个具有全国意义的新区。雄安新区的设立，标志着我国在国家级新区的建设路途中又向前迈进了重要的一步。雄安新区的发展，不仅事关河北省的发展，还事关京津冀一体化的进程，事关我国城乡协调发展和高质量发展的长远战略。在习近平新时代中国特色社会主义思想的指引下，雄安新区迎来了历史性的发展机遇，如何保障雄安新区高质量发展，在高标准建设、高质量发展的进程中，金融服务和金融创新如何提供基础性支撑，成为摆在我们面前的一个重要课题。

本书旨在通过对雄安新区金融服务创新开展深入研究，在结合雄安新区金融服务发展的现状和金融创新资源的前提下，针对性地开展一系列金融创新手段，积极探索具有中国特色的金融服务创新路径，并提出相关政策建议，服务雄安新区发展，发挥雄安新区金融服务创新的样板作用，为我国的千年大计贡献我们的微薄之力。

二、研究意义

按照《河北雄安新区规划纲要》的要求，我们要坚持世界眼光、国际标准、中国特色、高点定位，紧紧围绕打造北京非首都功能疏解集中承载地，创造“雄安新区质量”①。现如今的雄安新区还处于起步阶段，基础设施开发程度较低，经济体量小，财政收入少，尤其是金融产业发展滞后。可以说，在雄安新区从无到有的建设过程中都离不开金融的支持，换言之，金融服务创新对雄安新区的发展建设具有极大的促进作用。就目前情况来看，要以高标准、高起点来完成雄安新区的建设，从整体上搭建金融服务平台，支持雄安新区的大格局、大框架，对金融领域的创新、开放、发展等各个环节都会有较高的要求。因此，建立具有中国特色、雄安新区特点的多层次资本体系，创新发展金融服务，从新区未来建设的角度统筹协调金融发展市场，引进和设立各类金融机构，对于完成雄安新区的建设具有十分重大的意义。

改革开放以来，中国先后批准设立多个经济特区或国家级新区，深圳特区和浦东新区已成为不同时期发展的“样板”，在全国起到了示范引领作用。众所周知，我国经济已由高速增长模式向高质量发展模式转变。我们应该充分认识到，社会主要矛盾的改变对我国经济社会发展提出了新的要求。人民日益增长的美好生活需求和不平衡不充分的发展之间的矛盾已经成为当前社会的主要矛盾。我们必须充分认识社会主要矛盾的变化，对中国经济社会的发展提出新的要求。雄安新区建设正是在这一特定历史时期，适应我国社会主要矛盾的变化和高质量发展的阶段性特征，即坚持质量第一、高质量发展的产物。雄安新区高质量发展就是要加快形成高质量发展的城市建设与发展体系，优化制度环境，以高质量发展带动转型升级，形成竞争新优势，打造新时代高质量发展的全国样板。

雄安新区建设过程中，如何建设，如何实现示范引领作用，如何打造新时代样板，习近平总书记提出了明确的要求——“雄安新区质量”。雄安新区被赋予了新的使命，但是“雄安新区质量”的内涵是什么，“雄安新区质

① 中共中央、国务院关于对《河北雄安新区规划纲要》的批复［Z］. 2018.

量”应该进行何种规划，是现如今亟须解决的问题。本书的第一个研究意义在于通过深入解读京津冀协同发展和雄安新区的相关文件，探索“雄安新区质量”的内涵，并基于内涵搭建“雄安新区质量”的标准框架。

本书研究的第二个意义在于探索“雄安新区质量”创造过程中的金融需求，创新金融服务，打造金融服务创新助推区域经济发展的“雄安新区模式”。雄安新区的整体规划和功能定位决定了前期需要投入大量的基础设施项目，所需资金规模巨大。考虑近年来我国财政收入增速放缓趋势明显，加之养老、医疗等财政支出刚性增长，通过大量财政投入来建设雄安新区无疑会受到较大制约，客观上需要各种类型资金参与到新区建设中。因此，科学合理的金融服务有助于合理配置社会资源，激活大量的社会资本，发挥好资金流动对于经济发展的促进作用，以保证新区未来发展中的资金需求。而如何创新金融服务，引入社会资本参与新区建设，将是金融支持“雄安新区高质量”发展的工作重点。

本书研究的第三个意义在于搭建“雄安新区质量”样板框架和金融服务创新“雄安新区模式”，为全国各地高质量发展和金融创新工作起到示范作用。按照中央要求，雄安新区要打造“创新、协调、绿色、开放、共享”五大发展理念的创新发展示范区，将国家发展战略实施与雄安新区未来的整体发展规划深度结合，打造“雄安新区质量”，势必对全其他省市高质量发展起到示范作用。而雄安新区的功能之一为创新驱动引领，要求雄安新区要坚持实施创新驱动发展战略，把创新驱动作为雄安新区发展的第一动力，金融服务创新是此功能的重要内容，同时也是实现此功能的主要推动力。

第二节　国内外研究概述

一、关于金融创新国外研究概述

在金融创新领域的专家学者之中，可以大致分为两个派系：一学派是以E. J. 凯恩、M. H. 米勒、S. L. 格林鲍姆和B. 希金斯为代表的侧重对金融创新进程的制约因素进行研究的学者；另一学派则是以M. 贝霍尔曼和西伯尔、A. W. 萨姆兹 J. D. 芬纳蒂等专家为代表侧重对金融创新过程决定因素及发展动力的研究者。以上这些研究者认为，金融管制在金融创新的初始阶段是至关重要的，技术进步则是创新的推动器，其重要性贯穿金融创新的全过程。金融创新是多种因素相互作用的共同结果。而许多在金融创新初期起决定作用的因素，往往对其后期的发展常常并不很重要。

罗纳德·麦金农的《经济发展中的货币与资本》和 E. S. 肖的《经济发展中的金融深化》两书在 1973 年出版后，标志着金融发展理论的诞生。罗纳德·麦金农和 E. S. 肖对金融和经济发展之间的相互关系及发展中国家的金融发展提出了不同的看法，他们提出的“金融抑制”和“金融深化”论在经济学界影响巨大，在大部分发展中国家的货币政策和金融改革实践中都有体现，被认为是发展经济学和货币金融理论的重大突破。

二、关于金融创新国内研究现状

国内对于金融服务创新的研究起步比较晚，大部分是建立在西方研究成果的基础之上，学者们的研究活动与国内金融服务创新的实际情况密切结合。孙伍琴（2004）在《从金融与实体经济的适应效率看金融结构的演进趋势》中提出金融对实体经济的作用是促进还是抑制取决于金融自身与实体经济的适应效率，每个阶段的实体经济都应有与其自身相适应的金融服务①。白钦先在 1999 年《经济全球化和经济全球化的挑战和启示》中谈到，在经济全球化和经济金融化的今天，应该将金融功能提高到金融资源的高度，金融的资源化更有助于经济的稳定②。李芳（2015）指出，随着经济全球化、世界各国金融交流密切程度的加深，再加上互联网的强力推动作用，我国金融创新的步伐加快，创新水平不断提高，但仍然面临着创新模式亟待转变、经营模式亟须转换、信用机制不健全等制约。加快市场主导型金融创新发展，推动商业银行经营模式积极转换，促进信用机制的健全有效，不断完善金融风险的监控和防范等才是当下需要重点解决的问题。裴喜亮、王新

① 孙伍琴. 从金融与实体经济的适应效率看金融结构的演进趋势［J］. 浙江金融，2004（05）.

② 白钦先. 经济全球化和经济全球化的挑战和启示［J］. 世界经济，1999（06）.

(2014) 指出，互联网金融产品给小规模客户群体带来了前所未有的利益。他们从金融创新的内涵和意义入手，分析金融创新在发展中存在的几个问题，并针对相关问题给出改革建议。[①] 应根菊 (2015) 指出，金融产品设计形式、金融服务的内容及附加值的水平，对金融产品的价值大小起决定性作用。由于能提供更高质量的服务，金融模仿者可以取胜于创新者，所以产品的创新要有服务的创新作保障。他简述了银行拓展与创新在银行发展中的重要性，分析了银行金融创新中存在的问题，提出服务创新的策略和建议[②]。李国风 (2016) 基于后经济危机这一背景，分析目前商业银行金融创新发展现状，结合我国商业银行金融创新现状及问题，在产品创新及制度上为我国商业银行金融创新提供一些建议和意见。戴国强、罗宣东 (2015) 利用问卷调查的方法取得我国商业银行金融创新的相关数据，使用因子分析法对问卷数据进行处理，得到具有解释性的因子后利用最小二乘估计对影响创新绩效的因素进行分析，提出了创新规范性对创新绩效有显著作用，而领导的支持程度和创新的专业化程度对创新绩效没有明显的影响，是否是上市商业银行或者国有控股对创新绩效也没有明显作用[③]。史俊鑫 (2016) 指出，金融创新在推动金融市场发展的同时，带来的风险同样不容忽视。他认为金融风险的防范和控制不仅是由金融市场监管者参与，金融创新活动的每一位参与者及相关法律部门都有责任维护整个金融市场的稳定[④]。任俊 (2017) 重点分析了金融机构业务创新和风险管理两大主题，并以创新为主导，以风险防范为基础，进一步阐明金融机构创新与风险管理的有效途径。

三、本书研究的理论基础

(一) 区域经济发展理论

区域经济发展理论以经济地理学为基础，科学合理优化特定地区有限的

---

① 裴喜亮、王新．关于我国金融创新的发展研究 [J]．长春理工大学学报，2014 (09)．

② 应根菊．浅谈商业银行创新途径和对策分析 [J]．经济师，2015 (02)．

③ 戴国强、罗宣东．我国商业银行金融创新绩效的实证研究 [J]．现代管理科学，2015 (05)．

④ 史俊鑫．金融创新风险管理研究 [J]．中国集体经济，2016 (05)．

生产资源配置，尽可能多地获得生产。但不同的学者对有限资源的侧重点和配置方式不尽相同，从而产出的具体体现方式也不尽相同，各种区域经济理论也纷纷问世。杜能在自己的著作《孤立国》一书中提出了孤立国理论和杜能环，第一次在公众视野中阐述出空间摩擦对社会经济活动的影响程度，也在一定程度上为土地利用的一般理论奠定了基础。韦伯在工业区位理论中引入了区位和原料指数两个衡量标准，与孤立国理论不同在于，工业区位理论资源配置重点在于对运输成本的权重较高。平衡发展理论以哈罗德－多马新古典模型的理论为基础，但实际操作性较弱，主要目标是缩小区域内部的发展差距，然而在具体的社会经济发展过程中，保障各行各业均衡发展是不现实的。在进一步研究平衡理论之后赫希曼根据实际情况提出了不平衡发展理论，认为合理的社会经济发展过程本身就是不平衡的，应积极扩大关联效应和资源优化的优势。赫希曼的不平衡理论因其实际操作性较高、资源配置效率较高等优势受到很多地区和国家接受和应用。

早期的区域分工贸易理论主要由亚当·斯密的绝对利益理论、大卫·李嘉图的比较利益理论以及赫克歇尔与奥林的生产要素禀赋理论组成。工业生产生命周期最早由弗农提出，经多位学者不断对其完善，逐渐发展成为梯度转移理论，后经济学家将其引入区域经济领域中，区域经济梯度转移理论最终形成。在区域经济梯度转移理论中，发生在高梯度的创新活动被认为是决定区域发展梯度层次的重要因素，生产活动在多种因素的作用下依靠城市体系的不同层次逐步的向低梯度区域扩展。与之相类似地是日本学者小岛清提出的雁行模式，在雁行模式中，中国、日本、东盟等国家和地区以一、二、三批大雁来命名，以对不同的梯度模型来进行区分。该理论在一定程度上与我国的改革开放政策较为类似，优先发展具有一定优势的较发达的地区，提升一定程度发展水平后再逐步向欠发达地区推广。可在实际操作过程中，各个地区发达程度的划分是没有明确标准的，不恰当的划分反而会加剧区域内部的发展差距。汉森总结的完善过的增长极理论也具有相似观点。该理论的主要观点是选定一些资源和发展较好的地区，通过政府一系列优惠政策帮助其成为发达地区，即经济增长极。经济增长极在成型之后充分发挥自身优势，带动周边欠发达地区进一步发展。与之前区域经济理论相比，增长极理论在区域选择上更明确，可实施性更强，但对政府部门的监督管理和实时把控能力要求也更高，否则很容易造成不良影响，进一步拉大区域之间的发展差距。法国经济学家佩鲁在他的区域经济理论中认为，所有行业和空间分布的经济增长是不均匀的，经济增长首先会出现在创新能力较强的行业中，这些行业会在空间经济的部分点上汇集，形成增长极的雏形。增长极的经济增长最快出现，在扩散效应的作用下对周边区域经济产生影响。我国 20 世纪 80 年代设立的深圳经济特区和 90 年代的上海浦东新区都是区域增长极理论中的典型案例。在未来，雄安新区也必将成为一个新时代高质量发展的经济增长极。

（二）可持续发展理论

可持续发展理论是指在满足当代人需要的前提下，不对后代人需要造成不良影响的持续性发展。可持续发展理论的最终目的是达到协调、公平、高效、多维的发展。可持续发展理论有着漫长的发展历程。20 世纪五六十年代盛行"增长 = 发展"模式，在城市化过度、人口、资源等各方压力不断增加的情形下，人们对其开始产生怀疑。1972 年美国学者 Barbara Ward 和 Rene Dubos 的《只有一个地球》问世，人类生存与环境资源问题被带入社会公众眼界之中。1987 年，联合国世界与环境发展委员会在《我们共同的未来》中，正式提出可持续发展概念，并受到世界各国政府组织和舆论的极大重视。1992 年 6 月召开的联合国环境与发展大会通过了《21 世纪议程》《气候变化框架公约》等一系列文件，将发展与环境密切联系起来，提出了可持续发展的战略，并要求各国将之付诸行动。可持续发展包含着经济、生态和社会三个重要方面，需要保持三个重要方面的协调统一发展，人们需要在生态系统的稳定与社会的公平的前提下，保证社会服务能够良好发展，以达到人类社会最终的全面发展。

按照可持续发展概念的角度来对社会资源进行分类，大体上可以分为使用价值和非使用价值两类。使用价值细分可以分为直接使用价值和间接使用价值及选择价值。选择价值就是指现代人为了保证后代人对社会资源的使用权而对资源所表示的支付意愿。非使用价值又称存在价值，是指人类的发展将有可能利用的那部分资源的价值，也包括那些能满足人类精神文化和道德需求的部分环境资源的价值，如保护区、动植物等。可持续发展的公平性原则主要体现在两个方面：一方面是时间上纵向的公平性，即各代人之间的公平性，另一方面是空间中横向的公平性，即现代人空间中的公平性。无论是当代人空间内部的公平，还是当代人与未来各代人之间时间上的公平都是需要保证的。雄安新区起步区空间有限，供大家赖以生存和发展的自然资源同样有限。作为当代人，应勇于肩负起我们应承担的历史责任，不能因当代人处于主宰地位就无所顾忌，要尊重未来各代人对资源需求的权力。

人类生存和发展离不开资源与环境，生态环境的持续性和有效资源的持续性是保持雄安新区持续建设与发展的首要条件。人们只有合理开发、合理利用自然资源，在自然生态系统允许的范围内调整自己的生活方式，确保不可再生资源不会过度消耗，可再生资源保持其再生能力，整体自然生态系统自净能力得以可持续维持。雄安新区的定位是人类未来之城。雄安新区的可持续发展影响深远，只有全社会共同配合行动，才能实现可持续发展的既定目标。《我们共同的未来》中写到“进一步发展共同的认识和共同的责任感，是这个分裂的世界十分需要的”。只有人类共同促进自身之间，人类与自然和谐相处与发展，才有可能实现可持续发展，这是人类共同的责任。

（三）金融发展和金融创新理论

金融伴随经济发展而产生，并一直在人类社会经济活动中发挥着不可替代的作用。1969 年《金融结构与金融发展》一书出版，在书中戈德史密斯明确提出金融结构理论，自此国内外众多专家学者开始了在现代金融领域的探索。20 世纪 60 年代以后，市场作用逐渐受到人类重视，金融发展速度有明显提升。第二次世界大战后，新独立国家的经济发展速度对金融业水平和金融运行体系提出了崭新的要求，现有的水平和运行体系明显达不到新的要求。西方经济学家开始对金融与经济发展的关系进行深入研究。

1. 金融发展理论

《经济发展中的金融方面》和《金融中介机构与储蓄——投资》两篇论文正式揭开金融发展理论研究的序幕，格利和 E. S. 肖建立的经济由初级向高级发展的模型证明经济发展阶段与金融服务作用具有正相关关系。在 1960 年，《金融理论中的货币》一书试图创建一种新的广义货币金融理论，主要研究完整的金融政策、多样化的金融机构和各式金融资产。在《金融结构与经济发展》中对上述问题进行了更深入的研究，他们坚信金融服务的发展是经济发展的动力，希望能创造一种可以包含货币理论的金融理论和一种包含银行理论的金融机构的理论。1966 年发表的《欠发达国家的金融发展和经济增长》一文中 Patrick 提出了供给引导和需求带动的金融问题。他主张可以通过改进现有的资本构成来增加资源配置效率，尽可能多地吸收储蓄和投资。在发展相对落后的地区，可以采用优先发展货币供给的政策，区别于需求推动的金融政策，这种措施可以在金融需求产生以前就发挥作用。作为研究金融结构的鼻祖，戈德史密斯对长达百年的金融发展史作了深入研究，在著作《金融结构与金融发展》中正式提出金融结构的理论。在书中，他通过对 36 个国家的金融研究，认为每个国家的金融结构都不是固定不变的，而是一种动态的变化，恰恰是金融结构的变化不断推动金融的发展，金融结构由简单到复杂的过程就是金融发展史。他指出，找到对一国或者一个地区的金融结构、金融工具存量和金融交易流量的主要因素才是金融理论的主要职责。他提出的金融结构的变化才是金融发展的动力具有极大的创造性。同时他通过空间中的横向比较和时间上的纵向比较以及定性和定量结合的方式，建立了一套对国家或者地区的金融发展水平和金融结构进行有效衡量的基本指标体系，提出金融相关率和经济发展水平正相关的基本结论。

2. 金融创新理论

20 世纪 70 年代当代金融创新开始蓬勃发展，J. R. Hicks 和 J. Niehans 认为金融创新的主要原因是降低交易费用，美国作为国际金融发展水平较高的国家之一，其金融创新发展是极具代表性的。金融创新历程发展大体上可以划分为三个阶段：第一阶段，1965 ~ 1972 年美国出现第一次金融创新浪潮，美国物价急剧上涨，外汇利率波动幅度不断增大，巨额储蓄和金融交易收益因利率管制也不甚理想，甚至出现亏损。金融行业和金融机构对易变现、可有效反映市场利率的债权形式来分散通货膨胀所带来的风险的需求激增。花旗银行的“可转让存单”，美国证券业的“货币市场共同基金”等新型金融产品应运而生，在很大程度上方便了储蓄者对国库券的购买。这一创新浪潮不久就席卷欧洲大陆，欧洲债券市场和货币市场得到长足发展。第二阶段，1973 ~ 1982 年战后严重的通货膨胀和利率的大幅度波动，直接使美国的经济和股票市场近十年没有增长。金融市场的剧烈变动促进了金融产品的进一步创新。这一时期最主要的创新品种就是金融产品中的期货与期权。随着各种国债期货和股票期权的发展，金融期货市场就像商品期货市场一样迅速发展起来，个人储蓄的增加和共同基金的建立，也在一定程度上促进了新兴市场的发展。由于证券市场的资金争抢愈演愈烈，为缓解银行业务和利率下降的压力，1982 年美国取消了对银行利率的限制。“可调整利率抵押贷款”和“浮动利率票据”立刻成为银行业挽回颓势的主要武器，加之银行凭借债券市场发行次级债券，银行界的金融创新也得到良好的发展。第三阶段，1983～1987 年，股票价格的剧烈变动和产业收购兼并的浪潮成为该阶段金融创新的主要动力。20 世纪 80 年代开始发行高风险高收益的债券来适应以收购为主的兼并浪潮，即大众理解的垃圾债券和杠杆收购，这些创新而出的金融产品也促进了投资银行的发展和壮大。在第三次浪潮中，金融创新正从金融工具、市场和服务的创新，转向金融制度和金融调控的创新。

自 1973 年以来，罗纳德·麦金农的金融深化论在西方经济学界产生了极大影响，金融发展理论研究不断掀起研究的新高潮。许多经济学家纷纷提出他们对金融发展问题的新见解。罗纳德·麦金农认为，由于发展中国家对金融活动有着种种限制，对利率和汇率进行严格管制，致使利率和汇率发生扭曲，不能真实准确地反映资金供求关系和外汇供求。在利率被认为被压低或出现通货膨胀，抑或两者都有的情况下，一方面，利率管制导致了信贷配额，降低了信贷资金的配置效率；另一方面，货币持有者的实际收益往往很低甚至为负数，致使大量的微观经济主体不再通过持有现金、活期存款、定期存款及储蓄存款等以货币形式进行内部积累，而转向以实物形式，其结果是银行储蓄资金进一步下降，媒介功能降低，投资减少，经济发展缓慢，该状况称为“金融抑制”。这种金融抑制束缚了发展中国家的内部储蓄，加强了对国外资本的依赖。但是，在罗纳德·麦金农提出的金融抑制论中，他对货币的定义是混乱和矛盾的。他把货币定义为广义的货币 M2，即不仅包括流通中的现金和活期存款，还包括定期存款和储蓄存款。但他在模型中又强调所谓的外在货币，即由政府发行的不兑现纸币，这样就排除了银行体系的各种存款，因而在同一货币理论中存在着两种相互冲突的货币定义。

E. S. 肖认为，金融体制与经济发展之间存在相互推动和相互制约的关系。一方面，健全的金融体制能够将储蓄资金有效地动员起来并引导到生产性投资上，从而促进经济发展；另一方面，发展良好的经济同样也可通过国民收入的提高和经济活动主体对金融服务需求的增长来刺激金融业的发展，由此形成金融与经济发展相互促进的良性循环。

（四）习近平新时代中国特色社会主义中的五大发展理念

自古以来，理念是行动的先导。在党的十八届五中全会上，习近平总书记明确论述了创新、协调、绿色、开放、共享“五大发展理念”。发展理念是关于发展的思想理论的核心，科学的发展理念是总结反思发展经验教训、准确判断发展趋势的结晶。放眼世界，部分国家和地区取得长足发展，都是因为树立了正确发展理念、走上了创新和可持续发展的路子。我国是最大发展中国家，必须总结反思世界范围国家发展的经验教训，走出适合本国国情的中国特色发展之路。放眼国内，我们在发展上取得卓越成就和丰富经验的同时也存在发展不平衡、不协调问题。面对民族振兴、国家富强的目标，我们存在创新能力不强、城乡区域发展不平衡、资源环境约束趋紧、收入差距较大、消除贫困任务艰巨等问题。当前，我国经济发展已经进入新时代，树立新的发展理念，以新理念引领实现更加科学的发展显得尤为迫切。

创新发展注重的是解决发展动力问题。以科技创新引领发展，把创新型国家作为发展目标，使创新成为引领发展的第一动力，人才成为支撑发展的第一资源，让创新贯穿党和国家一切工作，实现发展动力转换，提高发展质量和效益。

协调发展注重的是解决发展不平衡问题。统筹城乡之间，区域之间、产业之间协调发展，牢牢把握“五位一体”总体布局，在协调发展中拓展发展空间，在加强薄弱领域中增强发展后劲，形成平衡发展新结构。

绿色发展注重的是解决人与自然的和谐问题，加快形成人与自然和谐发展，推进美丽中国建设，加快绿色产业技术迭代升级，实现“碳达峰”“碳中和”目标，从根本上解决资源环境问题。

开放发展注重的是解决发展内外联动问题，积极参与全球经济治理和公共产品供给，打造新丝绸之路，发展更高层次的开放型经济，构建人类命运共同体，形成深度融合的全球经济一体化新格局。

共享发展注重的是解决社会公平正义问题，坚持发展为了人民、发展依靠人民、发展成果由人民共享，使全体人民在共建共享中有更多获得感，使国家发展获得人民支持。

牢固树立并切实贯彻“五大发展理念”，是关系我国经济社会发展全局的一场深刻变革。在雄安新区建设发展中更应该贯彻“五大发展理念”，打造可复制、可推广的样板，把创新摆在发展的核心位置，优化劳动力、资本、土地、管理等要素，激发创新活力，释放创新需求，创造创新供给，推动技术、产业发展，不断推进理论、制度、文化、经济等多方面创新。在协调发展中，拓宽发展空间，协调多产业关系，增强薄弱产业发展后劲，塑造制度有序的区域协调发展新格局。协调城乡发展，主动缩小城乡发展差距，完善新农村建设机制，积极向农村扩散城镇优势资源，提高社会整体发展水平。促进物质文明和精神文明协调统一，加快各领域改革发展，加快社会主义精神文明与物质文明相结合、相促进，建设社会主义文化强国。在绿色发展中，强调人与自然和谐共生，构建绿色自然的城市格局。雄安新区未来的发展定位是要建设绿色低碳、宜居宜业、人与自然和谐共处的现代化城市。①雄安新区规划里明确提出森林覆盖率要达到40%以上，起步区的绿色覆盖率达到50%左右，重现白洋淀“华北之肾”的昔日风采。在开放发展中，雄安新区要打造京津冀协同开放的全新开放格局，深化雄安新区与港澳台地区合作与发展，以互利共赢方式进一步发展两岸经济合作，并积极参与到全球经济发展浪潮中。在共享发展中，把增进人民福祉、促进人的全面发展作为发展的出发点和落脚点，通过“人人参与、人人尽力、人人享有”，使雄安新区全体人民在共建共享中有更多获得感，实现人民生活水平和质量普遍提高。

理念在理论、纲领、规划等中居于灵魂地位，具有统摄作用。“五大发展理念”是我们党治国理政的总方略，是贯穿我国国民经济和社会发展全过程的指导思想。可以预期，切实贯彻落实“五大发展理念”，我国的发展战略、发展模式、发展动力、发展体制机制、发展质量、发展效益等就能得到

① 孙久文．雄安新区在京津冀协同发展中的定位［J］．甘肃社会科学，2019（03）．

全面提升，必将带来一场关系全局的深刻变革。

（五）关于雄安新区研究现状

党的十九大报告明确提出“以疏解北京非首都功能为‘牛鼻子’推动京津冀协同发展，高起点规划、高标准建设雄安新区”，为推进雄安新区规划建设指明了方向。规划建设雄安新区，要贯彻高质量发展要求，创造“雄安新区质量”，在推动高质量发展方面成为全国的样板。如何高标准、高质量、高水平建设雄安新区，学术界纷纷献言献策。胡保林（2017）提出了坚持目标、突出特色、高起点编制规划蓝图、充分体现新区建设的使命、以生态文明建设引领新区规划建设，实现绿色发展、软件硬件齐抓并举等见解①；张贵等（2017）指出雄安新区必须坚持创新驱动战略，借鉴硅谷等国外创新区域建设经验，打造创新生态系统，兼具企业孵化、创业培育、创新研发、成果转化、生活服务、人才集聚和融资服务等多项功能②。武义青等（2017）从建设创新驱动发展引领区入手，在借鉴深圳建设创新型城市成功经验的基础上，从构建区域创新体系、面向国外吸纳和培育高端创新主体、吸收和积聚优质创新要素、以体制机制高地打造创新发展高地等方面提出建设雄安新区创新驱动发展引领区的政策建议③。

学者们或者从雄安新区的整体规划或者从某一功能定位入手，对雄安新区的规划建设提供了政策建议，这对京津冀协同发展和雄安新区建设规划提供了有益的借鉴，也为本课题规划“雄安新区质量”提供了有价值的参考。

金融是现代经济资源配置的核心。雄安新区要成为新时代高质量发展的试验区和典型样板，需要通过构建金融体系来支持实体经济。杨蕾（2018）认为绿色金融对雄安新区绿色智慧新城建设至关重要，应该从五个方面建设雄安新区绿色金融体系，一是构建“分工—合作”的绿色金融格局，二是明晰三大绿色金融主体角色定位，三是综合运用多种绿色金融工具，四是创造良好的绿色金融环境，五是完善绿色金融服务，如发展多样化的第三方机

① 胡保林．高标准高质量高水平规划建设好雄安新区［J］．中国生态文明，2017（04）．

② 张贵、刘霄．雄安新区：创新生态系统建设与金融支撑［J］．金融理论探索，2017（12）．

③ 武义青、窦丽琛．把雄安新区建成创新驱动发展引领区［J］．领导之友，2017（07）．

构、构建多重的绿色评价体系、建立广泛的绿色信息共享机制等①。张贵等（2017）指出雄安新区创新生态系统建设需要强有力的金融支撑，着力点包括六个方面：积极争取定制化货币政策、申请发行“雄安新区债券”、鼓励规范社会资本参与、鼓励引导国内外金融机构参与、多方设立专项基金、大力发展绿色金融②。陈建华（2017）指出河北辖区相关金融机构要把服务雄安新区建设，作为贯彻落实中央重大决策部署的具体举措，从深化金融改革、加强金融创新、优化金融服务、防控金融风险等多层面发力，为雄安新区建设做出贡献。

李志辉（2017）认为PPP模式支持雄安新区建设具有较强的可行性。首先，原有城镇化建设中主要依靠财政、土地的投融资体制已经暴露出一些弊端，不再适用于雄安新区的规划建设，而PPP模式通过引入社会资本，能够有效地缓解城镇化中融资需求的压力。与此同时，该模式也能发挥社会资本方在项目建设、运营等阶段的专业优势，从而以更低的成本提供更优质的公共服务。封文丽等（2017）指出应设立雄安新区银行，为新区的产业转型升级、城市建设、企业发展、社会民生改善等多领域提供精准、优质的服务，同时开发投资银行、投贷联动、债券发行、产业基金等多种金融服务和融资模式，开发雄安新区专属金融产品。

金融服务的创新有助于提高金融对实体经济的支持，但从目前的研究成果来看，大多学者对雄安新区的金融服务研究限于探索适合雄安新区的金融体系和模式，创新性体现较弱。但是创新驱动引领的功能定位决定了雄安新区的金融服务必须凸显创新性，创新才能使雄安新区的金融服务体系具有可持续性，才能助推雄安新区实现高质量发展。因此须对“雄安新区质量”进行创新性研究，这也是本课题研究的重点所在。

① 杨蕾．新时代雄安新区智慧新城建设政策动态及机遇分析［J］．中国建设信息化，2018（03）．

② 张贵、刘霄．雄安新区：创新生态系统建设与金融支撑［J］．金融理论探索，2017（12）．

| 第二章 |

京津冀协同发展与雄安新区建设现状

第一节　京津冀协同发展历程

改革开放以来，国家积极探索京津冀地区的发展模式，从京津冀三者的关系演变出发，可把改革开放以来的京津冀发展过程划分为萌芽阶段、合作阶段和协同阶段。

一、京津冀区域发展的萌芽阶段

1981 年，华北经济技术协作中心成立，它是在华北地区成立的最早的区域经济合作组织，该组织当时包括北京、天津、河北、内蒙古和山西等五大区域，这也是最早的包含京津冀协同发展的区域性合作组织。在 1982 年《北京城市建设总体规划方案》中，首都圈的概念被第一次提出，分为了内圈和外圈两个部分，内圈包含北京、天津、唐山、廊坊和秦皇岛，外圈则包含保定、张家口、沧州和承德[①]。1986 年河北省主动提出环京津战略规划，依靠河北省独特的区位优势，促进河北省快速发展。同年天津市市长李瑞环提出了环渤海区域合作问题，并发起成立里环渤海地区经济联合会。1988 年北京市与河北省保定、廊坊、唐山、秦皇岛、张家口、承德等地组成环京经

① 马海龙．历史、现状与未来：谈京津冀区域合作［J］．经济师，2009（05）：16－17．

济协作区，建立内部联系制度。1994 年《北京城市总体规划（1991～2010 年)》明确指出：北京要利用首都的科技、人才优势，按照自愿互助、平等协商、优势互补、协调发展的方针，促进和加强与京津地区的经济技术协作，为区域经济的繁荣发展作出贡献。1996 年《北京市经济发展战略研究报告》首次提出“首都经济圈”的概念，其主要内容是以京津为核心，以唐山、保定、承德、秦皇岛、张家口、沧州为依托。2001 年，清华大学团队完成《京津冀（大北京地区）城乡空间发展规划研究》，提出“大北京”概念，其研究成果直接推动了《北京城市总体规划（2004～2020 年)》的修订。2001 年 10 月 12 日，《京津冀（大北京地区）城乡空间发展规划研究》通过建设部审定。2001 年 12 月河北省召开环京津工作会，在会上提出“大北京”的概念，建立京津保、京津唐和京津承等三个“金三角”。改革开放后，京津冀区域的发展一直备受各界关注，无论是政府组织的各类研讨会还是相关学者对其的研究，都是各方为京津冀协同发展做出的贡献①。但前期的研究和推进基本都是在理论层面开展的工作，而且在这一过程中，京津冀三者态度不尽相同，只有河北表现出积极的态度，京津两地则明显缺乏积极性。

二、京津冀区域发展的合作阶段

2004 年是京津冀区域协调发展最具实质性进展的一年，2004 年 2 月 12 日、13 日由国家发改委地区经济司召集北京、天津、秦皇岛、唐山、廊坊、保定、承德、张家口、沧州等地发改委部分负责人在廊坊召开京津冀区域经济发展战略研讨会，石家庄、衡水、邯郸、邢台等地发改委负责人也参与其中，达成“廊坊共识”，提出在公共基础设施、资源和生态环境保护、产业和公共服务等方面加速一体化进程，这也是京津冀一体化从理论步入实际建设的标志②。2004 年 5 月 21 日，在北京第七届科博会“环渤海经济圈合作

① 姚鹏. 京津冀区域发展历程、成效及协同路径［J］. 社会科学辑刊，2019（02）：127－138.

② 赵西君. 京津冀区域协同发展的尺度政治分析与路径研究［J］. 中国市场，2019（15）：1－5.

与发展高层论坛”上，发出了“北京倡议”，倡议建立环渤海合作机制。2004 年 11 月《京津冀都市圈区域规划》编制工作进入调研阶段，与前期的京津冀规划圈相比，这次的亮点在于将河北省省会划入京津冀协同发展区域内。2005 年颁布的《北京城市总体规划（2004～2020 年）》为京津冀协同发展画出了美好的蓝图，在规划总则中，明确强调“北京所在的京津冀地区是我国经济区域的重要位置，京津冀的整体发展将为北京城市持续快速发展提供支持，尤其京津冀城镇发展走廊是未来京津冀区域城镇协调发展最重要的地区，是影响北京未来城市发展的主导因素之一①。”由于北京的大城市病愈加严重，人口过度集中、交通拥挤等问题对北京的影响越来越严重。2005 年颁布的北京市的城市总体规划标志着北京开始主动寻求合作，希望通过京津冀的发展找到解决出路。2006 年 10 月，河北省与北京市正式签署《北京市人民政府、河北省人民政府关于加强经济和社会发展合作备忘录》，双方商定在交通基础设施、能源开发、旅游、农业、生态环境保护等方面展开合作，以此促进两地经济和社会的可持续发展②。2006 年出台的《河北省城镇体系规划（2006～2020 年）》进一步指出充分利用环京津和环渤海的区域优势，注意与周边区域位置的优势互补、共同发展。2007 年 6 月，天津与河北两省市在天津召开经济交流座谈会，商定从人才交流、基础设施建设等多个方面展开合作。2008 年 11 月 28 日，天津市与河北省签署《天津市人民政府、河北省人民政府关于加强经济与社会发展合作备忘录》，一起努力推进滨海新区、曹妃甸新区和渤海新区的建设。2008 年 12 月 4 日，北京市和河北省在北京召开座谈会，并签署了《会谈要纪》，主要包括旅游合作、建筑市场合作、交通基础设施建设、水资源与环境保护建设等，双方商定大力推动张承地区的发展。2010 年 7 月 15 日，《北京市人民政府、河北省人民政府关于加强经济与社会发展合作备忘录》中明确在能源、农业、工业、旅游、人才等方面展开合作。2011 年 3 月，国家“十二五”规划正式把“京津冀一体化”“首都经济圈”等概念写入规划，“京津冀一体化”又一次得到国家层面的支持③。

在 2004～2012 年这一阶段中，京津冀地区区域协同发展开始进入真正

---

① 董亮．土地利用的结构化分析与城市防灾规划［D］．北京：北京工业大学，2007.

②③ 姚鹏．京津冀区域发展历程、成效及协同路径［J］．社会科学辑刊，2019（02）：127－138.

的实质性实施阶段，在这个阶段中河北依然是三地中推进态度最为积极的一方，河北省需要改变长期以来形成的经济发展模式和产业结构，大力推进产业结构升级，转变经济发展模式。而北京因在城市发展过程中遇到的问题愈加明晰，态度也逐渐变得积极。但天津由于发展相对较为顺利，而且工业基础较为雄厚，因而在推进京津冀地区协同发展过程中动力相对不足。

三、京津冀区域发展的协同阶段

2013 年 5 月 14 日到 15 日，习近平总书记在天津调研时指出要谱写社会主义新时代的京津双城记，2013 年 8 月，习近平在北戴河主持研究河北发展问题时曾强调，在谱写京津双城记的基础上，要积极推动京津冀的协调发展。2014 年 2 月 26 日，习近平总书记主持召开专题座谈会，阐述了推进京津冀协调发展的重大意义，明确指出京津冀已经成为继长江三角洲、珠江三角洲以来第三个最具活力的城市群，提出京津冀要“抱团”协同发展，这次座谈会也标志着京津冀协同发展上升为国家战略①。2014 年 8 月 2 日，京津冀协同发展领导小组正式成立，对京津冀协调发展进行顶层设计、统筹规划，这也说明京津冀协调发展机制已经正式形成。2015 年 2 月 10 日，习近平总书记在中央财经领导小组会议上首次提出“北京非首都功能的疏解”，2015 年中央政治局工作会议中审议通过的《京津冀协同发展规划纲要》中指出，推进京津冀协同发展是国家重要的战略，核心是疏解非首都功能，雄安新区的建立主要作用也是为了疏解非首都功能，这同时也是京津冀协同发展最重要的环节②。协同发展应该在京津冀协同发展过程、产业转型升级和环境保护功能中发挥重要作用。2015 年 10 月 23 日，国务院批复《环渤海地区合作发展纲要》，纲要的颁布对于加快渤海地区的区域合作发展，推进实施“一带一路”、京津冀协同发展等国家重大战略和区域发展总体战略具有较高的推动作用。2015 年 12 月 8 日通过的《京津冀协同发展交通一体化规划》提出了构建“四纵四横一环”的主框架，为建设世界级城市群奠定了

① 姚鹏．京津冀区域发展历程、成效及协同路径［J］．社会科学辑刊，2019（02）：127－138.

② 孙久文．雄安新区在京津冀协同发展中的定位［J］．甘肃社会科学，2019（02）：59－64.

基础。2015 年 12 月 30 日，国家发展和改革委员会发布《京津冀协同发展生态环境保护规划》，划定京津冀空气质量界限，界定具体的浓度限值，强化环境保护力度，努力将京津冀区域打造成为环境修复和生态环境改善的示范区。2016 年《“十三五”时期京津冀国民经济和社会发展规划》发布，这是全国首个跨省市的“十三五”规划，明确界定了京津冀区域未来五年的发展目标。“十三五”规划主要是以《京津冀规划纲要》为基本原则，在城市群发展、交通基础设施、产业转型升级、民生改善等方面进行整体规划，将京津冀看作一个整体来进行统筹规划①。2016 年 3 月 17 日，“十三五”规划纲要中明确提出要调整京津冀的空间结构和经济结构，积极探索城市群发展模式，建设以首都北京为核心的世界级城市群。2016 年 5 月，国土资源部和国家发展改革委会联合印发了《京津冀协同发展土地利用总体规划（2015 ~ 2020 年)》，重点推动北京非首都功能疏解，强调保障交通运输一体化、产业转型升级和环境保护的土地需求。2016 年 6 月 29 日，工业和信息化部、北京市人民政府、天津市人民政府和河北省人民政府等多部门联合印发了《京津冀产业转移指南》，积极主动引导京津冀产业合理转移，进一步优化产业布局，加快产业转型升级进程。

第二节　雄安新区的设立及规划主体内容

一、雄安新区设立过程

设立河北雄安新区，是以习近平同志为核心的党中央作出的一项重大历史性战略选择，是千年大计、国家大事。习近平总书记亲自谋划、亲自决策、亲自推动雄安新区规划建设，为雄安新区的建设多次主持召开研讨会，倾注了大量心血，并做出了重要指示②。2017 年 2 月 23 日上午，习近平总书

① 姚鹏．京津冀区域发展历程、成效及协同路径［J］．社会科学辑刊．2019（02）：127 - 138.

② 新华社．雄安新区大计跃然纸上 未来之城呼之欲出［EB/OL］．https：//baijiahao. baidu. com/s？id = 1622877339281280543&wfr = spider&for = pc. 2019 年 1 月 17 日．

记从中南海出发，驱车 100 多公里专程到河北省保定市安新县进行实地考察，并在当地主持召开座谈会。会上习近平总书记郑重告诫，雄安新区将是我们留给子孙后代的历史遗产，必须坚持“世界眼光、国际标准、中国特色、高点定位”理念，努力打造代表“雄安新区质量”的创新发展示范区。“要坚持用最先进的理念和国际一流水准规划设计建设，经得起历史检验。”

2017 年 4 月 1 日，党中央、国务院决定设立河北雄安新区，建设北京非首都功能疏解集中承载地，打造贯彻落实新发展理念的创新发展示范区①。党的十九大报告也明确指出，要以疏解北京非首都功能为主要任务来推动京津冀协同发展，坚持高起点规划、高标准建设，保证“雄安新区质量”②。雄安新区未来有两大任务：一是解决北京“大城市病”，缓解人口膨胀、住房紧张、基础性资源不足等问题；二是科学合理建设新城区，建设宜居宜业，绿色、科技、人文的现代化城市③。为了精心推进雄安新区的建设步伐，不留历史遗憾，多部门、多专业协调推进《河北雄安新区总体规划（2018～2035 年）》编制工作。2018 年 2 月 22 日，习近平总书记主持召开中央政治局会议，听取雄安新区规划编制情况并发表重要讲话，为雄安新区规划建设指明了方向。在京津冀协同发展领导小组直接领导下，国家发展改革委、河北省会同中央和国家机关有关部委、专家咨询委员会等方面，借鉴世界各国成功经验，汇聚各地顶尖人才，集思广益、深入论证，编制了《河北雄安新区规划纲要》④。

二、设立雄安新区的重要意义

雄安新区与京、津三地相互距离相近，连线三地形如一个等边三角形，

① 姚鹏．京津冀区域发展历程、成效及协同路径［J］．社会科学辑刊，2019（02）：127－138.

② 新华社．“雄安新区大计”跃然纸上“未来之城”呼之欲出——《河北雄安新区总体规划》解读［EB/OL］．https://baijiahao.baidu.com/s?id=1622874732863534859&wfr=spider&for=pc. 2019 年 1 月 17 日.

③ 孙久文．雄安新区在京津冀协同发展中的定位［J］．甘肃社会科学，2019（02）：59－64.

④ 中共河北省委，河北省人民政府．河北雄安新区规划纲要［J］．国土资源通讯，2018（08）：14－29.

可以形成推动京津冀地区协同发展的重要引擎。还可以与通州的城市副中心作用协同发力，探索人口经济密集地区实现优化开发的创新模式，是对京津冀区域城市布局和空间结构整体上的优化调整。换言之，雄安新区的规划建设不仅有助于疏解北京非首都功能，而且在京津冀协同发展方面的推动作用也不容小觑①。

作为深入推动京津冀协同发展的一项重大决策部署，雄安新区从设立之初就被赋予开放发展先行区的历史使命。以更高的站位、更宽的视野、更大的力度推进改革开放，努力打造改革开放新高地，是雄安新区功能定位的内在要求，也是打造高质量发展的全国样板，建设现代化经济体系的新引擎，打造贯彻落实新发展理念的创新发展示范区的必然选择，打造改革开放新高地是雄安新区未来建设的目标②。

雄安新区既要着眼京津冀协同发展的大背景，主动融入京津冀协同发展的大趋势，加强同北京、天津、石家庄、保定等地的融合发展。规划中提出雄安新区应明确自身定位，发挥自身优势，与北京中心城区、北京城市副中心合理分工，实现错位发展。雄安新区实现融合和错位发展，在对接京津、服务京津的过程中发展自己，在有效疏解北京非首都功能的过程中实现区域良性互动③，形成目标同向、措施一体、优势互补、互利共赢的协同发展新格局④。

三、雄安新区规划的主要内容

2018 年 4 月 21 日，中共中央、国务院做出关于对《河北雄安新区规划纲要》的批复。《河北雄安新区总体规划（2018～2035 年）》，这部历时一年多时间才编制而成的国家级规划纲要，为大众描绘了中国未来之城的发展图景，表明了我国要打造世界水准的“未来之城”，一个承载着中国千年大计的国家级新区建设拉开了大幕。

---

① 杨文彬．论雄安新区与京津冀政府间关系的重构［J］．天津行政学院学报，2017（06）：72－78.

②③ 孙久文．雄安新区在京津冀协同发展中的定位［J］．甘肃社会科学，2019（02）：59－64.

④ 王建华．聚焦京津冀共同体思维下的科技金融战略［J］．上海经济，2015（10）：32－34.

《河北雄安新区规划纲要》共分为十章，分别为：总体要求；构建科学合理空间布局；塑造新时代城市风貌；打造优美自然生态环境；发展高端高新产业；提供优质共享公共服务；构建快捷高效交通网；建设绿色智慧新城；构筑现代化城市安全体系；保障规划有序有效实施。

本次新区规划范围包括雄县、容城、安新三县行政辖区（含白洋淀水域），任丘市鄚州镇、苟各庄镇、七间房乡和高阳县龙化乡，规划面积1770平方公里。新区远景开发强度控制在30%，建设用地总规模约530平方公里，人口密度按1万人/平方公里控制，远期总人口规模控制在500万左右。其中白洋淀水面控制在总面积的20%以上，耕地面积占总面积的17%以上，森林覆盖率达到40%。

选择特定区域（容城、安新两县交界区域）作为起步区先行开发，在起步区划出一定范围规划建设启动区（20~30平方公里），条件成熟后再有序稳步推进中期发展区建设，并划定远期控制区为未来发展预留空间。通过构建科学合理的空间布局，统筹生产、生活、生态，形成实体经济、科技创新、现代金融、人力资源协同发展的现代产业体系。

（一）雄安新区未来城市空间发展方向

综合考虑新区定位、发展目标和现状条件，坚持城乡统筹、均衡发展、宜居宜业，规划形成“一主、五辅、多节点”的新区城乡空间布局。“一主”即起步区，选择容城、安新两县交界区域作为起步区，是新区的主城区，按组团式布局，先行启动建设。“五辅”即雄县、容城、安新县城及寨里、昝岗五个外围组团，全面提质扩容雄县、容城两个县城，优化调整安新县城，建设寨里、昝岗两个组团，与起步区之间建设生态隔离带。“多节点”即若干特色小城镇和美丽乡村，实行分类特色发展，划定特色小城镇开发边界，严禁大规模开发房地产。

起步区空间布局顺应自然、随形就势，综合考虑地形地貌、水文条件、生态环境等因素，科学布局城市建设组团，形成“北城、中苑、南淀”的总体空间格局。“北城”即充分利用地势较高的北部区域，集中布局五个城市组团，各组团功能相对完整，空间疏密有度，组团之间由绿廊、水系和湿地隔离；“中苑”即利用地势低洼的中部区域，恢复历史上的大溵古淀，结合海绵城市建设，营造湿地与城市和谐共融的特色景观；“南淀”即南部临淀区域，通过对安新县城和淀边村镇改造提升和减量发展，严控临淀建设，利用白洋淀生态资源和燕南长城遗址文化资源，塑造传承文化特色、展现生态景观、保障防洪安全的白洋淀滨水岸线。

起步区城市设计要融合城水林田淀等特色要素，深化“北城、中苑、南淀”的空间结构设计，形成“一方城、两轴线、五组团、十景苑、百花田、千年林、万顷波”的空间意象。传承中华营城理念，构建布局规制对称、街坊尺度宜人的中心“方城”；按照传承历史、开创未来的设计理念，塑造体现中华文明、凝聚城市精神、承载中心功能的城市轴线；按照功能相对完整、空间疏密有度的理念，布局五个尺度适宜、功能混合、职住均衡的紧凑组团；利用水文地貌和历史文化，塑造以大溵古淀为核心的生态苑囿；保留农耕记忆、营造花海景观，形成三季有花、四季有绿的都市田园风光；大规模植树造林，形成起步区外围林带环绕、内部树木葱郁的良好生态；开展白洋淀生态环境修复，展现碧波万顷、荷塘苇海的水域生态景观，实现城淀共生共荣。

规划设计城市轴线，雄安新区城内，南北轴线和东西轴线穿城而过，交汇中心恰如历史的新起点。北望潭柘寺、定都峰，南经大溵古淀，南北轴线上历史文化生态设施有序布局，恰如中华文明千年接力。西延太行山，东指向渤海，东西轴线串联起一个个特色的城市组团，现代便捷的公共服务设施、创新场馆星罗棋布；南北中轴线展示历史文化生态特色，突出中轴对称、疏密有致、灵动均衡，是历史、政治、文化轴线；东西轴线利用交通廊道串联城市组团，集聚创新要素、事业单位、总部企业、金融机构等，是未来、经济、创新的轴线。

（二）雄安新区未来产业发展方向

1. 优先承接北京非首都功能疏解

主要体现在以下方面：在高等学校和科研机构方面，重点承接著名高校在新区设立分校、分院、研究生院等，承接国家重点实验室、工程研究中心等国家级科研院所、创新平台、创新中心；在医疗健康机构方面，重点承接高端医疗机构在雄安新区设立分院和研究中心，加强与国内知名医学研究机构合作；在金融机构方面，承接银行、保险、证券等金融机构总部及分支机构，鼓励金融骨干企业、分支机构开展金融创新业务；在高端服务业方面，重点承接软件和信息服务、设计、创意、咨询等领域的优势企业，以及现代物流、电子商务等企业总部；在高技术产业方面，重点承接新一代信息技术、生物医药和生命健康、节能环保、高端新材料等领域的央企以及创新型民营企业、高成长性科技企业并支持中关村科技园在雄安新区设立分园区。

2. *雄安新区与北京在产业发展与疏解和承接方向的一致性*

早在2017年12月出台的《关于加强京津冀产业转移承接重点平台建设的意见》中，京津冀产业布局将按照“2+4+N”进行分工合作，“2”即北京城市副中心与雄安新区，是最重要的两翼，以高端产业为主，雄安新区未来产业发展的重点将围绕新一代信息技术产业、现代生命科学和生物技术产业、新材料产业、高端现代服务业和绿色生态农业五大产业方向，有针对性地承接非北京非首都产业转移，形成自身产业特色和发展的增长点。北京城市副中心将大力发展行政办公、高端商务、文化旅游、科技创新等主导产业。北京市在《北京城市总体规划（2016~2035年）》中按照首都政治中心、文化中心、科技中心、国际交往中心定位，提出未来北京主城区产业发展目标是坚定不移疏解非首都功能，为提升首都功能发展水平腾出空间，优化城市功能和空间结构布局。突出创新发展，依靠科技、金融、文化创意等服务业以及集成电路、新能源等高技术产业和新兴产业来支撑。主城区聚焦中关村科学城，突破怀柔科学城，搞活未来科学城，加强原始创新和重大技术创新，发挥对全球新技术、新经济、新业态的引领作用；以创新型产业集群和“中国制造2025”创新引领示范区为平台，促进科技创新成果转化。建立健全科技创新成果转化引导和激励机制，辐射带动京津冀产业梯度转移和转型升级。聚焦价值链高端环节，促进金融、科技、文化创意、信息、商务服务等现代服务业创新发展和高端发展，优化提升流通服务业，培育发展新兴业态。培育壮大与首都战略定位相匹配的总部经济，支持引导在京创新型总部企业发展。“4”即四大战略功能区，包括曹妃甸协调发展示范区、北京新机场临空经济区、张承生态功能区、天津滨海新区；“N”即46个平台组团，涉及协同创新平台15个，现代制造业平台20个，服务业平台8个，农业合作平台 3 个。因此，可以看出在产业发展定位上，京津冀地区是通过不同的功能布局与差异化发展，解决产业发展方向的同质化，既能解决北京产业转移后空心化问题，也为雄安新区未来产业定位指明了方向。

（三）金融在雄安新区的产业布局

在雄安新区产业布局上，起步区重点承接北京疏解的事业单位、总部企业、金融机构、高等院校、科研院所等功能，重点发展人工智能、信息安全、量子技术、超级计算等尖端技术产业基地，建设国家医疗中心。五个外围组团则与起步区分工协作，按功能定位承接北京非首都功能疏解，布局电子信息、生命科技、文化创意、军民融合、科技研发等高端高新产业，以及支撑科技创新和产业发展的基础设施。周边特色小城镇根据规划有序承接北京非首都功能疏解，布局形成各具特色的产业发展格局。北部小城镇主要以高端服务、网络智能、军民融合等产业为特色。南部小城镇主要以现代农业、生态环保、生物科技、科技金融、文化创意等产业为特色。

从雄安新区起步区与五个外围组团以及周边特色小镇分工布局看，金融将围绕产业链上下游，构建线上线下融合的创新支撑服务体系，构建全链条服务，起步区以金融创新为主，集聚大量金融机构总部，重点发展总部金融、互联网金融、数字金融、金融信息、金融中介、金融文化等新兴业态；科技金融特色小镇将围绕科技金融业态，重点发展创业风险投资、科技信贷、科技资本市场、科技保险等特色项目。

（四）雄安新区建设的时间安排

到 2022 年，启动区基础设施基本建成、城区雏形基本显现，科技创新项目、高端高新产业加快落地，北京非首都功能疏解承接初见成效。起步区重大基础设施全面建设，部分特色小城镇和美丽乡村起步建设，新区城乡融合发展取得新成效，白洋淀涵养水源功能逐步恢复。到 2035 年，基本建成绿色低碳、开放创新、信息智能、宜居宜业、人与自然和谐共生的高水平社会主义现代化城市。城市功能趋于完善，新区交通网络便捷高效，现代化基础设施系统完善，创新体系基本建成，高端高新产业引领发展，优质公共服务体系基本形成。“雄安新区质量”引领全国高质量发展作用明显，雄安新区成为现代化经济体系的新引擎。到本世纪中叶，全面建成高质量高水平的社会主义现代化城市，成为京津冀世界级城市群的重要一极，缓解北京非首都功能而带来的“大城市病”，努力建设人类社会发展史上的典范城市，为实现中华民族的伟大复兴贡献力量。

（五）雄安新区高质量建设的标准

按照《雄安新区建设规划纲要》，在创新智能方面到规划期末（2035年），全社会研究与试验发展经费支出占地区生产总值比重超过6%；基础研究经费占研究与试验发展经费比重为18%；万人发明专利拥有量为100；科技进步贡献率超过80%；公共教育投入占地区生产总值比重超过5%；数字经济占城市地区生产总值比重超过80%；大数据在城市精细化管理和应急管理中的贡献率超过90%；基础设施智慧化水平超过90%等。绿色生态指标（主要包括蓝绿空间）占比超过70%；森林覆盖率达到40%等；幸福宜居指标（包括15分钟社区生活圈覆盖率）达到100%，平均受教育年限13.5年等都有详细数据要求。

（六）当前雄安新区建设的最新进展

从2017年4月1日党中央决定成立雄安新区以来到2022年5年来，从完成顶层设计到展开大规模实质性建设，这座未来之城从“一张白纸”着墨，稳扎稳打，目前已进入承接北京非首都功能和建设同步推进的重要阶段，重点片区和重点项目建设有力有效，生态建设和白洋淀治理保护成效突显，一幅高质量发展的美好画卷徐徐展开。按照河北省委总结雄安新区建设五年来取得的成绩：一是始终坚持用最先进的理念和国际一流水准编制规划，精心描绘具有世界水平和中国特色的发展蓝图，完成“1+4+26”规划编制和报批，实现控详规“一主五辅”全覆盖；二是始终坚持疏解北京非首都功能集中承载地的初心，有力有序有效推动一批标志性疏解项目加快落地，北京援建的“三校”基本完工、“一院”加快推进，中国星网、中国中化、中国华能等央企总部准备开工，从京转入的企业达到3700多家；三是始终坚持高标准高质量推进重大工程和重点项目建设，近年来累计实施重点项目 177 个、完成投资 3676 亿元，雄安新区高铁站和京雄铁路开通运营，京雄高速等“四纵三横”7 条高速和国省道 500 多公里对外骨干路网建成通车，未来之城拔地而起；四是始终坚持走生态优先、绿色发展之路，全面完成唐河污水库治理，白洋淀上游 9 条河流、3 万多平方公里、涉及 37 个县区的流域治理成效显著，淀区水质由 2017 年的劣五类提升到 2021 年的全部三类；五是始终坚持以人民为中心的发展思想，容东片区 939 栋、504 万平方米安置房陆续交付，4.5 万回迁群众喜迁新居，人民群众的获得感、幸福感、安全感不断提升。[①]

四、金融创新在雄安新区建设中的作用

一个新区建设的步骤，金融与科技肯定是率先启动的，应该说，金融机构入驻雄安新区，商机是无限的。当前党中央和国务院为新时期金融的发展提出了新的方向，也提出了更高的要求。习近平总书记曾在“一带一路”高峰论坛上提出我们要促进科技同产业、科技同金融深度融合，优化我们的创新环境，不断集聚创新的资源。新一轮的技术革命需要科技与金融不断地改革创新。当前我们正处于信息科技革命全面渗透和深入应用的新阶段，双创催生了大量的新产业、新业态、新技术和新模式，面对新兴产业，新兴技术和创新成果不断涌现，我们传统的融资模式、融资渠道已经不能够满足科技创新的需要，同时新兴技术的发展对金融业也提出了深刻地变革。为了适应当前信息技术革命和新一代技术的深化，需要我们不断地探索和完善金融发展的新的模式，营造有利于创新创业企业不断地发展壮大，有利于新技术、新产品快速商业化的一种金融的生态。

早期的初创型科技企业的金融服务是世界难题。简单地讲，一个国家的服务水平和能力，主要还是取决于这个国家金融市场的繁荣程度，特别是健全的资本市场，同时也包括发达、健全的法治环境。创新和金融对于经济的增长，特别是对于提升全要素生产力的作用来说，尤为关键。当前我们的很

① 王东峰：以雄安新区建设发展优异成绩迎接党的二十大胜利召开，https：//baijiahao.baidu.com/s? id=1728999429964627949&wfr=spider&for=pc.

多产业、企业都处在新的历史阶段，需要的金融服务非常迫切。我们认为金融创新的理论研究有助于解释经济结构的变迁和发展的动力机制，这也是供给侧结构性改革面对的重要问题。所谓经济发展的新动力，就是指科技创新和金融创新相结合对经济发展的驱动作用。金融创新实际上是经济发展和结构变迁的最重要动力，也是打破制度刚性、结构刚性的重要力量。科技和金融之间的关系实际上是双向关系，既有正相关性也有负相关性。创新和金融对经济发展相当于是一个汽车的双轮概念，这样的双轮，如何推动结构的调整，同时形成结构调整的动力驱动是迫切需要解决的难题。

五、构建雄安新区现代金融体系的着力点

（一）构建现代金融体系要与雄安新区规划相结合

按照五大发展理念建设的雄安新区，创新是第一位的，创新是经济社会发展的源泉，也是高质量发展的第一动力。在雄安新区规划中提出，实施创新驱动发展战略，推进以科技创新为核心的全面创新，积极吸纳和集聚京津及国内外创新要素资源，发展高端高新产业，推动产学研深度融合，建设创新发展引领区。同样，创新也是金融的本质特征，也是金融发展的不竭动力与根本路径。这里的创新既包含了科学与技术的创新，也包含了金融的创新。没有科学技术的创新，就会失去金融的支持；没有金融的创新，也难以适应科技创新对金融政策和服务的需求。未来雄安新区构建金融创新体系一定要与新区规划实现一体化发展，即实现科技与金融有机结合，在科技开发、成果转化和产业化等各个环节实现金融支持实体经济的目的。通过科技金融工具之间的相互结合，利用银行、保险、基金、信托等机构投资者，解决科技创新资金来源单一问题，实现政府科技创新政策与市场的有效结合。根据规划，近期主城区将以汇聚北京金融类总部外迁与金融创新型业务为主，并结合中国雄安新区金融控股集团筹建与雄安新区（石保廊）国家自主创新示范区申报，打造雄安新区中关村科技园，吸纳全球金融机构参与雄安新区建设，中期将启动金融科技城与科技金融小镇规划与建设，形成具有国际标准和中国特色的科技金融支撑体系。

（二）构建现代金融创新体系要与雄安新区产业发展相结合

雄安新区规划中提出未来形成五大产业集群，一是新一代信息技术产业集群。围绕建设数字城市，重点发展下一代通信网络、物联网、大数据、云计算、人工智能、工业互联网、网络安全等信息技术产业。近期依托5G率先大规模商用、IPv6率先布局，培育带动相关产业快速发展。发展物联网产业，推进智能感知芯片、智能传感器和感知终端研发及产业化。搭建国家新一代人工智能开放创新平台，重点实现无人系统智能技术的突破，建设开放式智能网联车示范区，支撑无人系统应用和产业发展。打造国际领先的工业互联网网络基础设施和平台，形成国际先进的技术与产业体系。推动信息安全技术研发应用，发展规模化自主可控的网络空间安全产业。超前布局区块链、太赫兹、认知计算等技术研发及试验。二是现代生命科学和生物技术产业集群。率先发展脑科学、细胞治疗、基因工程、分子育种、组织工程等前沿技术，培育生物医药和高性能医疗器械产业，加强重大疾病新药创制。实施生物技术药物产业化示范工程、医疗器械创新发展工程、健康大数据与健康服务推广工程，建设世界一流的生物技术与生命科学创新示范中心、高端医疗和健康服务中心、生物产业基地。三是新材料产业集群。聚焦人工智能、宽带通信、新型显示、高端医疗、高效储能等产业发展对新材料的重大需求，在新型能源材料、高技术信息材料、生物医学材料、生物基材料等领域开展应用基础研究和产业化，突破产业化制备瓶颈，培育新区产业发展新增长点。四是高端现代服务业集群。接轨国际，发展金融服务、科创服务、商务服务、智慧物流、现代供应链、数字规划、数字创意、智慧教育、智慧医疗等现代服务业，促进制造业和服务业深度融合。集聚银行、证券、信托、保险、租赁等金融业态，依法合规推进金融创新，推广应用先进金融科技。围绕创新链构建服务链，发展创业孵化、技术转移转化、科技咨询、知识产权、检验检测认证等科技服务业，建设国家质量基础设施研究基地。发展设计、咨询、会展、电子商务等商务服务业，建设具有国际水准的总部商务基地。发展创意设计、高端影视等文化产业，打造国际文化交流重要基地。发展国际仲裁、律师事务所等法律服务业。五是绿色生态农业集群。建设国家农业科技创新中心，发展以生物育种为主体的现代生物科技农业，推动苗木、花卉的育种和栽培研发，建设现代农业设施园区。融入科技、人文等元素，发展创意农业、认养农业、观光农业、都市农业等新业态，建设一二三产业融合发展示范区。这五大产业集群的建设迫切需要金融的支持，而支持的途径需要通过构建四大科技金融体系实现，即构建符合雄安新区实际的科技金融政策体系；构建部门协同、省区联动的科技金融公共服务体系；构建满足新区建设、科技型中小企业和高新技术企业创新发展、京津冀协同发展科技成果转化与创新要求的科技金融组织体系；构建财政资金为引导、银行信贷和创业投资等金融资本为支撑、社会资本广泛参与的科技投融资体系。只有这样，打造创新驱动发展引领区，争取创建国家自主创新示范区，才能真正实现。

（三）构建现代金融体系要与雄安新区体制机制创新相结合

未来雄安新区在财税金融体制机制改革方面，要建立长期稳定的资金筹措机制，规划提出中央财政通过设立雄安新区综合财力补助、统筹安排各类转移支付资金和加大地方政府长期债务支持力度等方式支持新区建设。对符合税制改革和新区发展方向的税收政策，在现行税收制度框架内支持在新区优先实施，对需要先行先试的可依法依规优先试点。支持雄安新区立足本地实际，率先在相关领域开展服务实体经济的金融创新或金融试验试点示范工作，推动国家级交易平台等重大金融项目先行先试，支持金融业对外开放新举措在新区落地。根据规划，我认为首先要依托中国雄安新区投资集团发行首期雄安新区专项债券，解决当前建设资金压力，通过组建地方性金融控股集团，为雄安新区金融机构增强风险承载能力，提升整体竞争水平，提供组织制度层面的支持。通过构建新区投融资与金融产业发展平台，提升集团投融资能力和产融互动发展水平。雄安新区金融控股集团筹建方案中提出要坚持“整合资源、搭建平台、金融创新、服务企业”的工作方针，开展体系化的投、保、贷、典、租、银等业务，打造全能式的金融服务网络，形成整体竞争优势聚集整合京津冀金融服务资源与企业项目资源，打造资本与技术高效对接的平台；建立产业金融组合服务机制，打造金融服务联动式的平台；促进金融工具和产品的创新，打造科技金融创新平台；坚持市场服务与公共服务相结合的“双维”目标，打造企业发展与公共服务一体化融资服务平台；面向雄安新区企业和机构提供多样化服务，在全国树立雄安新区样板。

（四）构建现代金融体系要与雄安新区自身存量要素相结合

雄安新区自身存量要素如土地资源创新土地供应政策，构建出让、划拨、作价出资（或入股）、租赁或先租后让、租让结合的多元化土地利用和土地供应模式。由中国雄安新区投资集团统筹土地资源，建设土地银行，统筹平衡新区所需建设用地规模、耕地保有量、永久基本农田保护面积和耕地占补平衡指标。

在资本方面，通过市场化、国际化运作，将金融资源资本化，打造国内一流、国际领先的现代金融综合服务控股集团，围绕企业的融资需求，打造全能式的金融服务网络，形成整体竞争优势；通过“集团控股、分业经营、分业监管、整体上市”模式，发展成为金融上市公司。以战略目标为导向设置集团内部业务单元，既包括能够提供即期资金来源的业务模块（银行、信托等），也包括具有发展潜力的业务模块（证券、基金、保险、创业投资等）作为未来发展的后盾，以保证集团公司拥有稳定的现金流和可持续发展能力。雄安新区金融控股集团有限公司可以通过国有企业资产划转、并购重组、采取“1+N”（包括证券、信托、银行、基金、期货、创投、信用担保、金融租赁、城镇银行、汽车金融公司、消费金融公司等各种金融和类金融机构）模式组建。除河北省内现有的证券、信托、期货、基金及风投等可以直接注入金融控股集团以外，需要重振和开拓新的重要战略业务单元。

在产业方面，目前急需对对符合发展方向的传统产业实施现代化改造提升，推进产业向数字化、网络化、智能化、绿色化发展。

在人力资源方面，对原住民要妥善解决就业与养老问题，通过养老金与商业保险制度设计，职业年金与青少年发展基金等金融制度创新，引入土地换社保等制度，推动住房制度改革，增强当地居民的幸福感与获得感。

（五）构建现代科技金融体系要与雄安新区国际化发展方向一致

雄安新区目标是要打造全球创新高地。一方面通过布局建设国家实验室、国家重点实验室、工程研究中心等一批国家级创新平台，集聚高端创新要素，与国内外知名教育科研机构及企业合作，建立以企业为主体、市场为导向、产学研深度融合的技术创新体系。另一方面建设国际一流的科技教育基础设施。通过建设世界一流研究型大学，培育一批优势学科，建设一批特色学院和高精尖研究中心；布局一批公共大数据、基础研发支撑、技术验证试验等开放式科技创新支撑平台，全面提高创新支撑能力。近期将以金融科技城建设为契机，打造国际科技创新合作试验区，创新国际科技合作模式，率先开展相关政策和机制试点，构建国际一流的创新服务体系。此外，雄安新区现代金融体系建设要紧紧围绕雄安新区国际化发展方向，坚持开放的心态，积极主动服务北京国际交往中心功能，利用京津冀三地对外开放基础和雄安新区自然环境优势，构筑对外交流平台。以国家即将设立中国（河北）自由贸易试验区为抓手，建设中外政府间合作项目（园区）和综合保税区，大幅度取消或降低外资准入限制，全面实行准入前国民待遇加负面清单管理模式，吸引国家对外开放平台、“一带一路”国际组织与国外金融机构优先在新区布局。同时利用金融开放政策，在争取新三板证券交易平台落户雄安新区的基础上，通过开设国际性证券交易场所、全球性的碳排放权交易中心、全国大数据交易中心、全国金融资产交易中心等，为全球企业提供展示、发现、挖掘、提升、实现价值的平台。

| 第三章 |

雄安新区高质量发展的内涵、特征与标准

随着中国进入新的发展时代，我国经济发展的基本特征由高速增长阶段转向高质量发展阶段。习近平总书记强调，现阶段，实现高质量发展，是保持经济社会持续健康发展的必然要求，是适应我国社会主要矛盾变化和全面建设社会主义现代化国家的必然要求。按照中央部署，各地在指导实践的过程中，科学把握高质量发展的核心内涵是其重中之重。当前对高质量发展的研究，不同的专家有不同的解释，但缺乏系统的理论探索，尤其是在对雄安新区建设成中国高质量发展的经济示范区，确定高质量发展的内涵、特征与标准等方面。基于此本书从经济学角度，对雄安新区高质量发展进行系统分析。

第一节 “质”与“量”的辩证关系及经济学内涵

一、“质”与“量”的辩证关系

在哲学语境下，“质”与“量”都是事物的内在属性。质表明一个事物区别于其他事物的规定性，事物的多样性就是事物间质的差别的体现；量是事物存在和发展的规模、程度和速度等，可以用数表示和计量的规定性。在自然界和社会形态中，量变与质变是客观事物的两种运动形式，量变是渐变，是事物在数量上的增加或减少，质变是突变，是量变的结果，更是事物

在量变的基础上由一种形态转化成另一种形态的过程，事物的变化总是从量变开始，量变积累到一定程度就会引起质的变化，新的质又会循环往复量变的过程。因此事物的“质”与“量”是相伴相生，对立统一的关系。

1. 质与量的对立性

在哲学中，质量并不是作为一个统一的概念出现，质是事物的固有本质，通过事物的属性来表现，与事物相统一，同一种事物，无论量的大小都具有共同的质，所以说质是一种事物区别于另一种事物的标志和属性。量是事物可以用数值标识和计量的一种规定性，量与事物并不统一，同一种事物可以有不同的量，不同的事物也可以有相同的量。在现实生活中，质和量对立性的最直观表现就是产品和服务的质与量，如果想提高产品和服务的质，就必须投入更多的人力、物力与财力，在相同的生产条件、工艺流程和管理水平下势必会减少单位时间内产品和服务的量。

2. 质与量的统一性

从哲学视角来看，质与量具有统一性，质表明了事物的属性，量体现了事物的规模，质和量共同界定了一个鲜活生动的事物，二者缺一不可。从质变与量变的关系来看，正如一个受到合外力为零的物体其运动状态不变，保持静止或匀速直线运动一样，无论量变还是质变都是事物运动状态的变化，是受到外界因素作用的结果，按照马克思主义哲学的观点，事物内部新旧两方面的矛盾和斗争正是质变与量变的共同根源，质变是量变积累到一定程度的结果，但量变中也伴随着部分质变的发生。在现实生活中，从最直观的产品、服务的质和量来看，在某些方面也具有统一性，如提高原材料和半成品的质量可以减少废品率，增加合格产成品数量；采用先进的工艺和现代化的设备，不但可以提高产品的质量，还可以大大提高工作效率，增加产品产量；正如，在企业会计核算领域引入了现代化信息手段，改变了原有传统的手工记账模式，不但提高了会计信息质量，还节省了人工、提高了工作效率等，现实生活中这样的例子还不胜枚举。

社会经济高质量发展必须要建立在经济的质与量的高度协调上，既要有经济质的提高，也要有经济量的增长；既要保持平稳健康发展的速度，也要有科学合理的经济效益；既要有创新引领、协同发展的产业体系，也要有统一开放、竞争有序的市场体系；既要有体现效率、促进公平的收入分配体系，也要有彰显优势、协调联动的城乡区域发展体系；既要有资源节约、环境友好的绿色发展体系，也要有多元平衡、安全高效的全面开放体系。通过解放和发展生产力，完善符合生产力发展要求的生产关系，释放生产力发展的活力与动力。

当前，我国经济已转向高质量发展阶段，高质量发展的重要标志就是不断提高劳动、资本、土地、资源等要素投入产出效率和微观主体的经济效益。高质量发展体现了坚持以提高发展质量和效益为中心，是为了更好地满足人民日益增长的美好生活需求的发展，是创新成为第一动力、协调成为内生特点、绿色成为普遍形态、开放成为必由之路、共享成为根本目的的发展，是体现新发展理念的发展。

二、高质量发展需要把握的两大关系

1. 公平与效率

处理好效率与公平的关系，是构建社会主义高质量发展的核心问题。习近平总书记指出，要建设体现效率、促进公平的收入分配体系，实现收入分配合理、社会公平正义、全体人民共同富裕，推进基本公共服务均等化，逐步缩小收入分配差距。公平与效率是一对矛盾，二者既相区别又相联系。其区别在于，效率是绩效概念，指投入与产出之成效，在社会发展中人们往往将其具体化为劳动生产率的高低或国内生产总值的增幅。公平是价值判断，指公正平等的原则、要求和结果，涉及政治、经济、社会等各个层面，受多种复杂因素的影响。同时，二者又相互联结、相互制约。单纯追求效率而损害或忽视公平，效率将难以持久；片面强调公平而忽略效率，则公平也会扭曲。在我国社会主义建设的发展历程中，这两种情况都有明证。20 世纪 80 年代以来，随着我国经济体制改革的深入，市场经济逐步取代了传统的计划经济，在改革效率大幅提升的同时，收入分配出现了差距过分扩大的现象。收入分配的公平问题日益受到人们关注，我国理论界也开始更多地关注公平和效率的关系，并开展了热烈讨论。

社会主义市场经济条件下，效率与公平具有一致性。一方面，效率是公平的物质前提，保持经济持续健康发展，才能为增加城乡居民收入、完善社会保障提供物质保障；另一方面，公平是提高经济效率的保证，只有不断增加居民收入，健全再分配调节机制，才能充分调动生产者的积极性，维护社会和谐稳定，促进经济社会协调健康发展。效率与公平也存在矛盾，尤其在收入分配环节，效率优先还是公平优先一直是争论的焦点。在社会主义市场经济条件下，初次分配与再分配都要兼顾效率与公平。处理公平与效率的关系，应以历史的观点看待和分析问题。在社会发展初期，生产力发展水平低，产品供给能力不足；劳动力供给充分，资本要素稀缺。这一阶段的主要任务是通过资本积累带动劳动就业，提高产品供给。因此，在公平与效率的权衡上通常会更加重视效率。进入中等收入阶段以后，产品供给能力提升，收入分配出现差距，制约消费需求的增长，势必影响社会稳定，在公平与效率的权衡上通常会更加重视公平①。党的十八大报告指出，“初次分配和再分配都要兼顾效率和公平，再分配更加注重公平”。这就为深化收入分配制度改革指明了方向。

在社会分配环节，对公平和效率的问题，我们党也有一个逐步认识的过程。党的十一届三中全会提出，“必须认真执行按劳分配的社会主义原则”“要允许一部分地区、一部分企业、一部分工人农民，由于辛勤努力成绩大而收入先多一些，生活先好起来”。

党的十二届三中全会提出，“要让一部分地区和一部分人通过诚实劳动和合法经营先富起来，然后带动更多的人走向共同富裕”。

党的十三大提出，“社会主义初级阶段的分配方式不可能是单一的。我们必须坚持的原则是，以按劳分配为主体，其他分配方式为补充”。

党的十四届三中全会提出，“个人收入分配要坚持以按劳分配为主体、多种分配方式并存的制度”“允许属于个人的资本等生产要素参与收益分配”。党的十五大强调，“坚持效率优先、兼顾公平”“把按劳分配和按生产要素分配结合起来”“允许和鼓励资本、技术等生产要素参与收益分配”。

党的十六大提出，“确立劳动、资本、技术和管理等生产要素按贡献参

① 洪银兴，刘伟，高培勇，金碚，闫坤，高世楫，李佐军．“习近平新时代中国特色社会主义经济思想”笔谈［J］．中国社会科学，2018－09－25．

与分配的原则，完善按劳分配为主体、多种分配方式并存的分配制度”。

党的十六届六中全会进一步明确，“在经济发展的基础上，更加注重社会公平，着力提高低收入者收入水平，逐步扩大中等收入者比重，有效调节过高收入，坚决取缔非法收入，促进共同富裕”。

党的十七大提出，“初次分配和再分配都要处理好效率和公平的关系，再分配更加注重公平。逐步提高居民收入在国民收入分配中的比重，提高劳动报酬在初次分配中的比重”。

党的十八大提出，“必须坚持走共同富裕道路”“着力解决收入分配差距较大问题”“努力实现居民收入增长和经济发展同步、劳动报酬增长和劳动生产率提高同步”“完善劳动、资本、技术、管理等要素按贡献参与分配的初次分配机制，加快健全以税收、社会保障、转移支付为主要手段的再分配调节机制”。党的十九大提出，“坚持在发展中保障和改善民生”“保证全体人民在共建共享发展中有更多获得感，不断促进人的全面发展、全体人民共同富裕”“坚持按劳分配原则，完善按要素分配的体制机制，促进收入分配更合理、更有序”“履行好政府再分配调节职能，加快推进基本公共服务均等化，缩小收入分配差距”。

——国家发展改革委根据有关资料整理①

建设体现效率、促进公平的收入分配体系是适应当前我国发展形势的必然要求。建设体现效率、促进公平的收入分配体系，核心是坚持按劳分配原则，完善按要素分配的体制机制，履行好政府再分配调节职能，促进收入分配更合理、更有序。一方面要建立公平合理的收入分配制度，另一方面要建立更加有效的收入持续增长机制。党的十九大提出建设体现效率、促进公平的收入分配体系是全面建成小康社会、全面建设社会主义现代化国家的必然要求，也是质量变革、效率变革、动力变革的迫切需要，更是维护社会公平正义及和谐稳定的根本举措。优化收入分配格局，是坚持以人民为中心的具体体现，只有解决好收入分配问题，保证全体人民在共建共享发展中有更多获得感，不断增进民生福祉，在发展中补齐民生短板、促进社会公平正义，

① 全国干部培训教材编审指导委员会组织编写．建设现代化经济体系［M］．人民出版社，2019（02）：99.

才能确保国家长治久安、人民安居乐业。

2. 市场与政府的关系

社会主义市场经济体制是现代化经济体系的制度基础，构建高质量的现代经济体系，从经济体制上看必须要保障市场机制有效，微观主体有活力，宏观调控有度，在此基础上，正确处理市场与政府的关系问题，是经济高质量发展的必然因素。经济体制是一个国家关于资源占有方式和资源配置方式，组织生产、流通和分配的一整套制度体系，是制定和执行经济决策的各种机制的总和，是国家经济的组织形式。充分发挥市场作用、更好发挥政府作用的经济体制，指的是凡是市场机制能够发挥决定性作用的领域，都要坚持在市场机制下由市场微观经济主体按照自身利益最大化的目标来配置资源，减少政府对资源的直接配置，推动资源配置依据市场规则、价格、竞争实现效益最大化和效率最优化。一方面，市场是市场经济运行和活动的决定性调节者。由微观市场主体直接依据市场机制进行资源配置，资本、土地、劳动、技术等生产要素都要进入市场，而不再留在政府调节系统，把资源优化配置的主要权力交给市场和微观经济主体，由市场竞争决定供求和价格。另一方面，更好发挥政府作用既不是让政府完全退出、无所作为，也不是像计划经济时期政府取代市场、过度干预，而是在保持宏观经济稳定、加强和优化公共服务、保障公平竞争、加强市场监管、维护市场秩序、推动可持续发展、促进共同富裕、弥补市场失灵等方面发挥积极作用①。

自西方市场经济国家建立以来，在经济运行机制上发挥市场与政府作用上一直争论不断，从亚当·斯密在《国富论》（1776）中市场这只“看不见的手”能够实现资源配置最优化，政府只需要扮演好“守夜人”的角色，守卫国家安全，维持社会秩序，保护私有财产，维护经济自由开始。新古典经济学派马歇尔比斯密的自由经济学说更进一步，注入边际概念、个人效用、供求弹性等要素，坚信市场经济机制能自行解决经济与社会中的各种矛盾。在这种自由经济的思潮下，市场经济蓬勃发展，两者关系以强市场与弱政府的结合模式为主。1930 年，经历世界经济大萧条后，随着资本主义的发

① 全国干部培训教材编审指导委员会组织编写．建设现代化经济体系［M］．人民出版社，2019（02）：179.

展与矛盾的深化，市场经济的自发均衡论破灭。凯恩斯提出边际消费递减、资本边际效率递减、流动性偏好的规律与市场有效需求不足的问题，认为市场本身并不能解决私人利益与社会利益的矛盾，主张通过国家干预的方法解决市场失衡的固有矛盾，并以财政政策与货币政策作为核心去调控经济，减少经济的周期性波动①。20 世纪 80 年代至 21 世纪初，因奉行凯恩斯主义，长期推行扩张性的经济政策，通货膨胀和财政赤字日益严重。在石油危机的冲击下，西方国家陷入不同程度的滞胀。20 世纪 80 年代，弗里德曼创立货币主义学派，标志着新自由主义经济学崛起。认为经济自行调节利于技术进步，反对宏观调控的长期介入，主张采用稳定的货币供给增长率。此外，其反对福利国家政策，认为福利政策破坏了市场竞争机制，加重财政负担。供给学派则认为供给能够自动创造需求，应通过减税鼓励生产。经济危机并非源于生产过剩，而是政府过多干预扰乱了市场机制的正常运行，故主张政府应当尽可能少地干预经济。在新自由主义思潮下，当前欧美主要国家形成强市场与弱政府的模式，管理上小政府、少规章，财政上低税收、小开支，金融上去管制，贸易自由化②。但是，当前在市场与政府强弱关系上，不同的国家根据本国实际采取不同的模式，有的强市场—弱政府，有的强市场—强政府，也有弱市场—强政府和弱市场—弱政府模式。

从我国建立社会主义市场经济看，党的十四大确立建立社会主义市场经济体制，在二十多年时间里，我们对市场和政府的关系的认识不断深化，一方面基本确立了市场在资源配置中的决定性作用，另一方面政府宏观调控的手段也日益完善。但是，在当前我国经济还存在着市场化不足与过度市场化，政府管得过多与管得不够的矛盾，市场与政府的关系还没有完全理顺。我国法制体系和信用体系建设滞后于市场经济实践发展，导致一些经济主体的行为短期化、无序化，不利于提高资源配置效率，也损害社会公平。另外一些地方仍然存在不同程度的保护主义和市场分割，企业在地区之间、行业之间投资和转移不够顺畅，从而使部分领域企业竞争不够充分，形成了不合理的行业间利润率差别和收入差别。此外，部分领域仍残留着一些传统计划经济时代的惯性。政府在某些领域中仍然存在“越位”的问题，对本应属于

---

①② 黄林芝．论市场与政府的关系［J］．现代经济信息，2018（05）．

企业自主决策的事项、市场机制能够有效调节的事项、社会中介组织可以自律事项的直接干预仍不少。部分领域还存在一些政府该管而没有管或没有管好的问题，导致一些领域公共物品和公共服务供给不足、市场秩序监管不到位等问题。因此，推动高质量发展，迫切需要深化经济体制改革。

党的十九大报告强调“加快完善社会主义市场经济体制”，并指出“经济体制改革必须以完善产权制度和要素市场化配置为重点，实现产权有效激励、要素自由流动、价格反应灵活、竞争公平有序、企业优胜劣汰”。这些重要论述，进一步深化了“使市场在资源配置中起决定性作用和更好发挥政府作用”的认识，坚定了社会主义市场经济改革方向，明确了加快完善社会主义市场经济体制的重点任务，是习近平新时代中国特色社会主义思想在经济体制改革领域的具体体现，也是我们坚持高质量发展的基本遵循。

第二节　中国经济高质量发展的标志

一、创新作为内生动能

建设高质量现代化经济体系，其中一个重要的内容就是建设创新引领、协同发展的产业体系，实现实体经济、科技创新、现代金融、人力资源协同发展，使科技创新在实体经济发展中的贡献份额不断提高，现代金融服务实体经济的能力不断增强，人力资源支撑实体经济发展的作用不断优化。建设创新引领、协同发展的产业体系，关键是要有扎实的举措，使生产要素高效服务于实体经济，形成促进经济高质量发展的强大动力。而要做到以上几点，必须发挥创新作为内生第一动力，转变发展方式。习近平总书记强调，改革是第一动力、发展是第一要务、人才是第一资源、科技是第一生产力。我国实体经济远未摆脱高投入低产出的粗放发展模式，产业发展主要依靠增加人力、物力、财力等要素投入，创新资源在要素组合中的比重偏低，核心技术受制于人。从世界知识产权组织发布的《2018 年全球创新指数报告》看，创新体制机制、商业模式创新、组织模式创新这三个重要指标的排名，我国分别排在第70位、55位、43位，明显落后于美国、日本、德国等国家。当前新一轮科技革命和产业变革蓄势待发，正在以前所未有的广度和深度改变着产业发展模式，科技创新对产业发展的引领作用空前强大。需要通过建设创新引领、协同发展的产业体系紧紧抓住科技创新引领发展这个“牛鼻子”，瞄准世界科技前沿强化基础研究，突出关键共性技术、前沿引领技术、颠覆性技术创新，建立以企业为主体、市场为导向、产学研深度融合的技术创新体系，使科技创新对经济发展的贡献率不断提高①。

二、现代经济体系的均衡发展

资源要素的广域组合重构，是解放和发展生产力的必然要求。当前，我国经济矛盾主要体现在发展的不平衡不充分，区域之间、城乡之间、产业之间发展不均衡、不协调的矛盾突出。因此，在经济结构不断演化的现实背景下，建设彰显优势、协调联动的现代经济发展体系，在更广空间尺度上配置资源，在更大程度上调动经济发展的积极性，推动资源要素在城乡之间、区域之间、产业之间合理流动，逐渐向更有效率的经济部门和地区配置，实现资源要素重组、结构优化，有利于更有效地激发经济发展潜能，拓展发展空间，释放需求潜力，提高经济发展的整体水平。

三、人与自然的和谐统一

纵观世界发展史，西方发达国家在工业化阶段经历了环境污染公害等问题，引起了各国对人与自然关系的反思。我国传统经济发展道路伴随着资源过度消耗、环境严重污染等问题。从我国情况看，随着生态环境问题的日益突出，转变发展方式刻不容缓，绿色发展作为推进生态文明建设的基本途径，已成为经济社会持续健康发展的重要方向和主要目标，成为全民共识。资源节约、环境友好、人与自然和谐相处成为现代化经济体系的重要标志。

① 全国干部培训教材编审指导委员会组织编写．建设现代化经济体系［M］．人民出版社，2019（02）：50－51.

习近平总书记指出，绿色发展是构建高质量现代化经济体系的必然要求，是解决环境污染问题的根本之策。绿色发展是以人与自然和谐为目标的经济社会发展方式。未来社会生产和生活方式必须建立在资源能支撑、环境能容纳、生态受保护的基础之上，对经济存量实施绿色改造，对经济增量进行绿色构建，不断培育壮大绿色发展的新动能。

四、多元平衡、安全高效的全面开放

当今世界经济出现重大变化和调整，世界进入了向多极化发展的时期，经济格局出现两个趋势，即经济全球化、区域经济一体化。2020 年以来，突如其来的新冠肺炎疫情深刻改变着全球政治与经济秩序，全球经济陷入第二次世界大战后最深的衰退，中美关系出现重大变局，现存世界政治与经济格局将加速转型。当前，全球经济复苏程度依然存在一定不确定性，中美竞争仍是全球政治经济趋势分析的重点，中国必将推动更多双边和多边投资合作，在合作中寻求新发展、塑造新格局。当前，世界政治经济格局大发展大变革大调整，中国特色社会主义进入新时代，我国经济由高速增长阶段转向高质量发展阶段，更需要推动形成全面开放新格局。习近平总书记强调，对外开放作为我国长期坚持的基本国策，面临新形势、新要求和新任务。建设多元平衡、安全高效的全面开放体系，是建设现代化经济体系的必由之路，也是进一步发挥以开放促发展、促改革、促创新的作用，实现经济高质量发展的重要支撑。

建设多元平衡、安全高效的全面开放体系，要力求“引进来”与“走出去”更好地结合、沿海开放与内陆沿边开放更好结合、制造业开放与服务业开放更好结合、向发达经济体开放与向发展中国家开放更好结合、多边开放与区域开放更好结合、开放与安全更好结合。下一步，要坚持从低要素成本优势向综合竞争优势转变、从区域开放不协调向协调发展转变、从国际经贸规则的适应遵循者向参与制定者转变、从优惠政策为主向制度规范为主转变。我国构建全面开放体系的主要任务是，推动构建人类命运共同体、扎实推进“一带一路”倡议、积极推进贸易强国建设、实现高水平“引进来”和高质量“走出去”、稳步扩大金融对外开放、优化区域开放布局、促进贸易投资便利化、健全对外开放安全保障机制等。①

五、人的全方位发展

人生是由劳动、需要、交往、意识四要素构成的。人与人的交往则构成了社会的关系。社会关系是人本质中交往这个要素的总体表现，通过交往，劳动、需要、意识各要素集合起来，使人类结成生存的共同体。社会关系是人存在的必要形式，社会关系又以制度、体制，以及国家、公共权力机构、企业、团体、家庭等各种形式和相应的机制，来制约个体人的行为，制约生产方式和生活方式。高质量的经济发展是以人民生活水平和生活质量普遍提高为衡量标准，更是以人的全方位发展为标志。社会的进步不是以牺牲人民的利益为代价，我们建设富强民主文明和谐美丽的社会主义现代化强国，一个重要的标准就是实现全体人民共同富裕、全方位的发展。全方位的发展既包括建立在体现效率、促进公平的收入分配体系上，也体现在民主与法制的政治体系完备上，既体现在“共建共治共享”的社会形态上，也体现在安居乐业，老有所养，幼有所教，贫有所依，难有所助的社会保障机制上。

第三节　雄安新区高质量发展的内涵与目标

一、雄安新区高质量发展的内涵

从我国发展历史来看，珠三角和长三角地区是非常重要的两个增长极，它们与深圳经济特区和上海浦东新区相互拉动，相得益彰。北方虽然有京津冀城市圈，但北京有强大的虹吸效应，不仅落下了交通拥堵、雾霾锁城、房价居高不下等大城市病，还与周边地区形成了巨大的发展落差。而设立雄安

① 全国干部培训教材编审指导委员会组织编写．建设现代化经济体系［M］．人民出版社，2019（02）：176－177.

新区能为加快构建京津冀世界级城市群积累发展优势，带动冀中南乃至整个河北的发展，以更高效的资源配置，形成新的区域增长极。此外，雄安新区还肩负着探索人口经济密集地区优化开发新模式、打造全国创新驱动发展新引擎的重大历史责任。对雄安新区而言，无论是建设绿色生态宜居新城区、创新驱动发展引领区，还是建设协调发展示范区、开放发展先行区，都是前所未有的探索和实践①。

那么怎样才能实现雄安新区高质量发展，雄安新区高质量发展的内涵又是什么呢？我们从2018年12月25日国务院批复的《关于河北雄安新区总体规划（2018～2035年）的批复》② 文件中可以梳理出要找的答案，即一个初心、两个建设、三个统筹、四个坚持。

1. 一个初心：牢牢把握北京非首都功能疏解集中承载地这个初心

改革开放40多年来，随着我国市场经济的发展，人口流动更加频繁，因为大城市聚集了更多的教育、医疗等公共服务资源，交通更加便利，企业总部聚集度高，提供了更多的就业岗位，人口增长较快。特别是，随着1999年后高校的逐年扩招，中国高等教育已经从精英教育进入大众教育时代，据统计2018年高校毕业生已达820万人，每年大量的高校毕业生涌入城市，为中国经济高速发展提供了人口红利，但也不可避免地带来了交通拥挤、公共服务设施不足、房价高涨、环境恶化等问题，也就是人们常说的“大城市病”。北京作为我国的首都，既是我国的政治中心、文化中心和国际交流中心，又是经济中心、交通中心、医疗中心、教育中心。就像北京的环路越修越多一样，北京的中心职能也越来越多，既有首都功能更有很多非首都功能。为了有序疏解北京非首都功能，推动京津冀区域协调发展，2017年4月1日雄安新区横空出世。五年多来，雄安新区正是不忘初心、紧紧抓住了疏解北京非首都功能这个“牛鼻子”，坚持国际视野、高点起步、高标准规划，为打造“质量雄安新区”锐意改革、科学谋划，为承接首都高等教育、医疗机构、科研院所、央企总部、事业单位等非首都核心功能的转

---

① 千年大计雄安新区的设立是历史和现实的选择［N］.《人民日报》，2017年4月12日，第五版.

② 国务院关于河北雄安新区总体规划（2018－2035年）的批复［J］. 中华人民共和国国务院公报，2019（02）：26－29.

移，科学规划空间组团、完善以轨道交通为主的现代化交通体系、种植千年秀林，建设完善基础设施，提供优质的公共服务，打造生态宜居、智慧现代的未来之城，建设人文与现代兼顾的千年雄安新区，打造集聚中国传统元素的梦里故乡①。

2. 两个建设：建设高质量发展的全国样板，建设现代化经济体系的新引擎

党的十八大以来，以习近平同志为核心的党中央团结和带领全国各族人民紧紧围绕实现中华民族伟大复兴的中国梦，举旗定向、谋篇布局、攻坚克难，为实现我国两个一百年的伟大奋斗目标书写了辉煌的篇章②。2017 年 4 月，作为党中央深入推进京津冀协同发展的一项重大决策部署，雄安新区被赋予了集中疏解北京非首都功能、探索人口经济密集地区优化开发新模式、调整优化京津冀城市布局和空间结构、培育创新驱动发展新引擎等多项职能，党中央和全国人民对雄安新区寄予厚望。概括起来，一是要建设高质量发展的全国样板；二是建设现代化经济体系的新引擎③。

把雄安新区建设成高质量发展的全国样板与雄安新区的战略定位相吻合。习近平总书记强调，雄安新区建设要坚持世界眼光、国际标准、中国特色、高点定位，坚持建设绿色生态宜居新城区、创新驱动发展引领区、协调发展示范区、开放发展先行区，努力打造贯彻落实新发展理念的创新发展示范区④。雄安新区选址在北京、天津和保定腹地，雄县、容城、安新三个县相对华北平原周边其他县而言，人口少、建筑少、开发力度不大，特别是 30 平方公里的起步区内基本上没有什么工厂。与我国 20 世纪 80 年代的深圳特区和 90 年代的浦东新区相比，雄安新区既无资源优势又无人才优势和区位优势，甚至与天津滨海新区、唐山曹妃甸等地都远远无法相比，党中央在此

---

① 马敏．省级政府网上政务服务能力影响因素研究［D］．华中科技大学，2019. DOI：10. 27157/d. cnki. ghzku. 2019.

② 白云宙，梁琛．习近平治国思想中的传统文化观初探［J］．湖北函授大学学报，2015，28（15）：62－63.

③ 陆洲，王文韬．雄安新区立法权限配置研究［J］．华北理工大学学报（社会科学版），2021，21（01）：16－21.

④ 徐示波，谷潇磊．雄安新区创新驱动引领区的类比研究和功能分析［J］．全球科技经济瞭望，2017，32（08）：56－60.

地建设千年特区，其示范作用不言而喻，高质量建设雄安新区必将成为我国未来城市高质量发展的样板。

高质量建设雄安新区就是要按照国际标准建设一流创新型城市，培育经济发展的新引擎。要实施创新驱动发展战略，营造雄安新区创新创业环境，聚集国内外高端人才和生产要素，形成实体经济产业、现代高端服务产业、金融服务业、信息技术产业同台竞技、协同发展的良好局面。创建设施完善、服务便捷、人文与科技共生的宜居城市，聚集创新要素资源，培育新动能，构建产城融合的创新城市。高质量建设雄安新区就是要以企业为主体、以市场为导向，推动产学研的深度融合，培育一批国际一流的科技创新平台，主动融入全球创新体系，推动京津冀协同创新，是雄安新区成为我国经济发展的新引擎。

3. 三个统筹

统筹生产、生活、生态三大空间①。

按照雄安新区规划，雄安新区建设将严守生态保护红线，严格保护永久基本农田，严控城镇规模和城镇开发边界②，实现多规合一，将雄安新区蓝绿空间占比稳定在70%，远景开发强度控制在30%。将淀水林田草作为一个生命共同体，形成“一淀、三带、九片、多廊”的生态空间结构。实施全域分区空间管控，通过网格化、信息化和精细化管理，强化对各类开发与保护活动的空间引导和落地管控③。在雄安新区建设过程中，要不忘初心、牢记使命，努力践行习近平总书记生态文明思想，坚持尊重自然、顺应自然、保护自然，坚持开发利用与生态保护相结合。正如我们好多人都有一个梦中回不去的故乡，那么未来的雄安新区将成为我们每个人寻梦的地方，未来充满着无穷的想象，科技、人文、绿色、生态、智慧，一个个鲜活的标签都可以贴上雄安新区这座幸福之城的城头。未来的雄安新区就是要统筹生产、生活和生态三大空间，建设国际一流、绿色、现代的智慧城市；打造蓝绿交

---

① 陆洲，王文韬．雄安新区立法权限配置研究［J］．华北理工大学学报（社会科学版），2021，21（01）：16－21．

② 陈向国．雄安新区：人与自然和谐共生的样板之城［J］．节能与环保，2018（05）：34－36．

③ 王鑫，于秀琴．合作网络视角下雄安新区特色康养体系的协同构建［J］．新视野，2019（06）：28－33．

织、清新明亮、水城共融的生态城市；创建设施完善、服务便捷、人文与科技共生的宜居城市；聚集创新要素资源，培育新动能，构建产城融合的创新城市；坚持国际化视野和包容开放的理念，建造现代城市。

4. 四个坚持

坚持世界眼光、国际标准、中国特色、高点定位；坚持生态优先、绿色发展；坚持以人民为中心、注重保障和改善民生；坚持保护弘扬中华优秀传统文化、延续历史文脉①。

雄安新区建设是新世纪党中央领导全国各族人民进行经济建设和社会治理的里程碑意义的大事，战略意义重大、经济和社会影响深远。雄安新区建设是在一张白纸上绘蓝图，党中央关于各项重大战略思想将在这里落地生根，未来的雄安新区就是中国城市化发展的样板和标杆，不能局限于一时一地，必须以人民为中心，融合中国传统文化元素和现代人文科技，放眼长远、坚持国际视野、延续中国文脉，高起点规划、高标准建设，以“功成不必在我”的态度一张蓝图绘到底。

二、雄安新区高质量发展的目标

雄安新区高质量发展也是中国经济高质量发展的缩影，其内涵决定了雄安新区就是要建成人民心中的绿色生态宜居新城区、创新驱动发展引领区、协调发展示范区和开放发展先行区，这就决定了雄安新区高质量发展的目标就是创新、协调、绿色、开放、共享②。

1. 创新发展的目标

雄安新区的创新发展不同于以往发展经济学中经济增长创新，而是社会价值的全面创新，创新发展范围由经济学范畴的创新扩展到了科技创新、制度创新、文化创新等在内的全面创新，贯穿于经济社会发展的各个方面。创

① 李月芹．基于经济哲学角度对“雄安新区战略规划”的思考［J］．鄂州大学学报，2020，27（06）：51－52.

② 李佳钰，张贵．天津滨海新区对接河北雄安新区高质量发展的对策研究［J］．理论与现代化，2019（01）：120－128.

新的出发点和落脚点是以人民为主体，激发了全民创新创业的热潮，根本目的在于激发人民的活力、创造力、生产力。其主要标准：其一是着力提升科技创新的质量效率；其二是着力增强产业创新能力；其三是着力打造区域创新高地；其四是着力推进相关领域体制机制改革；其五是加强知识产权行政执法和司法保护衔接。

2. 协调发展的目标

雄安新区的协调发展，也不同于其他地区发展模式，而是中央作为试验田，核心任务是实现经济建设、政治建设、文化建设、社会建设、生态文明建设的“五位一体”的总体布局的具体实践。一方面要大力发展生产力，为社会和谐稳定创造雄厚的物质基础，另一方面要努力发展社会事业，提高人民福利，提高教育、医疗、交通等公共服务水平，让人民更多、更均等地共享改革成果，提升人民生活质量，为经济发展提供良好的社会环境。其中心任务：一是作为非首都功能疏解的集中承载地，实现京津冀协同发展；二是实施新型城镇化战略和乡村振兴战略，推动城乡融合发展。

3. 绿色发展的目标

雄安新区的绿色发展是从资源掠夺式的发展老路中走出来的，找到一条人与自然和谐共生的推动人类永续发展的新路，实现人类发展反哺自然的良性互动。通过资源配置的不断优化，使生产函数的生态价值更加凸显，最终推动人类经济活动和生产消费方式迈向绿色时代的具体实践。其中心目标是：一是加快绿色技术创新，建设绿色金融体系；二是推进能源生产利用和消费革命，构建低碳发展模式；三是推进资源节约和循环利用，形成循环链接系统；四是壮大节能环保、清洁生产、清洁能源以及生态循环农业；五是推行绿色消费和生活方式，最终建立资源节约、环境友好的绿色发展的示范区。

4. 开放发展的目标

雄安新区的开放目标是打通国际与国内双循环的开放，是建设多元平衡、安全高效的全面开放体系。它将以深度参与“一带一路”倡议为契机，以自贸区建设为重点，坚持“引进来”与“走出去”，结合制造业与服务业开放相结合的改革试点，加快从低要素成本优势向综合竞争优势转变，从区域开放不协调向协调发展转变，从国际经贸规则的适应遵循者向参与制定者转变，从优惠政策为主向制度规范为主转变。加快培育国际合作和竞争新优势，更加积极地促进内需和外需平衡、进口和出口平衡、引进外资和对外投资平衡，发展更高层次开放型经济。

5. 共享发展的目标

雄安新区的共享发展是体现效率，促进公平的发展，既有实现收入分配合理，也有社会公平正义，最终实现全体人民共同富裕。其目标是：一是坚持按劳分配与按要素分配有机结合；二是基本公共服务均等化；三是拥有党委领导、政府负责、民主协商、社会协同、公众参与、法治保障、科技支撑的社会治理体系；四是人民拥有乡风文明、家风良好、民风淳朴，展现社会崇德向善的精神风貌。

第四节　五大发展理念与雄安新区高质量发展评价标准

党的十八届五中全会首次提出了新发展理念：创新发展、协调发展、绿色发展、开放发展、共享发展①。这是以习近平同志为核心的党中央在新时期提出的新的治国理政理念，已经成为指引我国社会经济持续健康发展的灵魂和主线，也必将成为引领雄安新区高质量发展的重要发展理念，将体现在雄安新区规划、建设和发展的方方面面②。

一、创新发展理念与雄安新区高质量发展的关系

创新是引领雄安新区高质量发展的第一动力。雄安新区是千年大计、国家大事，雄安新区的建立本身就是一项创新，需要用新的理念、新的手段、新的机制实现体制创新、制度创新、科技创新和政策创新。

---

① 史艺璇. 西部地区绿色发展的产业路径［J］. 新乡学院学报，2018，35（07）：19－23，28.

② 孙建领. 改革开放以来中国共产党学习活动经验研究［D］. 山东师范大学，2012.

（一）创新发展理念的理论基础

1. 创新发展是深深植根于中华传统文化的哲学思想和历史基因

早在殷周时代的《周易·益卦》就有“凡益之道，与时偕行”的创新原则，启示我们必须认识规律、把握大势、贴近时代、实事求是、与时俱进地创新思想、创新方法、创新技术，才能够把握方向、有所作为。中华五千年文明史，历朝历代不乏创新的人物与事例。中国古代造纸术、指南针、火药和印刷术四大发明应该说是重大的科技创新，对我国古代的政治、经济、社会、文化都产生了巨大的推动作用，对世界文明史也产生了重大影响[①]。中国历史上春秋时期齐国的管仲改革、秦国的商鞅变法、北宋时期的王安石变法等都是对社会治理的重大革新。

2. 创新发展来源于对西方传统理论的借鉴和延伸

按照熊彼特的观点，创新意味着毁灭原有产品、原有技术、原有生产方式，把一种从来没有过的生产要素和生产条件的新组合引入生产体系。西方传统理论将创新概括成了五个方面，即引进新产品、引用新技术、开辟新市场、寻找新材料、实现企业新的组织形式。西方传统理论对创新发展的研究具有很强的借鉴意义，但西方传统理论也有一定的局限性，它研究的对象局限于企业，把创新的主体定位于企业家。而当前我国创新发展理念在借鉴西方传统创新理论的同时，又赋予创新新的内涵，我们的创新是以人民为中心的共同创新，不只有企业家的创新还有人民大众的创新，是全民参与式创新，不只有技术创新还有制度创新、观念创新、体制创新，是全方位建设性创新。

3. 马克思主义政治经济学为创新发展提供了重要理论基础

马克思主义政治经济学的根本立场是人的全面发展，强调人类实践是自觉认识和尊重经济发展规律、社会发展规律、自然发展规律，社会发展的根本动力在于生产力的发展[②]。马克思主义政治经济学认为生产力决定生产关

---

① 李自强．论科学技术对社会的作用——浅谈中国古代的四大发明对社会的影响［J］．美与时代（上），2010（12）：18－20. DOI：10.16129/j.cnki.mysds.2010.12.035.

② 胡鞍钢，张新．创新发展：国家发展全局的核心［C］//国情报告第十八卷 2015 年，2017：629－642.

系，生产力是人们解决社会同自然矛盾的实际能力，是人类改造自然使其适应社会需要的物质力量，生产力由劳动资料、劳动对象和劳动者三要素构成①。马克思曾明确指出，社会的劳动生产力首先是科学的力量，即科学技术是第一生产力。改革开放以来，特别是党的十八大以来，党中央提出了创新发展的新理念正是中国共产党在牢牢把握马克思主义政治经济学的基本理论和基本分析方法的基础上对马克思主义创新发展的拓展和延伸，是党中央在长期的社会实践中对经济和社会发展规律的总结，是党中央适应新形势、认识新问题，按照马克思主义基本理论和基本方法提炼总结中国发展观的重要理论成果②。

（二）创新发展对雄安新区高质量发展的影响

1. 机制体制创新的影响

道路创新是最本质的创新，是实现其他所有创新活动和过程的决定因素。从国家宏观层面来讲，道路的创新具体表现在经济与社会管理机制体制的创新。推动创新发展离不开机制体制的完善与创新，特别是在雄安新区规划建设过程中，机制体制的创新更将起到决定性作用。雄安新区规划建设作为千年大计、国家大事，在借鉴深圳特区、浦东新区和滨海新区等地实践经验的同时，还有其自身的特殊性。雄安新区作为新时期深化改革的重要试验载体，将成为我国在行政、经济、社会等管理方面体制机制创新的平台，会有许多国家治理机制体制创新在雄安新区落地，同时，体制机制的创新也必将成为影响雄安新区高质量发展的决定性因素。

2. 制度创新的影响

坚持创新发展，就是要发展新的生产力，建立与之相适应的生产关系。生产关系是人们在物质资料生产过程中形成的社会关系，包括生产资料所有制形式、人们在生产中的地位及相关关系、产品分配的形式等，因此社会经济发展中形成的产权制度、投融资制度、分配制度、用人制度等都是生产关

① 柳青．十八大以来中国特色社会主义制度治理研究［D］．陕西师范大学，2017.

② 王智泓．市场经济下的拜金主义批判［J］．长江大学学报（社会科学版），2012，35（09）：52－53.

系的具体形式①。按照马克思主义政治经济学辩证唯物主义的观点，生产力决定生产关系，但生产关系也反作用于生产力，生产力和生产关系是一对矛盾统一体②。由此，我们认为产权制度、投融资制度、分配制度、用人制度等是影响创新发展的重要因素。具体在雄安新区规划建设的实践，新区的投融资制度、分配制度、人事制度、户籍制度、住房管理制度等方面的创新必将对雄安新区高质量发展产生深远的影响。

3. 科技创新的影响

科技创新能力是一个企业的核心竞争力，更是一个国家参与全球竞争、立足于世界之林的核心能力。改革开放40多年来，我国始终重视科技创新，提出了“科学技术是第一生产力”，把科技创新作为国家发展战略来抓。近年来我国科研实力和科研水平不断增强，海尔、联想、华为、吉利、格力等一批中国企业和自主知识品牌不断涌现，高速铁路、中国天眼、大飞机、5G通信技术等一系列高科技领先世界，为中华民族的伟大复兴奠定了坚实的基础。但从目前来看，正如习近平总书记指出的：“我国创新能力不强，科技发展水平总体不高，科技对经济社会发展的支撑能力不足，科技对经济增长的贡献率远低于发达国家水平③。新一轮科技革命带来的是更加激烈的科技竞争，如果科技创新搞不上去，发展动力就不可能实现转换，我们在全球经济竞争中就会处于下风。”雄安新区规划明确提出了要建设国际一流的科技创新平台和科技教育基础设施，引进和培育创新型企业，推动形成以企业为主体、市场为导向、产学研深度融合的技术创新体系，推进京津冀协同创新。科技创新必将成为影响雄安新区高质量发展的重要因素。

4. 文化创新的影响

文化创新就是要在全社会倡导创新精神、鼓励创新意识、发挥创新效益④。雄安新区的提出、规划和建设本身就是一项伟大的创新，创新精神、

---

① 刘洋波．原始社会史理论框架新构［J］．甘肃高师学报，2003（03）：51－55.

② 刘军．《全球通史》对历史主题和人为灾难根源的论述——与历史唯物主义相关观点作比较［J］．哈尔滨学院学报，2017，38（01）：103－106.

③ 汪潜．习近平关于信息化的重要论述与我国的信息化发展［J］．西华师范大学学报（哲学社会科学版），2020（05）：103－108. DOI：10.16246/j.cnki.51－1674/c.2020.05.018.

④ 胡鞍钢，张新．创新发展：国家发展全局的核心［C］//国情报告第十八卷2015年，2017：629－642.

创新意识和创新效益都在这里得到了淋漓尽致的体现。同时，雄安新区的创新又融入了文化元素，为文化创新赋予了新的内涵，雄安新区规划提出，雄安新区建设要坚持中西合璧、以中为主、古今交融，强化规划引导和控制，细致严谨做好单体建筑设计，塑造体现中华传统经典建筑元素、彰显地域文化特色的建筑风貌，原则上不建高楼大厦，不能到处是水泥森林和玻璃幕墙①。由此可见，雄安新区建设是融入了文化元素的创新，文化创新的理念和思想也必将影响雄安新区的高质量建设与发展。

二、协调发展理念与雄安新区高质量发展的关系

党的十八届五中全会指出，协调发展是持续健康发展的内在要求。协调发展就是要牢牢把握中国特色社会主义事业的总体布局，正确处理好发展中的重大关系，重点促进社会经济协调发展，促进城乡之间协调发展②。雄安新区规划建设作为我党实践协调发展的产物，其主要职能就是疏解北京非首都核心功能，促进京津冀区域协调发展，因此协调发展也是雄安新区高质量发展的应有之意与内在要求。

（一）协调发展理念的理论基础

1. 协调发展理念植根于中国古代的中庸思想

中庸思想是中国古代儒家主要思想之一，要求做人做事不偏不倚、恰到好处。作为儒家思想的代表，子思所著的《中庸》中有云："喜怒哀乐之未发，谓之中；发而皆中者，谓之和。中也者，天之大本也；和也者，天下之大道也。"中庸之道不仅是中国古人自我修养、自我完善、自我监督的要求，更是古代人社会治理之道和治理目标。中国五千年的历史长河中，受儒家思想影响最为深刻，中庸思想在不同的历史时期有不同的表现，在不同阶段的社会发展中，中庸思想在协调矛盾、和谐稳定、个人道德等方面都起到了重

---

① 国务院正式批复《河北雄安新区总体规划（2018—2035 年）》［J］. 中国勘察设计，2019（01）：12.

② 中国共产党第十八届中央委员会. 中共中央关于制定国民经济和社会发展第十三个五年规划的建议［Z］，中国共产党新闻网，2015.

要作用。

2. 协调发展源于马克思主义唯物辩证法

对“对立统一”的科学思辨，既是马克思唯物辩证法的重要论断，也是协调发展的哲学基础。矛盾存在于人类社会发展的全过程，任何事物的发展过程都是在相互作用的形式中进行，只有对立统一地看待问题，全面协调的处理问题，才能实现有序发展。马克思认为，经济基础和上层建筑、生产力与生产关系之间的协调是在处理协调发展中所需要关注的主要矛盾，目前我国正经历经济和社会发展的转型期，发展不充分不平衡的矛盾日益突出，处理好经济结构调整、经济发展转型、区域间经济发展不平衡等问题，处理好全局和局部的关系，注重区域经济协调发展，处理经济、政治、文化、社会、生态之间的整体协调关系，既是马克思主义辩证法的体现，更是解决当前存在的主要矛盾，推动经济社会高质量发展的客观需求。

（二）协调发展对雄安新区高质量发展的影响

1. 区域协调发展的影响

改革开放以来，我国试办深圳等四个经济特区，提出沿海发展战略，划定大连、秦皇岛等 14 个沿海开放城市，积极发展外向型市场经济，极大地激活了我国市场经济的活力，这些特区及沿海开放城市成为了我国经济面向世界的窗口。20 世纪 90 年代末，我国逐渐形成了东部地区率先发展、西部大开发、中部崛起、东北振兴的区域经济协调发展战略①。进入 21 世纪，逐渐形成了以上海为龙头的长三角地区、以粤港澳为核心的珠三角地区以及北方的京津冀地区三大经济圈。党的十八大以来，党中央又提出“一带一路”、长江经济带和京津冀协同发展这三大战略，2019 年粤港澳大湾区等区域发展战略发布。党的十八届五中全会提出，推动区域协调发展，塑造要素有序自由流动、主体功能约束有效、基本公共服务均等、资源环境可承载的区域协调发展新格局①。这就要求我们对已有的区域战略进行升级，从主要配置和协调地区间的经济资源，向全面协调地区间的经济、社会和生态资源方向转变。雄安新区建设作为疏解北京非首都核心功能和京津冀协调发展的国家战

---

① 卢会兰. 改革以来区域经济发展的回顾与展望［J］，改革与开放，2013（4）.

略，应当成为我国现阶段区域协调发展的新的样板，在协调发展的社会实践中具有举足轻重的战略地位，贡献“雄安新区力量”、区域协调发展是雄安新区高质量发展的起点，也是发展的目标。

2. 城乡协调发展的影响

城乡二元结构问题在我国由来已久，关于城乡二元结构问题的研究历来是经济学研究的重要课题，从历史演进和发展的角度来看，新中国成立之初，我国高度集中的计划经济体制轨道基本确立，严格的户籍制度的建立将原来的城乡二元结构正式固化和升级为城乡二元体制，虽然此举在一定程度上对社会管理、社会稳定有一定作用，但城乡之间因此形成了严重的壁垒，城市和农村都自成体系，严重地影响了资源在城市与农村中的自由流动和配置。随着我国农业现代化的快速发展，农村更多的剩余劳动力涌入城市，要求我国尽快破解城乡发展的二元体制和发展不平衡、不协调问题，才有了我国户籍制度的逐步放开，也才有了我国近年来城市化进程的快速发展。当然，在城市化快速发展中也带来了住房价格高涨、生态环境破坏、城市交通拥堵、公共服务设施不足等缺陷。为此应如何破局？应走新型工业化、信息化、城镇化、农业现代化协同发展之路，促进城乡协调发展。雄安新区作为我国城乡协调发展的试点，将创新体制机制，着力解决困扰城乡协调发展的房地产管理体制、户籍管理体制，通过高效的轨道交通、便利的地下交通等模式解决交通拥堵问题，改变原有的摊大饼式城市开发模式为城市组团，推进以人为核心的新型城镇化，完善居民教育、大众医疗、社会保障等社会公共服务体系，坚持城乡有机统一，全面协调。坚持统筹规划，促进城乡共建共享、协调发展，建设美丽雄安新区、幸福雄安新区将成为雄安新区高质量发展的标志。

3. 经济、社会与生态环境协调发展的影响

从世界范围来看，工业革命以来，技术进步带动了经济的快速发展，由于经济发展给人们带来收入水平的提高和物质的丰富，人们盲目追求经济的高速发展，但却忽视了由此带来的贫富差距拉大、社会阶层分化的社会问题，也忽视了工业发展带来的过度开发、能源消耗、环境污染等经济社会问题。1987 年联合国大会上第一次提及可持续发展的概念，自此，人们对经

济、社会与生态环境的可持续发展问题愈发关注。因此，一般而言，可持续发展可以从三个维度展开：经济维度、社会维度、生态环境维度。其实质即如何正确认识和处理经济效率问题、社会公平问题和生态环境保护问题。从我国社会经济发展的实践来看，也逐步经历了从片面追求高发展速度，唯GDP主义的粗放式发展到全面、协调、可持续发展的过程，改革开放以来，经济上实现了高速发展，但相对而言，资源消耗和生态环境保护问题并未引起重视，一些地区以能源消耗和生态环境破坏的牺牲换得GDP的高速增长，这样的GDP终归是不可持续的。党的十八大以来，党中央提出了生态文明建设的新思想新方针，统筹经济、社会和生态环境的高质量、可持续发展，雄安新区规划建设正是在新的历史时期，按照党中央可持续发展理念适时提出的，经济、社会和生态环境协调发展的理念对新区高质量发展势必产生持续而深厚的影响。

4. 人文与科技协调发展的影响

人文和科技是人类社会文明的两大基石，它们相辅而行、相得益彰，共同构成了人类社会文明的发展史。人文一词在西方文明中可以追溯到古希腊文明，苏格拉底提出了“认识你自己”，使研究人类的自我灵魂成为西方哲学的根本任务。被誉为六经之首的《易经》中有“关乎天文，以察时变。观乎人文，以化成天下”①，其内涵是将礼乐教化作为根本，并由此建立一个有序文明的社会。科技一词，从传统意义上讲是指科学和技术两个层次，科学可以理解为认识世界规律的手段，技术则被认为是改变世界的手段，因此科技一词的内涵就是人类认识世界、探究真理并改变世界的能力与手段。科技是人类认识和改变世界的工具，而人文则是人之所以为人的本质与特征，但近年来随着现代科技的迅猛发展，往往出现了现代科技与传统人文相背离的现象，人类的发展逐渐与以人为本的本心相背驰，带来了一系列生存与发展的危机。反观现代科技的发展，如何将其与人文精神的发展相互融合，形成互补，以解决现代科技带来的一系列挑战成为摆在世界各国面前的共同课题。雄安新区在统筹建设中也要以人民为中心、弘扬优秀传统文化，延续华夏千年文脉，打造成为科技与人文共生、和谐发展的典范之城，共同推动雄

① 周鹏鹏译．易经［M］．北京：北京联合出版社，2015.

安新区实现高质量发展。

5. 长期与短期协调发展的影响

设立雄安新区是国家大事、千年大计，需要有长远规划，需要长期努力，要有“功成不必在我”的耐心和气魄。就雄安新区的建设时序具体而言，第一步基础设施建设先行，第二步是环境保护和治理，接下来的产业的引入是重中之重。在没有明确前是不能着急，要保持历史耐心，按照习近平总书记的指示一步一步推进。坚定目标和责任，一棒接一棒地奋斗下去。雄安新区规划既要有长期规划、也要有中期规划和短期规划，雄安新区建设过程中更要处理好长期、中期和短期的关系，统筹把握当前利益和长远利益的关系，依据客观形势，做到长期与短期协调发展，才能真正意义上做到雄安新区高质量发展。

三、绿色发展理念与雄安新区高质量发展的关系

绿色发展是雄安新区高质量发展的重要目标和必要条件。践行习近平生态文明思想，营造优美自然的生态环境，打造宜居宜业的美丽雄安新区、幸福雄安新区是雄安新区建立的初衷之一，没有绿色发展，雄安新区的“高质量”将无从谈起、无法实现。

（一）绿色发展理念的理论基础

1. 绿色发展理念源于中国古代“天人合一”的思想

中国古代的道家思想认为，天就是自然，而人属于自然的一部分。因此庄子说：“有人，天也；有天，亦天也”。天人本是合一的。但由于制定了各种典章制度、道德规范，使人丧失了原来的自然本性，变得与自然不协调①。道家提出了“天人一体”的思想。把天、地、人等宇宙万物都连贯成为一个整体，这就突破了古代哲学以政治伦理为轴心的局限，把思考的范围扩展到整个宇宙，树立了朴素的整体观念②。人类的社会实践是在逐步认识与改造

① 熊英姿．中国传统“天人合一”思想及其当代生态伦理价值［D］．武汉理工大学，2006.

② 陈玉萍．道家生态伦理思想及其现代启示［D］．山西大学，2007.

自然的一系列活动中完成的，但在历史长河中，人类由于对自然认知程度所限，经常会违背自然规律，当人类战天斗地与自然界抗争的时候，短期内也许会有一定的收益，但从长期来看，必将承受来自自然界更加凶猛的反噬。从古时候到今天，中华民族对大自然一直抱着一种敬畏，这正是中华民族先哲们的智慧所在。进一步而言，从这些智慧中吸取养分，加以进化发展，可以形成更贴合现代社会实际的“天人合一”观，即人类源于自然，顺其自然，益于自然、反哺自然。妥善解决人和自然的价值与实践关系，努力实现人类与自然的协调，达到共生、共存、共荣。这也正指出了人类走向未来的必由之路。

2. 绿色发展的理念源于马克思主义自然辩证法

自然辩证法为绿色发展提供了科学规律与理论指导。其总结了大自然与人类的辩证关系，改变了朴素唯物主义和机械唯物主义的自发性、不彻底性、机械性等缺陷，提出自然是人类的生命之本，人类历史是自然史的延续，但人类又必须依赖自然的科学规律。认为人与自然既对立而又统一，一方面人在认识自然、改造自然的活动过程中具备及发挥主观能动性；另一方面人类必须顺应自然，尊重自然规律、遵循自然规律才能做到人与自然协调发展，这与绿色发展的理念不谋而合。

3. 绿色发展理念是可持续发展的延伸与升华

综观西方工业国大多存在先污染后治理的发展过程，历史上严重的环境污染问题并不少见。我们必须吸取发达国家经济发展与治理环境问题的经验教训，不能忽视生态环境问题，忽视人民的生活和健康，而盲目发展经济，必须走保护环境和资源的可持续发展之路。党的十八大以后，中国对自身的发展道路进行了反思，针对经济快速发展中暴露出的资源耗费、环境污染、重复建设、生产过剩等问题，提出了“供给侧结构性改革”“三去一降一补”等改革思路，在充分分析市场经济供给与需求关系的基础上，从供给侧入手，调结构促发展。可以说，绿色发展理念是在原来可持续发展的要义上，结合我国新时期经济社会发展现状提出的新的发展理念。绿色发展是经过多年实践与探索，凝聚了中国特色改革实践的发展理念，借鉴并超越了传统意义上的可持续发展理念。

（二）绿色发展对雄安新区高质量发展的影响

1. 优化生态空间布局方面对雄安新区高质量发展的影响

雄安新区将始终把资源环境承载能力作为规划建设的刚性约束，优化城市布局，统筹生产、生活和生态的空间关系，通过整体规划布局对空间进行有效调控，着力推动落实规划为先、用途管控为主的国土空间开发，从经济与社会协调、政治与文化协调、生态与环境协调等方向，搭建城市空间发展的新格局。按照优化生态空间布局的总体要求，雄安新区建设蓝绿空间占比将稳定在 70%，远景开发强度将控制在 30%，形成“一淀、三带、九片、多廊”的生态空间结构①。

2. 建设资源节约型社会方面对雄安新区高质量发展的影响

党的十六届四中全会上我党提出“重视计划生育、节约资源、保护环境和安全生产，大力发展循环经济，建设节约型社会”，进一步加强党的执政能力建设。建设资源节约型社会的核心在于节约，即控制能源消费总量，控制水资源、建设用地利用总量，并进一步实现总量和强度双控。这就需要资源利用过程中的全面节约与集约利用，按照生态经济化、经济生态化要求，加快资源利用方式的转变，抓好全过程细节化管理，降低资源消耗总量，减少污染排放，减能增效，提高资源利用的效率和效益。这就要求雄安新区在规划和建设过程中要坚持绿色低碳可循环的理念，从社会生产生活方式和城市建设运营模式等角度推行绿色规划、绿色投资、绿色生产、绿色生活，推进资源的全面节约与集约利用，建设绿色低碳之城。

3. 建设环境友好型社会方面对雄安新区高质量发展的影响

环境友好型社会追求人与自然相互友好，协调发展，首先要向污染宣战，以污染物排放量大幅减少为目标，这里的减排不单对空气，还指水和土壤的污染。目前，京津冀地区因为人口密度大、工业结构偏重、高污染高能耗企业多，又受地形条件影响，太行山以东市区县空气污染严重，PM2.5 和

---

① 国务院关于河北雄安新区总体规划（2018～2035 年）的批复，《中华人民共和国国务院公报》，2019－01－20，中国雄安新区官网，http：//www.xiongan.gov.cn/2018－04/21/c_129855813_11.htm.

PM10 指标超标，特别是入冬后，受燃煤取暖的影响，空气污染显得更加严重，成为北方雾霾形成的重要诱因之一，既影响了京津冀地区的对外形象，也有损人民群众尤其损害老人儿童的身体健康。2012 年以来，京津冀各地市都陆续打响了“蓝天行动保卫战”，推出了散乱污企业治理，高污染企业关停并转，冬季取暖煤改电、煤改气，小汽车限行等严格的防污减排措施，近两年京津冀地区空气质量持续稳定向好，蓝天白云也常成为网友们在朋友圈中的谈资。但我们也必须清醒地认识到，我国污染防治的路还有很长一段要走，我们稍一放松就会反弹，特别是京津冀地区空气质量与全国其他地方省份相比还有一些差距，是空气污染防治的重点区域。要想实现雄安新区的高质量发展首先要做好的就是节能减排、防治污染，建设环境友好型社会。

4. 保护和修复生态系统方面对雄安新区高质量发展的影响

2019 年 1 月，河北省委省政府印发《白洋淀生态环境治理和保护规划（2018 ~ 2035 年）》，作为雄安新区的第一个专项规划，该规划的出台表明了国家对白洋淀生态治理高度重视。作为华北之肾的白洋淀是雄安新区建设的重要基础，雄安新区建设将坚持对自然的尊重与保护，开展白洋淀生态保护和环境治理，严控白洋淀上游工业开发强度和污水治理，污水治理不达标严禁排放，强化白洋淀生态整体修复和环境系统治理，建立多水源补水机制，逐步恢复淀区面积，有效治理农村面源污染，确保淀区水质达标。到 2035 年，白洋淀综合治理全部完成，淀区水位保持在 6.5 ~ 7 米，淀区面积稳定在 360 平方公里，淀区水质达到国家地表水环境质量三到四类标准①。由此可见，保护生态系统，修复白洋淀生态环境与雄安新区建设是相辅相成的，绝不能割裂看，要做到在生态修复中开发、在开发中保护，不能走过去西方国家环境治理的老路。雄安新区建设从短期来看生态修复和治理成本也许会较高，但那是在补历史欠账的同时惠及子孙万代的战略选择，必将推动雄安新区高质量发展、可持续发展。

① 国务院．国务院关于河北雄安新区总体规划（2018 ~ 2035 年）的批复［Z］，中国政府网，2019.

四、开放发展理念与雄安新区高质量发展的关系

改革开放的40多年来，中国经济和社会发生了翻天覆地的变化。这期间，人民大众是改革开发的最大受益者。当前，我国经济社会发展迈入新时代，应该顺应时代潮流，从战略高度统筹国内国际两个大局，制定国家对外开放和全面参与全球治理的大战略，承担相应的国际责任，体现大国担当。在中国进入新常态的客观条件下，雄安新区的规划建设必须顺应国家改革发展的大势，走开放发展之路。

（一）开放发展理念的理论基础

1. 开放发展理念植根于包容性、开放性的中华传统文化

五千年的中华文明是吸纳了我国各族人民的文化精粹和世界文明的精华延续发展到今天的，具有一定的开放性；单就中华文明自身而言也源于炎帝、黄帝、蚩尤三大氏族部落，经炎帝、黄帝、蚩尤三祖文化融合升华而成，具有很强的包容性。西汉建元二年（公元前139年）汉武帝派张骞出使西域，走出了一条古丝绸之路；明永乐三年（公元1405年）起郑和七次下西洋，访问了西太平洋和印度洋30多个国家及地区，这一纪录甚至早于哥伦布发现美洲新大陆，这都彰显了中华文明开放包容的胸怀。进入近代，一批先进思想的中国人为了谋求救国的真理，学习西方文化和自然科学，康有为、谭嗣同、严复等学习和传播西方文化，为当时广大进步青年提供了珍贵的精神养料。特别是革命先驱李大钊同志将马克思主义引入中国，为民族独立、国家富强、人民幸福找到了正确的思想武器。纵观历史，可以看出中华文明深深的烙印着开放的标记，开放发展的理念早已植根于中华传统文化，成为中华文明得以延续和发展的共识。

2. 开放发展理念是中国共产党人集体智慧的结晶

中国共产党从1921年成立时起就是引入马克思主义先进的思想，借鉴俄国十月革命的先进经验，在共产国际的帮助下组织和开展活动的，可见中国共产党并不是一个封闭的政党，而是一个更加开放的政党。进入21世纪，

党中央提出了走和平发展道路，将“和平、开放、合作、和谐、共赢”作为中国处理国际事务的原则。后来又明确提出实施互利共赢的开放战略，增进国家间交往互利，实现双方共同繁荣和发展。党的十八大以来，党中央先后提出了“中国梦”“亚洲梦”“世界梦”，从推动“一带一路”到构建人类命运共同体，中国正以实际行动证明，中国坚持包容、合作，坚持走开放发展之路，在谋求中国发展的同时，兼顾国家间互信互惠，推动共同发展，共同进步。

（二）开放发展对雄安新区高质量发展的影响

1. 开放发展理念对雄安新区定位的影响

雄安新区规划建设是在实施京津冀协同发展国家战略的大背景下的产物，更是党中央推进区域协调发展的“雄安新区样板”。从新区的设立初衷来看，其发展的目光绝不紧紧局限于新区自身，而是要通过雄安新区的设立打破行政藩篱，改变原有的一亩三分地思想，从而带动京津冀地区的高度协同化和北京非首都功能的有序疏解。从这个意义上说，雄安新区的规划建设本身就是党中央解放思想、开放发展的产物。在推动区域经济协调发展，有效治理“大城市病”方面，雄安新区的设立从某种程度上借鉴了国外典型大都市新城规划建设的经验教训，新区要实现北京非首都功能疏解集中承载地的目标，责任重大，使命清晰，就是要打造新时期开放发展的新地标，要深化体制机制改革，进一步扩大开放，吸引国际人才，开展国际合作，集聚创新要素，打造扩大开放新高地和对外合作新平台。

2. 开放发展理念对雄安新区规划的影响

雄安新区总体规划是习近平总书记新发展理念的集中反映，是全球智慧与经验的集中汇集、中国力量与精神的弘扬践行，是实现雄安新区高质量发展的条件和基础。雄安新区总体规划中指出，新区要构筑便捷高效的现代综合交通体系、打造绿色发展低碳环保城市、建设具备国际水平的创新城市，这无不体现了新区国际化、开放化的发展理念。历史进入 21 世纪，中国作为世界第二大经济体，我们既要有开放发展的自信，秉承开放发展的理念，维护全球自由贸易体系，带动建设开放型经济、开放型城市，又要有开放发展的自觉，主动适应世界经济增长方式的转型，从主要配置国内资源到配置国内国际两种资源，主动承担大国责任，走和平发展和绿色发展之路。雄安新区规划正是我国在新的历史时期，按照开放发展理念，坚持高点定位、国际视野的成果，随着新区建设地不断深入，必将在中华大地上大放异彩。

3. 开放发展理念对雄安新区建设的影响

2018 年 7 月，雄安新区开展“河北雄安新区启动区城市设计方案征集”活动，这次活动集中汇集全球智慧与经验，邀请了国内外知名设计团队参与雄安新区城市设计，彰显了雄安新区开放发展的理念。为了汇集全球顶尖人才参与雄安新区建设，雄安新区对我国传统的户籍制度和住房管理制度等都将进行深刻的变革，以利于吸引人才、留住人才。为了以更加开放、包容的姿态迎接全球优质资源参与雄安新区建设，雄安新区还将有更多的开放性政策出台，如在支持金融发展方面将鼓励各类优质金融资源向雄安新区聚集，根据雄安新区发展需要，适时放开对民营资本的准入限制，组建各类法人金融机构，允许股权众筹融资等金融创新，金融科技领域的一些前沿性研究成果在雄安新区先行先试，落地生根、开花结果。总之，开放发展理念将渗入雄安新区建设的每一个环节，对雄安新区的建设和发展产生积极而长远的影响。

五、共享发展理念与雄安新区高质量发展的关系

让广大人民群众共享改革发展成果，是社会主义的本质要求，是社会主义制度优越性的集中体现，是我们党坚持全心全意为人民服务根本宗旨的重要体现①。共享发展理念就是要让我们的人民在共建共享发展中有更多的获得感，同时，广大人民共同参与建设，各尽其能、各得其所、共同创造财富、共同分享社会福祉，同时，要保障人民群众的各项权益，真正解决关系人民群众工作、生活的各种问题，满足人民对幸福生活的憧憬。因此，共享发展既是社会主义建设的本质要求，也是构建雄安新区高质量

① 习近平．习近平在党的十八届五中全会第二次全体会议上的讲话［Z］．新华网，2017.

发展的本质要求。

（一）共享发展理念的理论基础

1. 共享发展植根于中国“天下大同”的传统文化和历史文脉

早在2000多年前，在《礼记礼运》中，孔子就提出了“天下大同”“小康”社会的理想①，孔子将大同世界描绘成一个理想之国，不可实现，而小康社会则较之低一层级，有可能成为现实社会。无论大同还是小康都体现了古人追求人人平等、人人幸福，消除世间不平等，共享发展的世界观。中国长达2000多年的封建社会统治，历代的农民起义都提出了反映社会发展不同阶段矛盾斗争的经济要求与政治主张，其经济思想的核心要义就是平均主义，在我国漫长的封建时期，农民起义运动多次提出类似于“等贵贱”“均贫富”“均等”的主张，这体现了中国老百姓追求政治上平等、经济上共享的千年梦想，也正是中华传统文化中共享发展的根脉所在。近代，康有为所作《大同书》对大同理想有了新的发展，其反对封建专制君主集权，提出集合众人智慧共同管理国家。孙中山先生提出了三民主义的主张，这都是共享发展理念在特定历史时期的具体表现。

2. 共享发展源于马克思科学社会主义的理论与实践

在世界范围来看，近代几百年来资本主义得到了大发展，资本主义的发展给人类带来了前所未有的经济增长和社会繁荣，但资本主义自身发展的同时也产生了更深的社会矛盾，引起了世界范围内的以两次世界大战为代表的大分化和大冲突。伴随着资本主义的发展，各国人民对共同幸福的向往和追求一直也没有停止。在追求公平、公正的社会运动中，19世纪初期由莫尔、圣西门、欧文等提出了空想社会主义，主张建立消灭了阶级压迫和剥削的乌托邦社会（Utopia），但作为一种不成熟的理论，这种主义只是反映了无产阶级的一些尚未明确的愿望。直到19世纪中期，马克思和恩格斯提出了科学社会主义的学说，社会主义第一次，也是真正意义上从空想变为科学。进入20世纪，科学社会主义的实践——伟大十月革命，开辟了人类历史和社会发

① 《礼记·礼运》中孔子认为“是故谋闭而不兴，盗窃乱贼而不作，故外户而不闭，是谓大同”“如有不由此者，在埶者去，众以为殃，是谓小康”。

展的新纪元。这些社会主义的理论和实践都长期影响了我国新民主主义革命和社会主义的实践，为我国走上共享发展、共同富裕的社会主义道路指明了方向。

3. 共享发展来源于中国共产党人社会主义现代化建设的实践

新中国成立后，人民解放、民族独立，在占世界人口五分之一的世界东方，我们消灭了剥削，建立了人人平等的社会主义制度，为实现中国人几千年来“大同世界”的梦想奠定了基础。实现共同富裕是中国人长久以来的追求，更是中国共产党的光荣使命。1949 年以来，毛泽东同志始终坚持共同富裕的社会主义理想，努力缩小工农、城乡、不同劳动者之间的发展与贫富差距，努力摆脱贫困，实现共同富裕。1979 年以后，邓小平同志提出了小康社会的目标，并提出实现共同富裕两步走的路线图，明确了如何实现共同富裕的路径选择。党的十八大以来，中国共产党提出了两个一百年的伟大奋斗目标，在实现全体人民共同富裕的道路上走出了坚实的一步。党的十八届五中全会之后，中国共产党坚持推动共享发展，实施精准扶贫，在共产党的带领下，全国人民上下一心，攻坚克难，取得了全面建成小康社会的伟大胜利，在这一胜利成果的基础上，未来中国共产党将带领人民向着更高水平的共同富裕、共享发展不断前行。

（二）共享发展对雄安新区高质量发展的影响

1. 共享发展要求雄安新区推动城乡共同富裕

共享发展要求全体人民能够共享改革成果，切实兼顾人民群众的利益，让人民有更多的获得感，最终实现全体人民的共同富裕。改革开放之初，邓小平同志创造性地引入“先富带动后富”分步实现共同富裕的设想，最大限度激发了生产要素的内生动力，带来我国经济持续多年的快速发展。改革开放 40 多年来，我国的生产力水平有了较大的提升，我国社会的主要矛盾也已经从“落后的社会生产与日益增长的物质文化需求的矛盾”转化为“人民日益增长的美好生活需要和不平衡不充分的发展之间的矛盾”。这里的不充分、不平衡不但体现在数量方面，更体现在质量方面，我国主要社会矛盾的转化是习近平总书记在新时代的新论断，为实现共同富裕形成了理论上的指导。雄安新区规划建设作为我国城乡一体化发展的样本，在河北雄县、容城、安新三个开发力度低、人口密度小的传统平原县建设未来容纳500万人口的新城，本身就是共享发展和推动城乡共同富裕的伟大尝试。在雄安新区建设中，受共享发展理念的影响，将统筹三县居民的当前利益与长远利益，实现城乡共生互惠式发展，让改革成果惠及更多的城乡群众，让雄安新区成为我国城乡共同富裕、共生发展的标杆。

2. 共享发展要求雄安新区实现基本公共服务均等化

公共产品和公共服务是财政学研究的范畴，西方经济学中早有对公共产品的研究，我国1994年分税制改革以后，在财政转移支付中将公共服务均等化作为目标正式在理论界被提出，并进行了有益的实践。党的十九大报告中提出，2035年基本实现公共服务均等化，城乡区域发展差距和居民生活水平差距显著缩小。可见，公共服务均等化已经成为我国社会主义现代化事业的一项战略任务。雄安新区近乎是在一张白纸上搞开发，雄安新区三县原有的公共服务资源有限、设施严重不足，因此，雄安新区建设前期重点工作就是集中京津冀周边资源努力补齐雄安新区教育、医疗、交通、住房、生态环境等公共服务方面的短板。在推进公共服务均等化方面，雄安新区首先启动了“千年秀林”的绿化造林、京雄高铁轨道交通、白洋淀生态治理等提升新区公共服务水平的项目，提高雄安新区的软硬件水平，为留住高端人才、聚集高端产业、推动雄安新区高质量发展打下坚实的基础。

3. 共享发展要求雄安新区创新社会治理体制

党的十八大以来，根据客观实际的变化，党的执政理念与时俱进，强化政府社会管理职能，实现了由社会管理到社会治理的飞跃，在户籍管理体制、社会信用体制、社会保障体制和城乡社区体制等方面做了很多工作，取得了一定的成绩。社会治理体制创新是构建社会主义健康和谐社会的主要手段，按照共享发展的理念，在雄安新区建设中应健全共享发展制度安排，加强改进党的领导，转变原来的单一的政府职能，整合社会管理资源，调动群众参与社会治理的内生动力，引导不同的社会组织、社会主体共同参与社会治理。新区作为国家的千年大计，承载着北京非首都功能疏解和京津冀协同发展等行政和社会职能，与以往的深圳特区和浦东新区建设不同，政府在运用经济手段的同时还应综合运用行政管理手段、社会管理等，在经济政策和体制创新的同时，更加注重和运用社会治理创新的手段，为实现雄安新区高质量发展奠定社会基础。

综上所述，雄安新区作为构建现代经济体系全国示范区，必须是建立在更高质量、更有效率、更加公平、更可持续发展上示范。同时是建立在新发展理念上的示范，同时也是创新、协调、绿色、开放、共享的内在各要素相互贯通、相互促进，共同构成具有内在期联系的集合体。其中，创新是引领发展的第一动力，协调是持续健康发展的内生特点，绿色是永续发展的普遍形态，开放是国家繁荣发展的必由之路，共享是中国特色社会主义的根本目的。因此，雄安新区高质量发展，必须要以新发展理念为引领，高质量的发展指标也必须以新发展理念为评价标准。

第四章

雄安新区高质量发展评价指标体系——基于深圳特区与上海浦东新区的数据验证

从国内经济发展来看，始建于20世纪80年代的深圳特区和上海浦东新区都是全国经济发展的样板地区，基于五大发展理念的雄安新区高质量发展也应该以先进地区为参照物，在发展中查找其内在发展规律，找寻经验与教训。从雄安新区高质量发展的指标评价上，更应该参照深圳特区与上海浦东新区发展历程，在指标的设定上考量两区的经济、政治、文化、社会环境以及政策设计。本章在借鉴国家全面小康及现代化评价等统计指标体系基础上，对比深圳市和上海浦东新区2009～2018年的数据，找出两地经济社会发展中表现突出的指标进行分析与验证，在创新、协调、绿色、开放、共享五个方面，为雄安新区高质量发展评价指标构建提供参考。

第一节 创新发展评价指标体系

创新发展是五大发展理念的“灵魂”，它贯穿于践行五大发展理念的各个环节和整体过程之中，具有全局性、战略性、纲领性作用。创新发展直接关乎发展效益乃至发展成败得失，在雄安新区整体发展中具有重要的作用。从全球经济发展趋势上看，为顺应新一轮科技革命发展，各国争相出台政策文件来支撑本国的技术创新发展：2007年日本实施《创新25战略》；2013

年德国推出“工业4.0”的高技术国家战略；2017年美国发布“国家机器人计划2.0”；2018年欧盟公布人工智能行动计划①。反观我国，新中国成立70多年来，创新理念一直引领着我国各方面的发展进步。2015年我国启动“中国制造2025”计划，一系列重大科技项目和工程相继实施，提升了我国的国际地位，奠定了我们走中国特色自主创新之路的基础。从现代经济发展的规律性特征看，一个国家或地区在不同的发展阶段，会有不同的发展驱动力。创新作为首要内生动力，贯穿于高质量发展的方方面面，科技创新水平更是成为衡量一个经济体综合实力的关键指标。“雄安新区质量”本就是高起点、高标准的发展，是由数量优势向质量优势转变的过程。因此，以创新发展为评价的首选指标，才能为破解雄安新区质量发展难题提供新思路。

一、创新发展评价指标体系构建原则

1. 系统性

创新发展是一个循序渐进的过程，在对其进行分析时应将创新以及与之相关的主要社会经济问题纳入这一系统内进行综合分析，从创新与其他相关社会经济方面的相互关系中研究创新发展问题。因此，既要注意指标体系的层次性，又要注意同级指标之间的关联性，从而实现指标之间的系统与完整。

2. 真实性

创新评价指标体系必须遵循创新发展的客观规律和经济规律，因此，必须坚持科学发展的原则，统筹兼顾，以科学的态度选取指标，使得该指标体系能够较为真实和客观，从不同的角度反映创新的发展水平。

3. 代表性

力求选取的指标最能反映创新发展的本质特征，从创新的主要为方面确定为主要指标，指标的设置坚持繁简相宜的标准，如果有指标已经反映内容，原则上不再另设指标。指标主要突出创新发展中的环境、投入、产出、成效的发展水平。

① 韩烁烁．京津冀协同背景下河北省创新驱动发展能力研究［D］．河北经贸大学，2020－05－01．

4. 可比性

确定的指标体系既要能够体现创新发展的本质，创新与环境、研发投入、创新产出和成效发展的协调情况，又要能对不同地区的创新发展水平进行比较。要求创新评价指标体系具有历史可比性，又要求体现地区间的横向可比性。为此，需选择可以比较的指标统计口径，如人均、比重、平均等相对数，不用绝对数，并且在计量上使用的是以基准年为标准的不变量。同时，在指标的选择和确定上尽可能地采用世界上普遍认可、广泛通用的指标。

5. 可操作性

指标体系设计的目的主要在于对研究对象做创新发展程度的测评，评价指标必须尽量数量化、易操作。一方面要求指标体系计算方便，简单明了；另一方面要求从资料可获取的角度选择指标。

二、创新发展评价指标体系的框架

根据创新驱动的理论基础、内涵和外延，以创新基本要素为源头，将创新驱动发展综合评价分为创新环境、创新投入、创新产出和创新成效四个方面。本书指标体系框架的构建以国家全面小康及现代化评价等统计指标体系为参考，充分结合《河北雄安新区规划纲要 2018》中提出的新区规划主要指标以及各指标到 2035 年要达到的标准值，并融合《国家创新能力评价指标体系》中的相关指标，来确定创新评价指标体系中的基础指标。

另外，通过对深圳市及上海浦东新区 2009 ~ 2018 年十年的有关创新发展方面的指标数据进行对比分析，主要考量两地对本书指标设定是否合理，进行反向验证，发掘指标设定中是否存在不合理的地方，有利于对评价指标进行修正。在数据梳理中，我们发现深圳市和上海浦东新区统计数据有一些创新指标两地不能同时找到，尤其是上海浦东新区统计年鉴中很多对应数据无法获取，故将上海浦东新区统计年鉴中无法获取的指标数据用上海市相关指标统计数据代替。经过替代、整理和汇总，最终确定了由 1 个一级指标、4 个二级指标，21 个三级指标构成的创新评价指标体系。即分别从创新环境、创新投入、创新产出、创新成效四大方面对深圳特区和上海浦东新区两地创新发展现状进行评价，找出两地发展更好的二级指标和三级指标，为雄安新区的创新发展评价提供理论与实践支持。具体说明如下：

1. 创新环境

创新环境是指激发创新主体创新行为的社会环境，在创新驱动过程中发挥着强大的支撑作用，主要包括人力资本、创新设备、基础设施投入三个指标。首先，人力资本在一定程度上能决定创新能力的高低，提高人力资本可以最大限度节约生产成本，提高资源利用率；其次，创新设备投入是创新人才所必备的，是推动技术进步的动力，是实现创新驱动发展的社会条件；最后，基础设施为社会生产提供公共服务，是创新活动正常开展的一般物质条件。本书选取每万人高校在校生人数、每名 R&D 人员仪器和设备支出和高速宽带标准 3 个指标。

2. 创新投入

技术创新作为区域创新的核心，已经成为各地区提升本地区经济竞争力的主要追逐点。创新投入能力能够推动区域经济的高质量发展，只有不断提高技术创新投入，才能提升本区域的竞争优势[①]。本书从政府重视程度、企业投入、人才投入、教育投入等方面来选取指标，包括企业研发支出占营业收入的比重、专利申请受理量、科技拨款占财政拨款的比重、人均研究与试验发展（R&D）人员全时当量、全社会研究与试验发展经费支出占地区生产总值比重、基础研究经费支出占研究与试验发展经费支出比重、公共教育投入占地区生产总值比重，共 7 个指标。

3. 创新产出

创新产出反映的是区域内创新成果的转换能力，创新的投入产出能力能够更好地反映区域创新能力的水平。创新产出是一系列创新投入的价值体现，包括前期创新成果的产生，随之创新成果的转移和后期创新成果的转化[②]。原创性的知识产出是成果赢得市场的基础，高校、研发机构和企业之间的良性互动加速了创新成果的转移，而企业通过吸纳研究成果转化为技术服务于社会。因此本书选取了商标核准注册数、高校专利授权数、高校 R&D 内部支

① 吴蜜．构建我国经济特区区域创新能力评价指标体系［J］．经济师，2019－07－05．

② 韩烁烁．京津冀协同背景下河北省创新驱动发展能力研究［D］．河北经贸大学，2020－05－01．

出占研发经费内部支出比重、万人发明专利授权量、新产品产值占GDP比重和高新技术产品出口额占货物出口额比重6个指标。

4. 创新成效

创新成效反映区域内创新投入、创新产出等方面给经济及社会发展带来的影响，通过科技创新，逐步改变传统的劳动驱动发展和资源驱动发展方式，将创新渗透到各个生产要素，全面提升了社会生产力水平，增强了经济效益，改善了人民生活。本书选取全员劳动生产率、科技进步贡献率、数字经济占城市地区生产总值比重、大数据在城市精细化治理和应急管理中的贡献率和基础设施智慧化水平5个指标。

创新指标体系具体指标如表4－1所示。

表4－1　　创新指标体系

序号	一级指标	二级指标	三级指标	2035年（标准）
1	a 创新发展指数	a1 创新环境	a11　每万人高校在校生人数（人）	
2			a12　每名研究与发展（研发）人员仪器和设备支出（元/人）	
3			a13　高速宽带标准	高速宽带无线通信全覆盖、千兆入户、万兆入企
4		a2 创新投入	a21　规模以上工业企业研发经费支出占营业收入的比重（%）	
5			a22　专利申请授权量（件）	
6			a23　科技经费支出占地方财政支出比重（%）	
7			a24　人均研发人员全时当量（人·年）	
8			a25　全社会研究与试验发展经费支出占地区生产总值比重（%）	6
9			a26　基础研究经费支出占研究与试验发展经费支出比重（%）	18
10			a27　公共教育投入占地区生产总值比重（%）	≥5

续表

序号	一级指标	二级指标	三级指标	2035 年（标准）
11	a 创新发展指数	a3 创新产出	a31　商标核准注册数（万件）	
12			a32　高校专利授权数（件）	
13			a33　高校研发内部支出占研发经费内部支出比重（%）	
14			a34　万人发明专利授权量（件）	100
15			a35　新产品产值占 GDP 比重（%）	
16			a36　高新技术产品出口额占货物出口额比重（%）	
17		a4 创新成效	a41　全员劳动生产率（元/人）	
18			a42　科技进步贡献率（%）	80
19			a43　数字经济占城市地区生产总值比重（%）	≥80
20			a44　大数据在城市精细化治理和应急管理中的贡献率（%）	≥90
21			a45　基础设施智慧化水平（%）	≥90

三、以深圳与浦东新区为参照的创新发展指标对比分析

根据表 4 – 1 所示各具体指标，本书梳理查找 2010 ~ 2019 年的深圳市统计年鉴、上海浦东新区统计年鉴、上海市统计年鉴得到具体统计数据，通过上述指标对比分析如下。

1. 每万人高校在校生人数

普通高等学校指按照国家规定的设置标准和审批程序批准举办，通过全国普通高等教育统一招生考试，招收高中毕业生为主要培养对象，实施高等学历教育的全日制大学、独立设置的学院和高等专科学校、高等职业学校和其他机构。此指标是衡量深圳市和浦东新区创新环境状况指标，表示每年每万人中高等学校在校生人数，反映一个地区科技人力资源的培养与供给能力。具体公式为：每万人高校在校生人数 = 每年末高校在校生人数（人）÷每年末常住人口数（万人）。

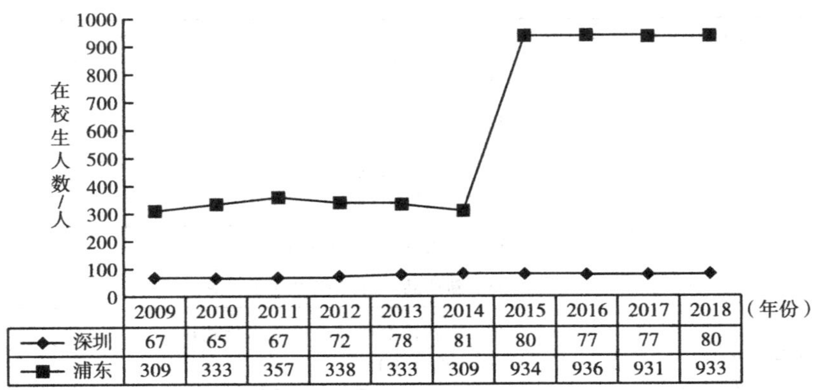

	2009	2010	2011	2012	2013	2014	2015	2016	2017	2018
深圳	67	65	67	72	78	81	80	77	77	80
浦东	309	333	357	338	333	309	934	936	931	933

图 4-1　深圳市和上海浦东新区每万人高校在校生人数对比图

数据来源：2010~2019 年《深圳市统计年鉴》《上海浦东新区统计年鉴》。

根据图 4-1 可知，从 2009~2018 年，两地数据线中深圳市发展变化不大，而浦东新区这一指标线呈明显上升趋势，尤其是在 2015 年，这一数据有了一个极大的飞跃。与深圳市数据相比，浦东新区每万人高校在校生人数普遍较高，平均在 571 人，而深圳市平均数只有 74 人，这与深圳市人口总量比浦东新区人口总量高有很大关系，且与上海的高校资源比较多，发展时间比较长有关，也说明浦东新区高校教育发展比较好，创新环境更好一些。表 4-2 为 2019 年全国主要省市每万人高校在校生人数相关数据。将深圳和浦东新区与这些省市数据相比较可得：

表 4-2　　2019 年各主要省市每万人高校在校生人数

省市名称	本专科高校数（个）	本专科在校生人数（万人）	各省市常住人口（万人）	每万人高校在校生数（人）
天津	56	53.9	1561.83	345
陕西	95	112.2	3876.21	289
北京	93	60.2	2153.60	279
河南	141	232.0	9640.00	241
江苏	167	187.4	8070.00	232
上海	64	52.7	2428.14	217

续表

省市名称	本专科高校数（个）	本专科在校生人数（万人）	各省市常住人口（万人）	每万人高校在校生数（人）
山东	146	218.4	10070.21	217
四川	126	166.2	8375.00	198
河北	122	147.4	7591.97	194
广东	154	205.4	11521.00	178

数据来源：教育部2019年教育统计数据，相关省市2019年统计数据。

表4-2中数据显示，全国各主要省市高校数量最多的是江苏省，其次是广东省、山东省、河南省；在校生人数最多的是河南省，其次是山东省、广东省、江苏省。通过比较发现，高校数量和在校生人数的多少与各省自身人口数的多少成正比。而每万人高校在校生人数最多的是天津市，其次是陕西省、北京市、河南省。深圳市每万人在校生人口数与这些省市的数据相比明显较小，而浦东新区与之相比数量明显较大，历史均值达到了571人，这些数据比较在侧面反映出深圳市的高等教育发展还有很大的发展空间，而浦东新区在这方面的发展明显已经高于了全国水平，其在高等教育发展方面的经验，依据就高不就低原则，考虑未来北京高校外迁以及雄安新区大学的建立，我们认为雄安新区每万人高校学生为600人是合适的。

2. 每名研发人员仪器和设备支出

每名研发人员仪器和设备支出是衡量深圳市和浦东新区的创新环境状况指标，表示每年每名R&D人员仪器和设备支出数，具体公式为：每名R&D人员仪器和设备支出 = 每年R&D仪器和设备支出（元）÷每年R&D人员数（人）。但是，通过查阅深圳和上海的统计资料，这方面的数据没有找到，按照2022年2月28日上海市研发公共服务平台管理中心及数据分析公司爱思唯尔联合发布的《国际科学、技术和创新的数据和见解——全球20个城市的比较研究报告》，从创新要素、科学研究竞争力、技术创新竞争力和知识转化竞争力等维度，对全球20个重要城市的城市科研创新力进行比较研究，包括新加坡、东京等8个亚洲城市（含北京、上海、深圳、香港四个中国城市），伦敦、柏林等6个欧洲城市，纽约、波士顿等6个北美洲城市。报告显示，中国城市科研创新实力快速崛起，在科研人员和科研产出的总量及增长方面均表现突出。值得一提的是，其中深圳科研人员数量和科研产出增长速度均处于领先地位①。据网上资料显示，截至2020年深圳科技人才达到200万人，科研经费总量达到1300亿元，人均达到6.5万元。按照研发人员仪器和设备支出占科研经费50%测算，深圳每名研发人员仪器和设备支出为3.25万元。因此，考虑物价增长等因素，按照就高不就低原则，到2035年，雄安新区每名研发人员仪器和设备支出应大于5万元。

3. 高速宽带标准

此指标是衡量创新环境状况的指标，根据《河北雄安新区规划纲要2018》② 中提出的新区规划主要指标以及指标到2035年要达到的标准值，建设雄安新区创新环境要达到高速宽带无线通信全覆盖、千兆入户、万兆入企的标准。根据《国家创新能力指标评价体系》③ 中有百人互联网用户数这一指标，即按人口（每百人）平均的互联网用户数，反映了一个国家知识扩散与应用的能力。

（1）深圳市互联网发展情况。2014年10月，深圳入围“宽带中国”示范城市。2015年，基本实现城市光纤到楼入户、农村宽带进乡入村。2018年，深圳市积极参与国家重点研发计划及广东省科学技术厅关于“宽带通信和新型网络”等重点专项项目的研究。目前，深圳已经在新基建的部分领域取得一系列成就，包括5G商用进程建设成效显著，2020年8月实现5G网络全市覆盖；宽带普及和光纤入户建设处于国际先行梯队，固定宽带人口普及率51.5%，光纤接入用户占比达94.2%④。

（2）浦东新区互联网发展情况。2016年，浦东新区发布《浦东新区国

① 深圳：科研人员数量增长幅度最大，领跑科研产出增长速度。https：//xw.qq.com/cmsid/20220301A048TU00.

② 中国雄安新区官网，http：//www.xiongan.gov.cn/2018－04/21/c_129855813_11.htm.

③ 资料来源：中华人民共和国科学技术部网站．《国家创新能力指标评价体系》http：//www.most.gov.cn/zxgz/cxdc/cxdczbtx/201311/t20131129_110675.html.

④ 资料来源：深圳政府在线网站，http：//www.sz.gov.cn/cn/xxgk/zfxxgj/zwdt/content/post_1507706.html.

民经济和社会发展第十三个五年规划纲要》①，从那时起，高起点、高标准统筹规划信息基础设施建设，推动互联互通、资源共享。推进电信网、互联网、广电网“三网融合”，坚持信息基础设施建设与区域开发同步进行，推动城市光网、无线城市等重点工程建设，合理配置各方资源。当前，已经实现主要公共场所免费 Wi-Fi 覆盖率达到 100%。此外，浦东聚焦智慧政务、智慧治理、智慧社区等重点领域，深化智慧应用，强化网络信息安全，推动信息化与城市发展、民生福祉、创新创业深入融合，目前浦东新区网络一体化和覆盖基本无缝化，全区百兆家庭全覆盖。

4. 企业研发经费支出占营业收入的比重

研究与试验发展（R&D）② 是指在科学技术领域，为增加知识总量以及运用这些知识去创造新的应用进行的系统的创造性的活动，包括基础研究、应用研究、试验发展三类活动。在我国，规模以上工业企业是指年主营业务收入在 2000 万元以上的工业企业。企业 R&D 经费支出占营业收入比重是衡量深圳市和浦东新区创新投入状况指标，表示每年规模以上工业企业 R&D 经费支出占企业主营业务收入的比重，具体公式为：每年规模以上工业企业 R&D 经费支出（亿元）比每年企业营业收入（亿元）。

本指标数据可以从深圳市统计年鉴中查到规模以上工业企业 R&D 经费支出占主营业务收入的比重（%），但浦东新区此指标数据不太一致，本书用规模以上企业 R&D 经费支出（亿元）与规模以上独立核算工业企业主营业务收入（亿元）之比。具体如表 4－3、表 4－4 所示。

表 4－3　深圳市规模以上工业企业 R&D 支出占营业收入的比重　单位：%

年份 地区	2009	2010	2011	2012	2013	2014	2015	2016	2017	2018	历史均值
深圳	1.77	1.7	1.93	2.2	2.39	2.45	2.69	2.84	2.73	2.73	2.3

数据来源：2010～2019 年《深圳市统计年鉴》《上海浦东新区统计年鉴》。

① 资料来源：新华网，http：//www.sh.xinhuanet.com/2016－02/02/c_135068104.htm.

② 资料来源：国家科学技术部官网，http：//www.most.gov.cn/tztg/201011/P020101122398029257112.pdf.

表4-4 浦东新区规模以上企业R&D经费支出（亿元）占规模以上独立核算工业企业主营业务收入比重

单位：%

地区＼年份	2015	2016	2017	2018	历史均值
浦东	2.61	2.90	3.28	3.55	3.08

数据来源：2016~2019年《上海浦东新区统计年鉴》。

通过比较可以看到，深圳市十年间整体呈上升趋势，平均值达到2.3%，浦东新区数据也是逐年增长的，平均值为3.08%，根据上述数据可以分析得出，两地对规模以上企业在研发经费上的投入都越来越多，对于研究发展方面无论是企业还是政府都是越来越重视的。

浦东新区在2018年开展研发活动的规模以上工业企业法人单位352个，比2013年增长7.3%，占全部规模以上工业企业法人单位的23.6%。2018年，规模以上工业企业法人单位R&D人员折合全时当量2.81万人年，比2013年下降9.7%。2018年，规模以上工业企业法人单位R&D经费支出217.97亿元，比2013年增长37.9%；R&D经费与营业收入之比为1.7%。

综合考虑雄安新区现状，借鉴深圳与浦东实际情况，考虑到2035年的时间跨度，雄安新区企业研发经费支出占营业收入的比重应确定在5%左右。

5. 专利授权总量

专利权简称专利，专利授权总量是衡量深圳市和浦东新区创新投入状况的指标，为两地专利申请授权数量，反映拥有自主知识产权的科技和设计成果情况。

根据图4-2数据可知，从2009~2018年，两地数据差距较明显，数据线均呈上升趋势，不过浦东新区上升速度不明显。与浦东新区数据相比，深圳市专利授权总量较高，其上升速度较为明显，尤其是2014年以后，上升速度非常快，平均63393件，而浦东新区平均数只有13747件，这说明深圳市这个指标值比较高，政府和企业比较重视，专利发展比较好，创新投入更好一些。深圳市2019年全年专利申请量与授权量分别为26.15万件和16.66万件，分别增长14.4%和18.8%。其中，发明专利申请量与授权量分别为8.29万件和2.61万件，分别增长18.4%和22.3%；PCT（《专利合作条约》）国际专利申请量1.75万件，减少3.4%。

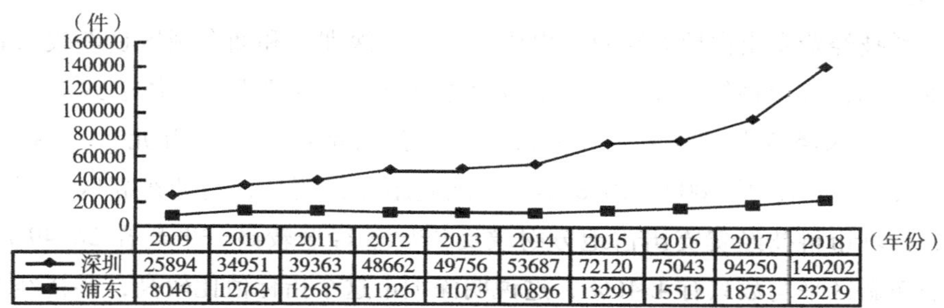

	2009	2010	2011	2012	2013	2014	2015	2016	2017	2018
深圳	25894	34951	39363	48662	49756	53687	72120	75043	94250	140202
浦东	8046	12764	12685	11226	11073	10896	13299	15512	18753	23219

图 4－2 深圳市和上海浦东新区专利授权总量对比图

数据来源：2010～2019 年《深圳市统计年鉴》《上海浦东统计年鉴》。

由于专利授权量的多少取决于当地的科学研究水平和企业研发投入，更取决于科研人员的数量，2020 年深圳科研人员达到 200 万人，科研人员人均专利授权量是 0.08 件，因此考虑到 2035 年，雄安新区形成科技人员聚集区，它的人均专利授权量应该超过深圳水平，所以暂定科研人员人均专利授权量为 0.1，按 500 万人口计算，科研人员应在 10%，所以为 50 万人口，雄安新区专利授权总量应该达到 5 万件左右为合理区间。

6. 科技经费支出占地方财政支出比重

国内外有很多学者对政府财政支出对于科技创新的影响都进行了不同角度的研究，普遍认为，地方财政科技政策是地方政府利用公共财政政策建设当地科技创新环境的重要路径选择，在区域科创扶持体系中处于核心位置。马嘉楠[①]（2017）以上海浦东新区的张江高科技园区为例，并对园区内 3194 家企业共计 7679 条观测值采用大样本面板数据回归分析，并提出以下观点：第一，整体上财政科技补贴对企业研发投入有显著推动作用，即呈现出积极的互补效应。第二，不同科技补贴发挥的作用存在差异，其中，促进创新活动类补贴和促进人才集聚类补贴能显著促进企业加大研发投入，促进创新环境类补贴对企业研发投入存在有限的积极作用，而促进企业发展类补贴和促进资金融通类补贴则对企业研发投入产生间接影响。第三，对比五类财政科技补贴的影响程度，促进人才集聚类补贴对企业研发投入的促进

① 马嘉楠．地方财政支持与企业科技创新关系及政策研究［D］．上海社会科学院，2018.

作用最大[①]。

科技经费支出占地方财政支出比重是衡量深圳市和浦东新区创新投入状况的指标，表示每年科技经费支出占地方财政支出的比重，具体公式为：每年科学技术经费支出（万元）÷每年一般公共预算支出（万元）。根据图4－3数据可知，从2009～2018年，两地差距非常明显，与浦东新区数据相比，深圳市科技经费支出占地方财政支出比重普遍较高，平均在26.49%，而浦东新区平均数只有4.46%，这说明深圳市这个指标值比较高，科技经费投入在财政支出中所占比重较大。考虑雄安新区未来科技之城的定位应该高于目前深圳水平，所以该项指标确定为30%。

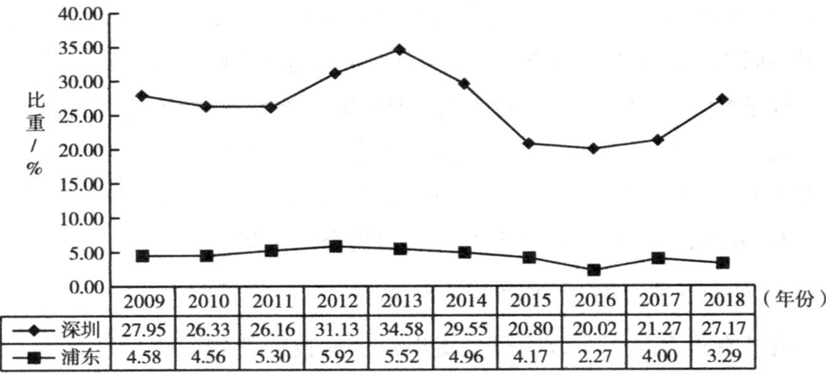

	2009	2010	2011	2012	2013	2014	2015	2016	2017	2018
深圳	27.95	26.33	26.16	31.13	34.58	29.55	20.80	20.02	21.27	27.17
浦东	4.58	4.56	5.30	5.92	5.52	4.96	4.17	2.27	4.00	3.29

图4－3 深圳市和上海浦东新区科技经费支出占地方财政支出比重对比图

数据来源：2010～2019年《深圳市统计年鉴》《上海浦东统计年鉴》《上海市统计年鉴》。

7. 人均研发人员全时当量

研究与试验发展（R&D）是衡量深圳市和浦东新区创新投入状况指标。全时人员是指报告期从事R&D活动的实际工作时间占制度工作时间90%及以上的人员，其全时当量计为1人·年。全时当量指全时人员加非全时人员按工作量折算为全时人员数的总和。由于此指标在《上海浦东统计年鉴》中没有找到对应数值，所以从《上海统计年鉴》中找出对应数值与深圳市进行比较。

① 马嘉楠. 地方财政支持与企业科技创新关系及政策研究［D］. 上海社会科学院，2017－03－01.

根据图 4－4 数据可知，从 2009～2018 年，深圳市与上海市数据相比，两者人均研发人员全时当量指标数值相当，大部分年份指标线重合，说明两地在研究与试验发展方面都发展较好，政府和企业都比较重视，从事 R&D 活动人员及时间投入都比较多，其中深圳市平均在 181031 人·年，而上海市平均数为 163110 人·年。只有在 2012 年和 2018 年深圳市指标值高于上海市，这说明深圳市在研发人员创新活动时间投入较高。雄安新区该项指标应考虑深圳和浦东现在实际情况，不能取平均值而应是现在最高值为参照，按照雄安新区人口占深圳四分之一算，雄安新区该项指标应确定为 7 万。

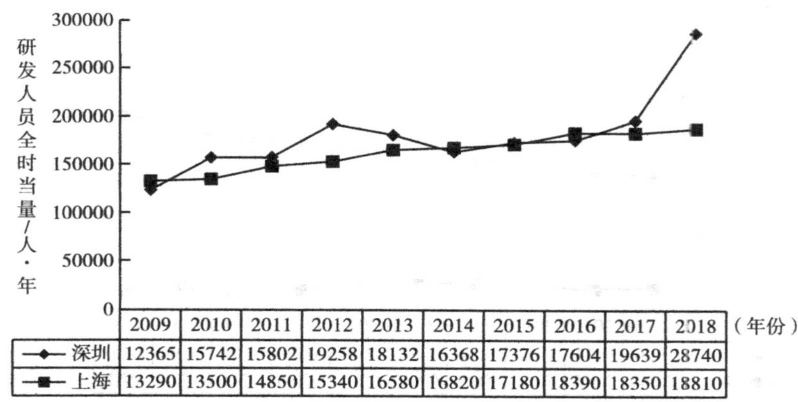

	2009	2010	2011	2012	2013	2014	2015	2016	2017	2018
深圳	12365	15742	15802	19258	18132	16368	17376	17604	19639	28740
上海	13290	13500	14850	15340	16580	16820	17180	18390	18350	18810

图 4－4　深圳市和上海市研发人员全时当量对比图

数据来源：2010～2019 年《深圳市统计年鉴》《上海市统计年鉴》。

8. 全社会研发经费支出占地区生产总值比重

国内研究与发展经费总额与国内生产总值的比值，反映一国创新资金投入强度。此指标是衡量深圳市和浦东新区创新投入状况指标，表示全社会研究与试验发展经费支出占地区生产总值的比重，具体公式为：每年 R&D 经费支出（万元）/每年地区生产总值（万元）。

根据《河北雄安新区规划纲要 2018》① 中提出的新区规划主要指标以及指标到 2035 年要达到的标准值，建设雄安新区创新投入要达到每年 6% 的标

① 资料来源：新华网，http：//www.sh.xinhuanet.com/2016－02/02/c。_135068104.htm.

准。根据图 4－5 数据可知，从 2009～2018 年，两地差距非常明显，浦东新区数据线一直保持水平发展趋势。与浦东新区数据相比，深圳市全社会研究与试验发展经费支出占地区生产总值比重普遍处于高位，且呈上升趋势，平均在 3.90%，而浦东新区平均数只有 0.52%，这说明深圳市对研究与试验发展经费投入较多，发展比较好。但两地还远远没有达到雄安新区规划中 6% 的标准，还有较大的发展空间。2016 年《“十三五”国家科技创新规划》中设定了一些科技创新主要指标，其中研究与试验发展经费投入强度（%）到 2020 年实现的目标值为 2.5，通过上述数据对比发现，深圳市平均值为 3.9，已超过目标要求，而浦东新区由于整个区域 GDP 值较小原因，整体还有待提高。

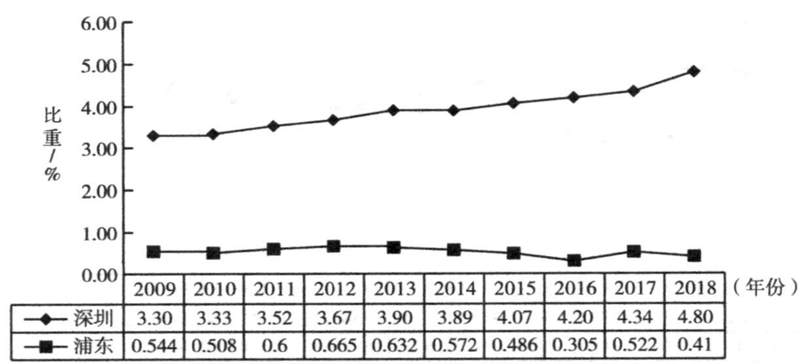

	2009	2010	2011	2012	2013	2014	2015	2016	2017	2018
深圳	3.30	3.33	3.52	3.67	3.90	3.89	4.07	4.20	4.34	4.80
浦东	0.544	0.508	0.6	0.665	0.632	0.572	0.486	0.305	0.522	0.41

图 4－5　深圳市和上海浦东新区全社会研发经费支出占地区生产总值比重对比图

数据来源：2010～2019 年《深圳市统计年鉴》《上海浦东新区统计年鉴》。

9. 基础研究经费支出占研究与试验发展经费支出比重

基础研究经费支出占研究与试验发展经费支出比重是衡量深圳市和浦东新区创新投入状况的指标，表示每年基础研究经费支出占研究与试验发展经费支出比重，具体公式为：每年基础研究经费（万元）/每年 R&D 经费支出（万元）。根据《河北雄安新区规划纲要 2018》中提出的新区规划主要指标以及指标到 2035 年要达到的标准值，建设雄安新区创新投入要达到大于等于每年 18% 的标准。

由于此指标在《上海浦东统计年鉴》中没有找到对应数值，所以从《上海统计年鉴》中找出对应数值与深圳市进行比较。根据图 4－6 数据可知，从 2009 ~ 2018 年，两地差距非常明显。虽然两地发展均呈上升趋势，但深圳市数据线上升趋势不太明显，只在 2016 年以后增加了比较多的基础研究经费投入。与深圳市数据相比，上海市数据线普遍处于高位，且呈上升趋势，平均在 6.64%，而深圳市平均数只有 1.29%，这说明上海市对基础研究经费投入较多，政府和企业都比较重视，发展比较好。两地指标数值都没有达到雄安新区规划中要求的 18% 的标准，仍需要进一步发展。

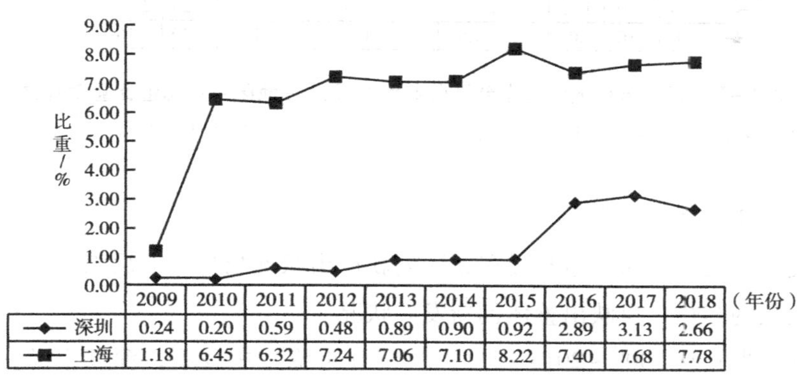

	2009	2010	2011	2012	2013	2014	2015	2016	2017	2018
深圳	0.24	0.20	0.59	0.48	0.89	0.90	0.92	2.89	3.13	2.66
上海	1.18	6.45	6.32	7.24	7.06	7.10	8.22	7.40	7.68	7.78

图 4-6 深圳市和上海市基础研究经费支出占研究与试验发展经费支出比重对比图

数据来源：2010 ~ 2019 年《深圳市统计年鉴》《上海市统计年鉴》。

10. 公共教育投入占地区生产总值比重

此指标是衡量深圳市和浦东新区创新投入状况指标，表示公共教育投入占地区生产总值的比重，具体公式为：每年教育投入（万元）÷每年地区生产总值（万元）。

根据《河北雄安新区规划纲要 2018》中提出的新区规划主要指标以及指标到 2035 年要达到的标准值，建设雄安新区创新投入要达到每年 5% 的标准。根据图 4-7 数据可见，从 2009 ~ 2018 年，两地差距不大，深圳市数据均呈上升趋势，平均值保持在 1.89% 左右。与深圳市数据相比，浦东新区数据线普遍比深圳市低一些，在 2017 年、2018 年还略有下降，平均保持在 1.26% 左右。这说明两地政府对公共教育都比较重视，整体上深圳市投入较多一些。两地指标数值都没有达到雄安新区规划中要求的 5% 的标准，仍需要加快发展。

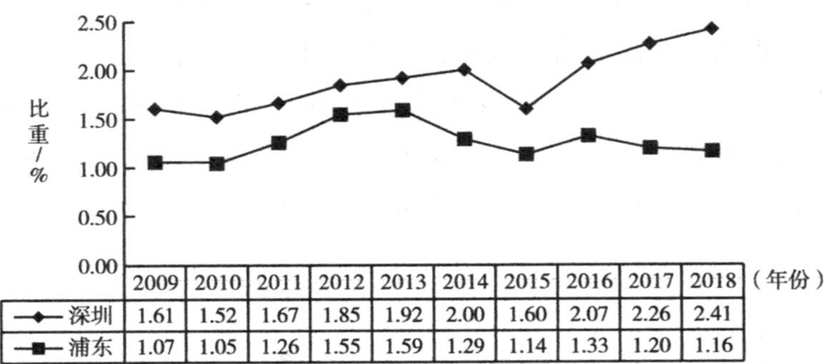

	2009	2010	2011	2012	2013	2014	2015	2016	2017	2018
深圳	1.61	1.52	1.67	1.85	1.92	2.00	1.60	2.07	2.26	2.41
浦东	1.07	1.05	1.26	1.55	1.59	1.29	1.14	1.33	1.20	1.16

图 4-7 深圳市和上海浦东新区公共教育投入占地区生产总值比重对比图

数据来源：2010~2019 年《深圳市统计年鉴》《上海浦东新区统计年鉴》。

11. 商标核准注册数

此指标是衡量深圳市和浦东新区创新产出状况指标，能反映一个地区商标专用权的多少，反映出整体创新发展状况。

此数据只在 2009~2018 年《上海统计年鉴》中找到，深圳市没有相关统计数据。根据图 4-8 所示，发现上海市的商标核准注册数呈上升趋势，尤其是从 2014 年以后上升速度明显加快，平均值为 10.34 万件。到 2035 年雄安新区总人口预计达到 500 万人左右，相当于上海的六分之一左右，因此该项指标取上海最高年份数量的六分之一测算，数值确定为 5 万件左右。

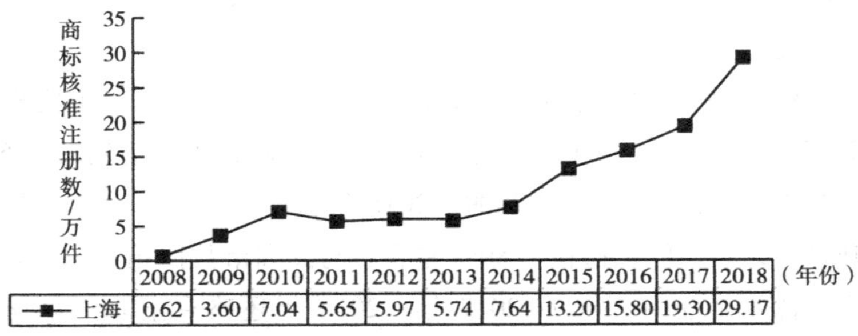

	2008	2009	2010	2011	2012	2013	2014	2015	2016	2017	2018
上海	0.62	3.60	7.04	5.65	5.97	5.74	7.64	13.20	15.80	19.30	29.17

图 4-8 上海市商标核准注册数

数据来源：2010~2019 年《上海统计年鉴》。

12. 高校专利授权数

高校专利授权数是衡量深圳市和浦东新区创新产出状况指标，表示高等院校专利授权数。此数据只在 2009 ~ 2018 年《上海统计年鉴》中找到，根据下图 4 - 9 所示，发现上海市高校专利授权数呈上升趋势，平均值在 5604 件。

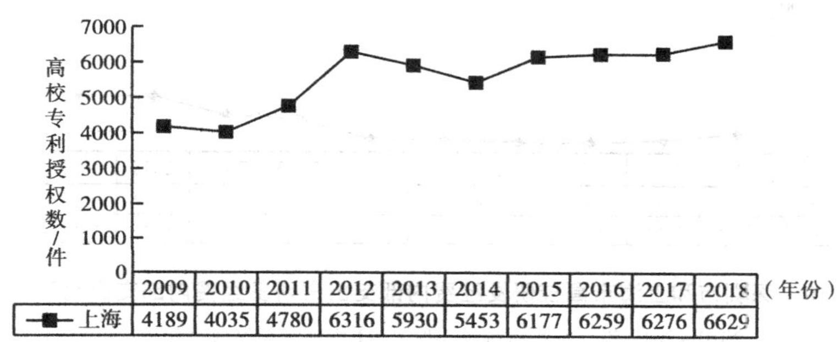

	2009	2010	2011	2012	2013	2014	2015	2016	2017	2018
上海	4189	4035	4780	6316	5930	5453	6177	6259	6276	6629

图 4 - 9　上海市高校专利授权数

数据来源：2010 ~ 2019 年《上海统计年鉴》。

考虑雄安新区未来高校数量，参照上海高校专利占上海人均水平，倒推雄安新区 2035 年人均数量（雄安新区新区 500 万人口 ×6629 ÷ 上海 2490 万人口 = 1331），再考虑未来发展，雄安新区高校专利授权数确定为 1500。

13. 高校研发经费内部支出占研发经费内部支出比重

高校研发经费内部支出占研发经费内部支出比重是衡量深圳市和浦东新区创新产出状况指标，表示高等院校 R&D 经费内部支出占 R&D 经费内部支出比重，具体公式为：每年高校 R&D 经费内部支出（万元）÷每年 R&D 经费支出（万元）。

由于此指标在《上海浦东统计年鉴》中没有找到对应数值，所以从《上海统计年鉴》中找出对应数值与深圳市进行比较。根据上述根据图 4 - 10 所示，从 2009 ~ 2018 年，两地差距非常明显，与深圳市数据相比，上海市高校 R&D 经费内部支出占 R&D 经费内部支出比重普遍较高，平均在 8.76%，而深圳市平均数只有 4.46%，这说明一是上海高校多，二是上海市高校 R&D 经费内部投入比较多，政府比较重视，这与每万人高校在校生人数这一指标也相互对应，说明上海市中高校科学研究发展比较好，创新产出更多一些。所以，考虑未来雄安新区承接北京等高校的外迁，所以，该数据应该大于目前上海水平，所以确定为10%。

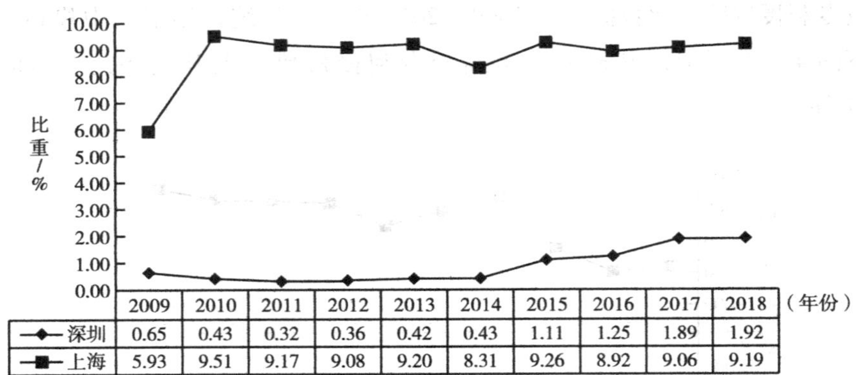

	2009	2010	2011	2012	2013	2014	2015	2016	2017	2018
深圳	0.65	0.43	0.32	0.36	0.42	0.43	1.11	1.25	1.89	1.92
上海	5.93	9.51	9.17	9.08	9.20	8.31	9.26	8.92	9.06	9.19

图4－10　深圳市和上海市高校研发经费内部支出占研发经费内部支出比重对比图

数据来源：2010～2019年《深圳市统计年鉴》《上海浦东新区统计年鉴》。

14. 万人发明专利授权量

专利（Patent Right）① 是专利权的简称，是对发明人的发明创造经审查合格后，由专利局依据专利法授予发明人和设计人对该项发明创造享有的专有权。包括发明、实用新型和外观设计。发明（专利）指对产品、方法或者其改进所提出的新的技术方案，是国际通行的反映拥有自主知识产权技术的核心指标。

此指标是衡量深圳市和浦东新区创新产出状况的指标，表示每万人中发明专利授权量，反映一个国家自主创新能力和技术产出效率。具体公式为：每年发明专利授权量（件）÷每年常住人口（万人）。根据《河北雄安新区规划纲要2018》中提出的新区规划主要指标以及指标到2035年要达到的标准值，建设雄安新区创新投入要达到每年万人发明专利授权量100件的标准。根据图4－11所示，从2009年到2018年十年时间，两地数据差距较明显，数据线均呈上升趋势，并且趋势相当一致。与浦东新区数据相比，深圳市万人发明专利授权量普遍较高，其上升速度较为明显，平均值达到12.38

① 资料来源：国家统计局官网 http：//www.stats.gov.cn/tjsj/zbjs/201912/t20191202_1713041.html.

件。而浦东新区上升速度也比较明显，平均数为7.01，总体数值较深圳市低一些。这说明深圳市政府和企业比较重视，专利发展比较好，创新产出更好一些。两地指标数值均远远没有达到雄安新区规划中要求的每年100件的标准，还有很大的提升空间。

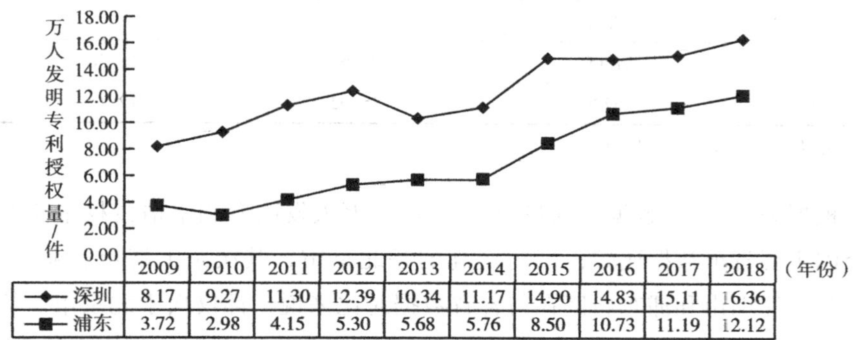

	2009	2010	2011	2012	2013	2014	2015	2016	2017	2018
深圳	8.17	9.27	11.30	12.39	10.34	11.17	14.90	14.83	15.11	16.36
浦东	3.72	2.98	4.15	5.30	5.68	5.76	8.50	10.73	11.19	12.12

图4-11　深圳市和上海浦东新区万人发明专利授权量对比图

数据来源：2010~2019年《深圳市统计年鉴》《上海浦东新区统计年鉴》。

2016年《"十三五"国家科技创新规划》① 中设定了一些科技创新主要指标，其中每万人口发明专利拥有量（件）到2020年要达到的目标值为12件。通过上述数据对比发现，深圳市平均值为12.38件，已基本达到目标要求，而浦东新区整体还有待提高。

表4-5　2018年国内发明专利申请授权量

主要省市	授权量（件）	常住人口（万人）	万人专利授权量（件）
北京市	46978	2154	21.81
上海市	21331	2424	8.80
浙江省	32550	5737	5.67
江苏省	42019	8051	5.22
广东省	53259	11346	4.69
天津市	5626	1560	3.61
安徽省	14846	6324	2.35

① 国发〔2016〕43号，http://www.gov.cn/zhengce/content/2016-08/08/content_5098072.htm.

续表

主要省市	授权量（件）	常住人口（万人）	万人专利授权量（件）
湖北省	11393	5917	1.93
四川省	11697	8341	1.40
河北省	5126	7556	0.68
山东省	20338	10047	2.02
深圳市	21309	1302.66	16.36
浦东新区	6726	555.02	12.12

数据来源：国家统计局网站。

根据表4-5中数据，通过2018年国内万人发明专利申请授权量相对指标全国主要省市数据比较，国内最高的是北京市，其次是上海市、浙江省、江苏省，深圳市和浦东新区在与各省数据对比来说，都仅次于北京市。从横截面数据对比得出这两地的政府和企业对知识产权、专利权的研发、申请、授权等都非常地重视，也投入了大量的财力、人力。

15. 新产品产值占GDP比重

新产品是指采用新技术原理、新设计构思研制、生产的全新产品，或在结构、材质、工艺等某一方面比原有产品有明显改进，从而显著提高了产品性能或扩大了使用功能的产品。新产品产值、新产品销售收入既包括经政府有关部门认定并在有效期内的新产品，也包括企业自行研制开发，未经政府有关部门认定，从投产之日起一年之内的新产品。

此指标是衡量深圳市和浦东新区创新产出状况指标，表示新产品产值占GDP比重，具体公式为：每年新产品产值（万元）÷每年地区生产总值（万元）。由于此指标在《上海浦东统计年鉴》中没有找到对应数值，所以从《上海统计年鉴》中找出对应数值与深圳市进行比较。根据图4-12数据可知，从2009~2018年，两地数据差距较明显，深圳市整体数据较高，数据线呈上升趋势，新产品产值占GDP比重平均值达到47.87%。而上海市新产品产值占GDP比重数据值普遍较低，在2011年以后反而表现为下降趋势，平均值为30.85%。这说明深圳市新产品产出较多，创新产出方面发展更好一些。考虑雄安新区的现状，到2035年，雄安新区新产品产值占GDP比重参照深圳目前的水平应大于50%。

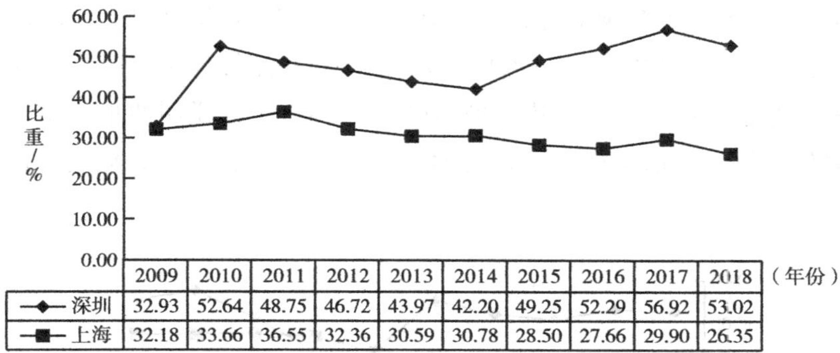

	2009	2010	2011	2012	2013	2014	2015	2016	2017	2018
—◆— 深圳	32.93	52.64	48.75	46.72	43.97	42.20	49.25	52.29	56.92	53.02
—■— 上海	32.18	33.66	36.55	32.36	30.59	30.78	28.50	27.66	29.90	26.35

图 4－12　深圳市和上海市新产品产值占 GDP 比重对比图

数据来源：2010～2019 年《深圳市统计年鉴》《上海市统计年鉴》。

16. 高新技术产品出口额占货物出口额比重

高新技术产业是以高新技术为基础，从事一种或多种高新技术及其产品的研究、开发、生产和技术服务的企业集合。这种产业所拥有的关键技术往往开发难度很大，但一旦开发成功，却具有高于一般的经济效益和社会效益。高新技术产业是知识密集、技术密集的产业类型。产品的主导技术必须属于已确定的高新技术领域，而且必须包括高新技术领域中处于技术前沿的工艺或技术突破。根据这一标准，高新技术产业主要包括信息技术、生物技术、新材料技术三大领域。

高技术产业（制造业）：按照《高技术产业（制造业）分类（2017）》①，高技术产业（制造业）是指国民经济行业中 R&D 投入强度相对高的制造业行业，包括医药制造，航空、航天器及设备制造，电子及通信设备制造，计算机及办公设备制造，医疗仪器设备及仪器仪表制造，信息化学品制造等 6 大类。

此指标是衡量深圳市和浦东新区创新产出状况指标，表示高新技术产品出口额占货物出口总额比重，反映一个地区高技术产品国际竞争力和技术创新活动对改善经济结构的作用。具体公式为：每年高新技术产品出口额（万美元）÷每年出口总额（万美元）。根据图 4－13 数据可知，从 2009～2018 年，两地差距不太大，深圳市数据均较高一些，且呈上升趋势，只在

① 国统字〔2017〕200 号，http：//www. stats. gov. cn/tjsj/tjbz/201812/t20181218_1640081. html.

2014 年、2015 两年有所下降，高新技术产品出口额占货物出口额比重平均值保持在 51. 51% 左右。与深圳市数据相比，浦东新区数据线比深圳市低一些，但整体都呈上升趋势，平均值为 42. 4% 。这说明两地由于地缘优势，对外贸易发展都不错，高新技术产品出口额都比较高，创新产出发展较好。

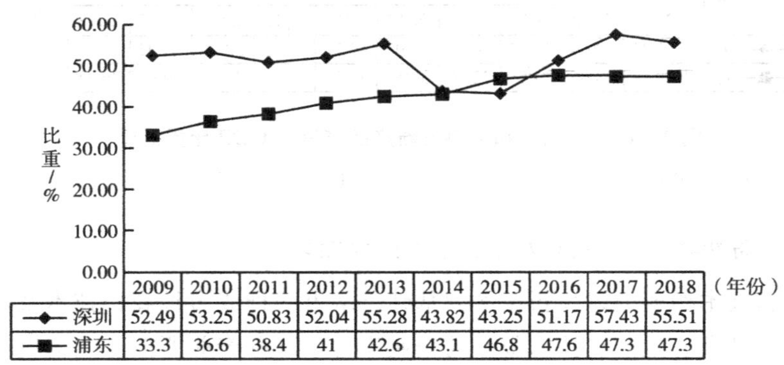

图 4－13　深圳市和上海浦东新区高新技术产品出口额占货物出口额比重对比图

数据来源：2010～2019 年《深圳市统计年鉴》《上海浦东新区统计年鉴》。

（1）深圳市高新技术产业发展现状。深圳市高新技术产业分为电子与信息行业、生物、医药行业、先进制造行业、新能源行业、新材料行业、其他高技术行业等。2019 年实现地区生产总值 26927. 09 亿元，比上年增长 6. 7% 。四大支柱产业中，金融业增加值 3667. 63 亿元，比上年增长 9. 1% ；物流业增加值 2739. 82 亿元，增长 7. 5% ；文化及相关产业（规模以上）增加值 1849. 05 亿元，增长 18. 5% ；高新技术产业增加值 9230. 85 亿元，增长 11. 3% 。全年战略性新兴产业增加值合计 10155. 51 亿元，比上年增长 8. 8% ，占地区生产总值比重 37. 7% 。其中，新一代信息技术产业增加值 5086. 15 亿元，增长 6. 6% ；数字经济产业增加值 1596. 59 亿元，增长 18. 0% ；高端装备制造产业增加值 1145. 07 亿元，增长 1. 5% ；绿色低碳产业增加值 1084. 61 亿元，增长 5. 3% ；海洋经济产业增加值 489. 09 亿元，增长 13. 9% ；新材料产业增加值 416. 19 亿元，增长 27. 6% ；生物医药产业增加值 337. 81 亿元，增长 13. 3% 。高技术制造业增加值比上年增长 5. 9% ，先进制造业增加值增长5.5%，占规模以上工业增加值比重分别为66.6%和71.9%[①]（见表4-6、表4-7）。

表4-6　　2019年深圳市四大支柱产业增长率

产业	增加值	比上年增长率
金融业	3667.63亿元	6.70%
物流业	2739.82亿元	7.50%
文化及相关产业	1849.05亿元	18.50%
高新技术产业	9230.85亿元	11.30%

数据来源：深圳市2019年国民经济和社会发展统计公报，http：//tjj.sz.gov.cn/zwgk/zfxxgkml/tjsj/tjgb/content/post_7294577.html.

表4-7　　2019年战略性新兴产业增长率

产业	增加值	比上年增长率
新一代信息技术产业	5086.15亿元	6.60%
数字经济	1596.59亿元	18.00%
高端装备制造产业	1145.07亿元	1.50%
绿色低碳产业	1084.61亿元	5.30%
海洋经济产业	489.09亿元	13.90%
新材料产业	416.19亿元	27.60%
生物医药产业	337.81亿元	13.30%

数据来源：深圳市2019年国民经济和社会发展统计公报，http：//tjj.sz.gov.cn/zwgk/zfxxgkml/tjsj/tjgb/content/post_7294577.html.

（2）浦东新区高新技术产业发展现状。浦东新区高技术工业行业包括信息化学品制造、医药制造业、航空航天器制造、电子及通信设备制造业、电子计算机及办公设备制造业、医疗设备及仪器仪表制造业。从高新技术领域来看，浦东的高新技术企业信息产业、生物医药企业、新材料企业、光机电一体化企业、其他企业。

2019年，上海浦东新区地区生产总值达到12734亿元，人均GDP3.32

① 数据来源：深圳市统计局．深圳市2019年国民经济和社会发展统计公报［Z］．深圳市统计局官网，2020. http：//tjj.sz.gov.cn/zwgk/zfxxgkml/tjsj/tjgb/content/post_7294577.html.

万美元，以全国1/8000的面积创造了1/80的GDP、1/15的货物进出口总额，成为我国改革开放的重要标志和上海现代化建设的缩影。2018年全年汽车产量80.30万辆；工业机器人产量2.30万套；集成电路118.98亿块；集成电路圆片456.07万片；电子计算机整机207.32万台；印制电路板88.84万平方米。2018年末，浦东新区共有信息传输、软件和信息技术服务业企业法人单位5288个，从业人员20.70万人，分别比2013年末增长1.1倍和28.7%。信息传输、软件和信息技术服务业企业法人单位资产总计5142.38亿元，比2013年末增长1.7倍①。

从两区以上数据对比可以看出，高新技术产品出口额占货物出口额比重指标是衡量创新产出的关键因素，也是拉动创新经济对外拓展的主要抓手。综合考虑未来雄安新区高新技术产业定位，雄安新区并不以制造业为主，该项指标取深圳与浦东的中间值为好，所以初步确定为50%。

17. 全员劳动生产率

全员劳动生产率是指反映一个地区所有从业者在一定时期内创造的劳动成果与其相适应的劳动消耗量的比值，衡量劳动力要素的投入产出效率②。此指标是衡量深圳市和浦东新区创新成效状况指标，具体公式为：每年地区生产总值（万元）/全社会各行业从业人员（万人）。该指标是根据地区GDP值与全社会从业人员的比值计算得来，表示每一从业人员创造出的GDP值的比重。

根据图4-14所示，从2009~2018年，两地数据差距较明显，但两地数据线均呈上升趋势，趋势相当一致。浦东新区数据普遍较高一些，全员劳动生产率平均值保持在249231元/人左右。深圳市数据线比浦东新区低一些，平均值为192099元/人。这说明两地经济发展总体趋势都比较好，创新成效较好。2019年我国全员劳动生产率为115009元/人。深圳市、上海市与全国平均水平比较来看，都超过了这一数值很多，尤其是上海市已经超出了1倍多。反向考虑雄安新区，到2035年时，全员劳动生产率至少应该

---

① 数据来源：上海市浦东新区统计局官网，2020. http://tjj.sh.gov.cn/tjgb/20200329/05f0f4abb2d448a69e4517f6a6448819.html.

② 国家统计局官网，http://www.stats.gov.cn/ztjc/zthd/lhfw/2021/lh_hgjj/202103/t20210301_1814216.html.

达到甚至超过浦东水平，考虑物价增长指数，我们把雄安新区指标确定为 40 万元/人。

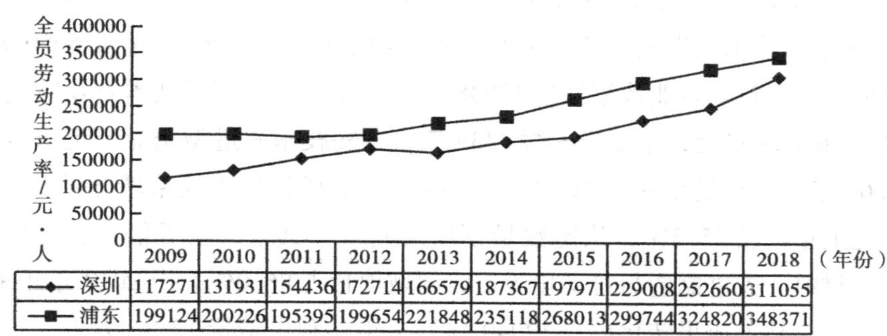

	2009	2010	2011	2012	2013	2014	2015	2016	2017	2018
深圳	117271	131931	154436	172714	166579	187367	197971	229008	252660	311055
浦东	199124	200226	195395	199654	221848	235118	268013	299744	324820	348371

图 4－14　深圳市和上海浦东新区全员劳动生产率对比图

数据来源：2010～2019 年《深圳市统计年鉴》《上海市统计年鉴》。

18. 科技进步贡献率

科技进步贡献率是指广义技术进步对经济增长的贡献份额，即扣除了资本和劳动之外的其他因素对经济增长的贡献[①]。这些因素不仅包括科学知识、技术发展或工艺改进，还包括劳动者素质提高和管理创新等。该指标是衡量科技竞争实力和科技成果转化为现实生产力的综合性指标，反映了科技支撑经济社会发展的整体效益。此指标是衡量创新成效状况指标，根据《河北雄安新区规划纲要 2018》中提出的新区规划主要指标以及指标到 2035 年要达到的标准值，建设雄安新区创新成效要达到每年科技进步对 GDP 总值贡献率达到 80% 的标准。目前，由于该指标没有纳入统计范畴，深圳与上海没有该项数据，以下以两市科技进步发展情况简要介绍：

（1）2019 年深圳市科技进步发展情况。2019 年深圳市年末全市各类专业技术人员 183.50 万人，其中具有中级技术职称以上的专业技术人员 54.69 万人。年末全市各级创新载体 2258 个，其中，国家级重点实验室、工程实验室和技术中心等创新载体 116 个，部级创新载体 604 个，市级创新载体 1537 个。全年专利申请量与授权量分别为 26.15 万件和 16.66 万件。其中，发明专利申请量与授权量分别为 8.29 万件和 2.61 万件；PCT 国际专利申请

① 国家统计局官网，http：//www.stats.gov.cn/tjsj/zxfb/202110/t20211029_1823940.html.

量 1.75 万件①。

（2）2019 年上海市科技进步发展情况。2019 年，上海市全年研究与试验发展（R&D）经费支出约 1500 亿元。全市科技小巨人和小巨人培育企业共 2155 家，技术先进型服务企业 216 家。年内新认定高新技术企业 5950 家，有效期内高新技术企业数累计达 12848 家。全年共落实高新技术企业减免所得税额 167.24 亿元，享受企业数 3339 家。落实技术先进型企业减免所得税额 6.60 亿元，享受企业数 169 家。全年共认定高新技术成果转化项目 822 项，比上年增长 25.3%，认定数量创历史新高。其中，电子信息、生物医药、新材料、先进制造与自动化等重点领域项目占 86.0%。至 2019 年年末，共认定高新技术成果转化项目 12940 项。全年专利申请量 17.36 万件，比上年增长 15.5%。其中，发明专利 7.14 万件，增长 13.8%；实用新型专利 8.06 万件，增长 15.9%；外观设计专利 2.16 万件，增长 20.5%。全年专利授权量为 10.06 万件，比上年增长 8.8%。其中，发明专利 2.27 万件，增长 6.6%；实用新型专利 6.16 万件，增长 10.9%；外观设计专利 1.62 万件，增长 4.3%。全年 PCT 国际专利申请量为 0.32 万件，比上年增长 28.0%。至 2019 年年末，全市有效发明专利达 12.98 万件，比上年增长 12.9%，有效发明专利五年以上维持率为 80.9%，位于全国第三；每万人口发明专利拥有量达 53.5 件，增长 12.7%②。

19. 数字经济占城市地区生产总值比重

数字经济是人类通过大数据的识别—选择—过滤—存储—使用，引导、实现资源的快速优化配置与再生、实现经济高质量发展的经济形态。数字经济通过不断升级的网络基础设施与智能机等信息工具，互联网—云计算—区块链—物联网等信息技术，人类处理大数据的数量、质量和速度的能力不断增强，推动人类经济形态由工业经济向信息经济—知识经济—智慧经济形态转化，极大地降低社会交易成本，提高资源优化配置效率，提高产品、企业、产业附加值，推动社会生产力快速发展，同时为落后国家后来居上实现

① 数据来源：深圳市统计局．深圳市 2019 年国民经济和社会发展统计公报［Z］．深圳市统计局官网，2020．http：//tjj.sz.gov.cn/zwgk/zfxxgkml/tjsj/tjgb/content/post_7294577.html.

② 数据来源：上海市统计局．上海市 2019 年国民经济和社会发展统计公报［Z］．上海市浦东新区统计局官网，2020．http：//tjj.sh.gov.cn/tjgb/20200329/05f0f4abb2d448a69e4517f6a6448819.html.

超越性发展提供了技术基础。此指标是衡量深圳市和浦东新区创新成效状况指标，根据《河北雄安新区规划纲要2018》中提出的新区规划主要指标以及指标到2035年要达到的标准值，建设雄安新区创新成效要达到每年数字经济对GDP总值贡献率达到大于等于80%的标准①。此项指标目前也没有纳入国家统计范畴，深圳与上海没有该项数据，以下以两市数字经济发展现状予以介绍：

（1）深圳市数字经济的发展现状。2019年10月20日，国家数字经济创新发展试验区启动会20日在第六届世界互联网大会（乌镇峰会）召开，河北省（雄安新区）、浙江省、福建省、广东省、重庆市、四川省等6个国家数字经济创新发展试验区接受授牌，启动试验区建设工作。会议发布了《国家数字经济创新发展试验区实施方案》，要求各试验区坚持新发展理念，坚持推动高质量发展，坚持以深化供给侧结构性改革为主线，结合各自优势和结构转型特点，在数字经济要素流通机制、新型生产关系、要素资源配置、产业集聚发展模式等方面开展大胆探索，充分释放新动能②。

2020年11月6日，深圳市印发了《关于建设数字龙华 打造"一圈一区三廊"区域发展格局的决定》③，要建设的数字龙华，是辩证统一的有机整体，涵盖数字经济、数字城区和数字治理"三位一体"。其中，数字经济为数字城区、数字治理提供技术支撑和物质基础，数字城区、数字治理为数字经济发展提供应用场景和广阔空间，三者共同推动龙华的产业动能更强劲、城区运转更聪明、社会治理更智慧，通过数字赋能高质量发展，加快把龙华建设成为大湾区现代化国际化创新型中轴新城。深圳将智慧城市作为推动深化改革、优化营商环境和增进人民福祉的重要抓手，努力打造数字政府、数字经济、数字市民三位一体的数字深圳，全力打造全国数字经济样板城市。2020年11月25日，中国工业互联网大会暨粤港澳大湾区数字经济大会在深圳举行，会议肯定了深圳5G、工业互联网的重要作用和工业互联网创新发

---

① 李志起，张灵．关于国家数字经济创新发展试验区建设的思考与建议［J］．科技智囊，2021（08）：6－9.

② 资料来源：中国人民政府网站，http：//www.gov.cn/xinwen/2019－10/20/content_5442574.htm.

③ 深圳新闻网，http：//www.sznews.com/news/content/2020－11/09/content_23702971.htm.

展取得的成效。

（2）浦东新区数字经济的发展现状。20 世纪 90 年代，以浦东软件园建设为标志的浦东软件和信息服务业开始启动，迅速成为浦东支柱产业。2012 年启动创建首批国家软件示范区，推动产业进入繁荣发展期。五年时间，浦东软件和信息服务业经营收入年均增长 12%，增加值年均增长率达 20% 以上。2019 年，浦东新区软件和信息服务业实现经营收入 3939 亿元，增长近 11%。行业从业人员达 25 万人，人均营收超过 150 万元，居全国前列。软件著作权达到 3.3 万件，年均增长超过 30%。软件和信息服务业对其他产业的赋能效应也日益显现。集成电路领域、生物医药领域、重大装备产业、金融创新和风险控制领域、城市精细化管理等多方面涌现出许多龙头企业。人工智能正在成为浦东软件与信息服务业未来发展的最强劲引擎。围绕智能芯片、智能制造、智能交通、智能医疗等重点产业领域，引进培育具备国际先进水平，掌握核心技术的人工智能和 5G 标杆企业，打造张江、金桥、临港等具有全球影响力的特色产业集聚区。利用自贸区先行先试的政策优势，在科技成果转化、数据跨境流通等方面制订一批创新政策，在智能制造、智慧医疗、无人驾驶、金融等领域形成相应行业标准。

20. 大数据在城市精细化治理和应急管理中的贡献率

大数据是一种规模大到在获取、存储、管理、分析方面大大超出了传统数据库软件工具能力范围的数据集合，具有海量的数据规模、快速的数据流转、多样的数据类型和价值密度低四大特征。根据《河北雄安新区规划纲要 2018》中提出的新区规划主要指标以及指标到 2035 年要达到的标准值，建设雄安新区创新成效要达到每年大数据对城市精细化治理和应急管理中的贡献率达到大于等于 90% 的标准。同样，该项指标也没有正式纳入国家统计数据，所以，深圳与上海的数据无法进行比较。

21. 基础设施智慧化水平

城市智慧化水平包括智能感知、智慧管理、共享服务、网络协同、多元参与等多个方面的指标测度。根据《河北雄安新区规划纲要 2018》中提出的新区规划主要指标以及指标到 2035 年要达到的标准值，建设雄安新区创新成效要达到基础设施智慧化水平达到大于等于 90% 的标准。大数据与城市基础设施智慧化水平建设与数字经济的建设是相辅相成、融合一体的。该项指标也没有正式纳入国家统计数据。因为，雄安新区是新建城市，在一张白纸上绘图，所以，适度超前规划是合适的，我们参考深圳与上海的基础设施智慧化经验，可以为雄安新区未来发展指明方向。

（1）深圳市智慧城市的发展趋势。2020 年，深圳以建设中国特色社会主义先行示范区和粤港澳大湾区为契机，以“数字政府”建设为抓手，从城市管理运行，到百姓生产生活，一个大数据赋能的现代治理体系正在形成，推动城市治理能力现代化。深圳推出政务服务“免证办”，依托一体化政务服务平台，居民身份证、不动产权证、营业执照等 393 项电子证照代替了实体证照，覆盖了市民、企业日常需要用到的 95% 以上证照。2020 年 8 月，深圳率先实现 5G 独立组网全覆盖，目前已在交通、医疗、教育、司法等多个领域开始试点应用。平安智慧交通系统将通行的车辆转化为一个看得见的“数据”，再通过 5G 传输、AI 计算，优化控制交通信号灯，实现了从过去车看灯、读秒数通行，到现在灯看车、读车数放行。在深圳政府管理服务指挥中心，大数据同样改变着政府的管理和服务，这里接入了全市 82 套系统，汇集各部门 100 类业务数据，是一个个能看、能用、能联动的智慧城市运行和指挥中心。截至目前，深圳依托华为等科技企业的先进技术，建设鹏城智能体，打造智慧城市的数字底座、城市感知体系、泛在连接网络，建设以人工智能为核心的先进城市智能中枢。深圳已经出台相关扶持政策，抓住 5G 发展机遇，推出更多应用场景，大力发展工业互联网、产业互联网，支持中小企业数字化转型，不断深化与各企业在智慧城市和数字经济领域的合作，全力创建全国数字经济样板城市。

（2）浦东新区智慧城市的趋势。为加快智慧城市建设，浦东在 2019 年强化信息基础设施建设，进一步提升信息服务水平。全区已建设完成 4807 个 5G 基站，实现世博中心、世博展览馆、东方体育中心等区域的 5G 全覆盖。“城市之巅 5G + XR 创意科技展”正式成为首个在 5G 环境下的展览，成为上海中心第一个 5G 应用场景。在升级“城市大脑”，深化城市建设管理领域的智慧应用方面，浦东新区持续推进城市运行管理平台系统建设，并实现了迭代更新。2019 年，浦东新区总体的智慧城市发展水平指数正在回升。现在，浦东新区围绕信息基础设施，加快政务云扩容升级，推动 5G 网络建设，持续强化“数据治理”，完善资源库标准制度体系，逐步扩大数据开放范围，积极推进社会治理、医疗、教育、养老、救助、环保、交通、城市管理等领域的智能应用全覆盖。

四、创新发展评价指标体系小结

综上所述，创新评价指标分为21个二级指标，其中12个指标梳理出深圳与浦东新区或深圳与上海两地的数据对比，还有2个指标只有上海有数据，也进行了十年的时间序列分析。有两地数据的12项指标中，有7项指标的深圳数据值要明显高于上海浦东新区或上海市的数据值，包括科技经费支出占地方财政支出比重、专利授权总量、全社会研究与试验发展经费支出占地区生产总值比重、公共教育投入占地区生产总值比重、万人发明专利授权量、新产品产值占GDP比重、高新技术产品出口额占货物出口额比重，说明深圳市在创新投入、创新产出方面较浦东新区或上海市整体发展的要好，这与改革开放40多年的高速高质发展紧密相连。雄安新区在这些指标方面可以借鉴深圳市政府给予的政策支持以及企业进行的改革做法。

浦东新区是1990年成立的我国第一个国家级新区，到2022年也已经满32年了，经过30多年的发展，浦东在创新环境和创新成效方面也有5项指标已经超过了深圳，包括每万人高校在校生人数、企业R&D经费支出占营业收入的比重、基础研究经费支出占研究与试验发展经费支出比重、高校R&D经费内部支出占R&D经费内部支出比重和全员劳动生产率。原因在于浦东的高校数量、高校在校生数量明显高于深圳，相应的高校R&D经费内部投入也是比较多的，包括投入基础研究的经费也是比较多的。雄安新区可以从这些指标所涉及的相关方面进行梳理分析，在引进北京高校外迁工作、政府配套支持政策、企业自主变革等方面吸纳浦东新区的做法。此外，两地虽然从总量上不是同一级别，但也有1项指标两地是相当的，即人均研究与试验发展（R&D）人员全时当量，说明两地对研发人员的培养和投入也都比较重视。雄安新区的发展也可以从此项指标涉及的方面进行学习借鉴。

总之，从深圳与上海浦东情况分析，创新的指标设计基本符合社会历史发展的规律以及创新型社会的特点与趋势，另外，雄安新区作为未来之城，以世界眼光、国际标准来看，放眼2035年的时间节点，适当超前的指标要求是合适的。

第二节　协调发展评价指标体系

改革开放以来，我们虽然有部分地区实现了高速发展，但是不均衡的发展矛盾在沿海内陆之间、城乡之间、人与生态之间逐渐显现，而实现协调发展是党中央坚持问题导向、破解发展瓶颈的应对之策，也是着眼未来谋划全局的战略考量①。在京津冀协同发展过程中，面临着包括资源环境生态与发展、管理体制改革、建设资金筹集等一系列的挑战。如何解决这些问题，关键在于在雄安新区的建设中，能否实现统筹协调、均衡发展。本书在借鉴党的十八大以来关于全面建设小康社会的目标及国家统计局关于全面建设小康社会的统计检测体系基础上，研究制定了具备适应性强、具有可操作性特征的雄安新区协调发展统计指标体系，为京津冀经济协调发展提供一定参考。

一、协调发展指标体系构建原则

在雄安新区协调发展指标体系的构建过程中，要深刻理解并融入五大发展理念，这使得其将成为由多方面指标而组成的复杂体系。每一大类、每一指标都应反映协调发展内涵，同时也要综合考虑统计指标应具备的一些基本面原则：

1. *科学性原则*

指标体系是否科学是筹划指标构建的根本，在指标选择之前，应对系统建设的目的、可衡量的目标、系统的设计有全面的认识，指标的选择应能客

① 蒋永甫．以五大发展理念引领发展转型［J］．桂海论丛，2016（3）．

观、准确测度协调发展中经济社会、物质文化、环境资源等多维度层面的达成度。

2. 全面性原则

指标的选取应该能够全面反映和测度被评价系统的各个方面及主要特征和发展状况①。将所有指标综合起来成为严密的体系，从而全面体现协调发展的状况和趋势。

3. 可操作性原则

指标的选取也要尽量避免哪些难以量化、无法获取的数据，尽量选取那些公开可查的统计资料，如国家统计局及各地区统计年鉴、各地政府报告、公开发表的论文专著等，其中选择合适的数据指标，保证各项指标值的可比性。

二、协调发展指标体系的框架

根据上述基本原则，结合国内外学者的研究成果，本书建立了雄安新区协调发展统计指标体系及评价方法。该指标体系共包含二级指标 3 个：经济结构、区域人民生活、精神文明与物质文明；三级指标 8 个。

1. 经济结构协调

经济结构协调注重弥补短板，提升经济发展的质量与效益、优化经济结构，实现居民收入与经济同步协调增长，反映经济结构协调方面的三级指标共 3 个，分别为居民消费占 GDP 比重、二三产业结构比（第三产业增加值/第二产业增加值）、劳动报酬份额。居民消费占 GDP 比重反映了投资和消费的关系是否协调，经济结构是否合理，消费对经济的拉动作用越强，经济发展才有持续动力。二三产业结构比反映一个地区的产业结构是否合理，加强二三产业结构比例的协调性对促进经济持续健康发展有着重要意义。劳动报酬份额反映了国民收入初次分配中劳动者的分享程度，一般可以作为收入分配是否协调平衡的重要参考因子。

---

① 陈炼，虞红兵，任奎．主体功能区生态支持系统指标体系构建及评价［J］．科技经济市场，2008（4）．

2. 区域人民生活协调

该指标着眼于区域内居民收入增长、收入结构情况，居民消费、生活质量提升情况，是实现协调发展、全面建成小康社会的应有之意。反映区域人民生活协调方面的指标共2个，分别是居民人均可支配收入比（居民人均可支配收入/全国平均值）、居民人均消费比（居民人均消费支出/收入）。居民人均可支配收入一般作为考察居民收入以及生活水平的较具代表性的指标。居民人均消费比反映了一个地区的消费水平，可以用来反映居民生活质量以及从侧面角度反映社会保障协调发展水平。

3. 精神文明与物质文明

该指标着眼于衡量地区两个文明之间协调发展程度，实现文化繁荣融合发展，反映此方面协调的指标共3个，分别是文化产业固定资产投资占比、人均教育经费、犯罪率。文化产业固定资产投资占比反映了一个地区文化产业的发展程度和投入程度，关系到地区的产业结构和经济发展方式是否协调，以及居民生活中产生的各式各样的精神需求是否能得到满足。人均教育经费反映了一个地区发展教育的投入程度，体现了教育协调发展水平。犯罪率是一个地区治安形势平稳与否的“晴雨表”，关乎社会的安定和谐。

表4－8　　协调发展指标

一级指标	二级指标	三级指标	方向
协调发展指数	经济结构	b11　居民消费占GDP比重	+
		b12　二三产业结构比	+
		b13　劳动报酬份额	+
	区域人民生活	b21　居民人均可支配收入比	+
		b22　居民人均消费比	+
	精神文明与物质文明	b31　文化产业固定资产投资占比	+
		b32　人均教育经费	+
		b33　犯罪率	−

三、以深圳市、上海浦东新区为参照的协调发展指标对比分析

由于雄安新区正处在建设初期，相关数据尚无法获取，本书对协调发展指标的测算选取了改革开放以来，我国发展最为成功的新（特）区深圳市、浦东新区的数据进行测算。数据来源于2009～2018年深圳、浦东新区统计年鉴和中国统计年鉴。

1. 居民消费占GDP比重指标的评价

居民消费占GDP比重即居民消费率，其是衡量一国经济发展良性与否的重要指标。居民消费率是指消费占国内生产总值的比重，它反映拉动经济增长的三大需求中消费所起的作用大小。由于居民消费一般占最终消费的80%以上，居民消费率的高低决定最终消费率的高低。合理的居民消费率不仅有利于居民消费水平的提高和消费结构的优化升级，还有利于国民经济的良性循环。国际经验表明，投资与消费结构的变化和经济发展阶段有关。通常随着经济较低水平向较高水平阶段推进，消费率将呈现先下降后上升的U型趋势，而投资率则呈现先升后降的倒U型趋势。经济学家连平在2021年的研究报告指出，改革开放40多年以来，我国的综合实力日益增强，人民生活水平显著提高。从消费主体结构、收入水平和结构以及市场规模等方面看，促进消费进一步发展的条件正在不断改善。但是，中国的消费支出占GDP比重在2011～2020年平均为53.3%，与世界银行发布的发达国家最终消费支出占GDP比重80%以及发展中国家占70%以上的数据相比仍有较大的差距①。他分析原因认为居民扩大消费的意愿和政策激励不足是影响消费增长偏慢的主要因素。

从表4－9中可以看出，深圳居民消费占GDP比重要高于浦东，但二者的差距有缩小的趋势，同时二者在2014年之前，居民消费占GDP比重处于相对高位，近5年逐步回落，同时，无论是浦东还是深圳，居民消费占GDP的比重都不高。通过网上数据查找计算，2021年深圳居民人均消费支出

① 连平．促进消费发展的思路需要拓宽，第一财经日报，2021.08.09，https：//baijiahao.baidu.com/s？id＝1707574909892020514&wfr＝spider&for＝pc.

46286 元，人均 GDP 为 157570 元，居民消费率为 29.37%，低于全国平均水平。因此，雄安新区 2035 年居民消费率如果参照深圳或浦东目前的水平，肯定不足以反映其发展的质量，需要按照世界发达国家目前的标准衡量，所以我们确定居民消费占 GDP 比重为 80%。

表 4－9　　　　　　　　居民消费占 GDP 比重

年份／地区	2009	2010	2011	2012	2013	2014	2015	2016	2017	2018	平均数
深圳	0.3026	0.300	0.2981	0.3009	0.3004	0.2990	0.2785	0.2745	0.2550	0.2546	0.2864
浦东新区	0.2148	0.2202	0.2195	0.2276	0.2478	0.2447	0.2385	0.2333	0.2280	0.2210	0.2295

数据来源：2010～2019 年《深圳市统计年鉴》《浦东新区统计年鉴》。

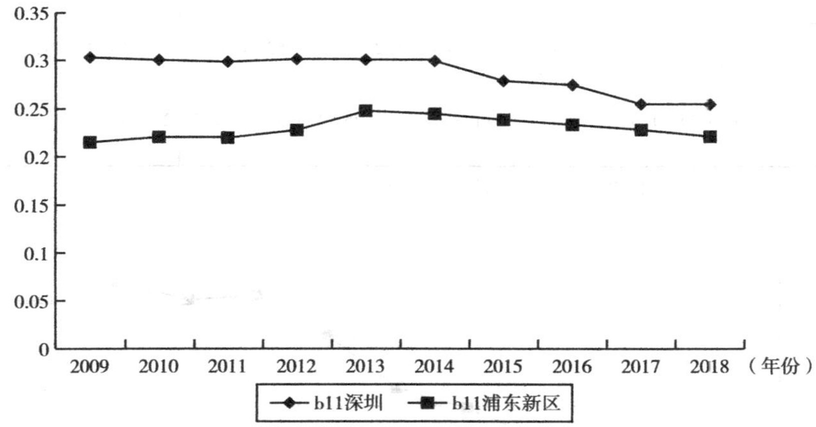

图 4－15　深圳市和上海浦东新区居民消费占 GDP 比重对比图

2. 二三产业结构比指标评价

一、二、三产业是根据社会生产活动的顺序对产业结构的划分。一个国家或地区的经济结构是否合理，主要看它一、二、三产业的比例是否协调，而一般来说后工业化社会产业结构的比例，第三产业要大于第二产业，第二产业大于第一产业。结构合理的指标主要还是看是否适合本地实际情况；能否充分利用国内外一切有利因素；能否合理有效地利用各种生产要素；能否保证国民经济各部门协调发展；能否有力地推动科技进步和劳动生产率提高；是否既有利于促进近期的经济增长又有利于长远的经济发展。

我们通过表 4－10 对浦东、深圳近十年的二三产业结构对比可以发现，浦东新区二三产业结构比一直高于深圳，二者的差距从 2012 年、2013 年开始显现，并且差距逐渐扩大。这说明在浦东新区产业结构中，第三产业的发展速度明显快于第二产业，这与浦东新区作为上海自由贸易区、上海“四个中心”的定位相符。按照雄安新区的产业定位，其第三产业的占比要高于浦东，所以我们把指标定在 3.5。

表 4－10　　　　二三产业结构比

地区＼年份	2009	2010	2011	2012	2013	2014	2015	2016	2017	2018	平均数
深圳	1.1146	1.1096	1.1023	1.1983	1.2488	1.2761	1.3452	1.4151	1.4114	1.4292	1.2651
浦东新区	1.3271	1.2960	1.3630	1.5409	1.8365	2.0525	2.5999	3.017	2.9733	3.1570	2.1164

数据来源：2010～2019 年《深圳市统计年鉴》《浦东新区统计年鉴》。

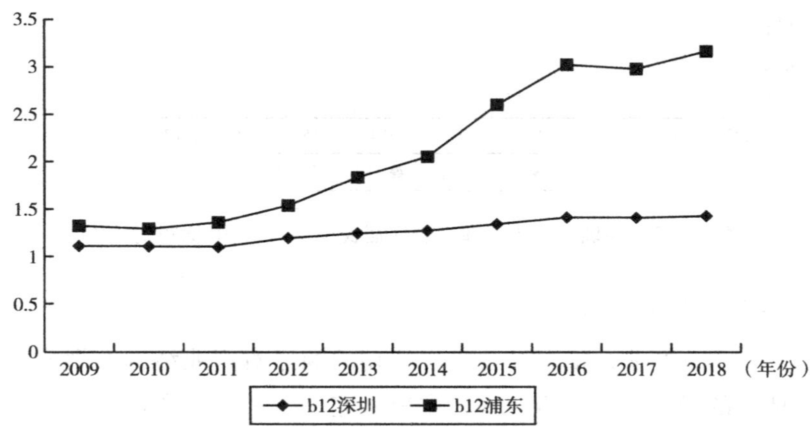

图 4－16　深圳市和上海浦东新区二三产业结构比对比图

3. 劳动报酬份额

劳动报酬份额反映了国民收入初次分配中劳动者的分享程度。一般来说，其在一国国内生产总值中的比例越高，意味着国民收入的初次分配愈发公平。党的十八大报告中指出，必须深化收入分配制度改革，提高劳动报酬在初次分配中的比重。从数据可得性的角度出发，本书将劳动报酬份额指标设置为：劳动报酬份额 = 人均工资性收入 × 常住人口 ÷ 地区 GDP。从浦东新区和深圳近 10 年的数据指标来看，近几年深圳市劳动报酬份额占比更高，而浦东新区则呈下降趋势。考虑雄安新区未来劳动报酬份额，应该高于深圳，所以确定为大于 0.3。

表 4－11　　　　劳动报酬份额

地区＼年份	2009	2010	2011	2012	2013	2014	2015	2016	2017	2018	平均数
深圳	—	—	0. 2522	0. 244	0. 2372	0. 2265	0. 2379	0. 2414	0. 2445	0. 2568	0. 2426
浦东新区	0. 2491	0. 2325	0. 2310	0. 2410	0. 2505	0. 2420	0. 2316	0. 2088	0. 1998	0. 1971	0. 2284

数据来源：2010～2019 年《深圳市统计年鉴》《浦东新区统计年鉴》。

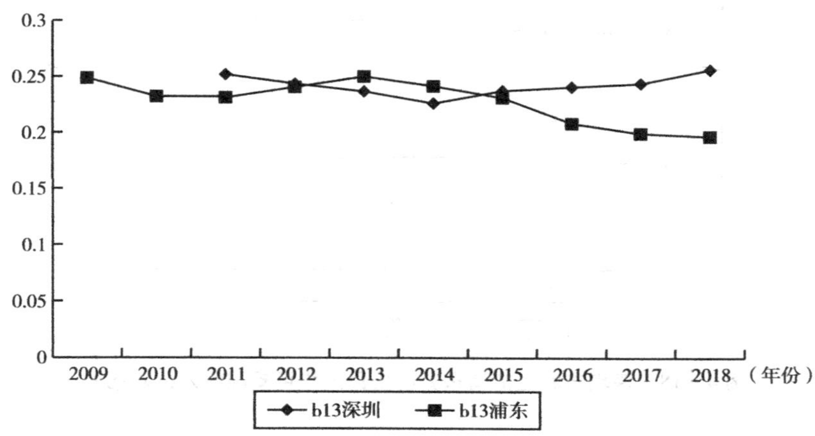

图 4－17　深圳市和上海浦东新区劳动报酬份额对比图

4. 居民人均可支配收入比

居民人均可支配收入是影响居民消费支出的主要因素，一般作为考察居民收入以及生活水平的代表性指标。由于国家统计局在 2015 年 2 月才首次发布该数据，2015 年之前的数据并不可得，因此本书对浦东新区和深圳 2015 年之后有统计数据的指标进行了分析。由表 4－12 可以看出，最近 5 年，浦东新区及深圳居民可支配收入都大大高于全国平均水平，浦东新区的可支配收入高于深圳。以 2018 年为例，2018 年全国人均可支配收入达 28228 元，同期浦东新区居民人均可支配收入达到 66179 元，高出深圳 8635 元。我们观察两区该数据发展趋势，近五年变化不大，考虑地区差异，所以确定雄安新区居民人均可支配收入比为 2.5。

表 4－12　居民人均可支配收入比

地区＼年份	2014	2015	2016	2017	2018	平均数
深圳	2.0304	2.0318	2.0442	2.0381	2.0385	2.0366
浦东新区	2.3160	2.3092	2.3414	2.3375	2.3444	2.3297

数据来源：2015～2019 年《深圳市统计年鉴》《浦东新区统计年鉴》。

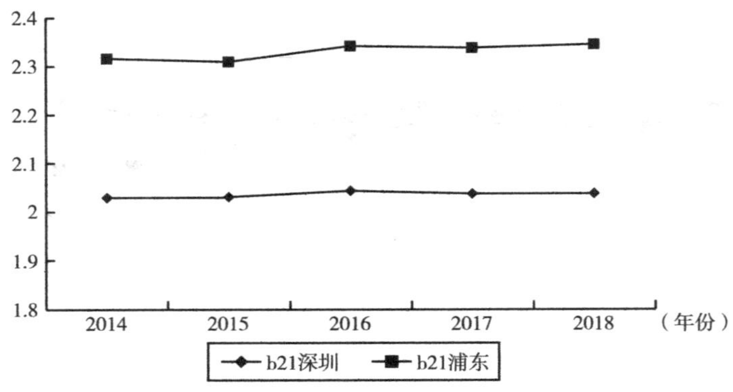

图 4－18　深圳市和上海浦东新区居民人均可支配收入比对比图

5. 居民人均消费比

消费能够满足人类物质和文化的需求，它既是人类社会生产的根本目的，也是国家地区经济增长的不竭动力。而消费能力的强弱与居民收入水平的增长息息相关。收入水平的增加使居民消费能力相应提升。在人均 GDP 不断上升的过程中，食品衣着类生存性消费减少，恩格尔系数显著减低，教育、医疗等享受性消费不断增加，消费结构逐步升级。居民人均消费比一般指居民人均消费支出与收入之比，是用来考察居民收入以及生活水平的较具代表性的指标，能够反映一个地区居民的消费水平，从侧面角度反映社会保障协调发展水平。由表 4 - 13 可知，深圳 2015 年以来居民人均消费比是高于浦东新区的。但是二者都呈现了下降的趋势，说明两地区人均消费支出增长的速度低于人均可支配收入增长的速度。究其原因，一方面由于国内市场缺乏足够的优质产品和服务供给，城市服务的消费创造能力仍显不足，表现为未形成具有全球竞争力的商品和价格优势；另一方面由于当前城市公共服务体系不够完善，对消费的保障能力仍然薄弱。此外，收入的增长速度大于消费支出速度也是主要因素，影响因素和消费习惯和居民储蓄行为也相关。我们通过观察两区该数据近五年变化，两区虽然有差距，但本区域居民人均消费比变化趋势不大，考虑地区差异，所以确定雄安新区居民人均消费比为 0. 7。

表 4 - 13　　居民人均消费比

年份 地区	2014	2015	2016	2017	2018	平均数
深圳	0. 7046	0. 7250	0. 7491	0. 7238	0. 7044	0. 7214
浦东新区	0. 7312	0. 7096	0. 6931	0. 6869	0. 6740	0. 6990

数据来源：2015 ~ 2019 年《深圳市统计年鉴》《浦东新区统计年鉴》。

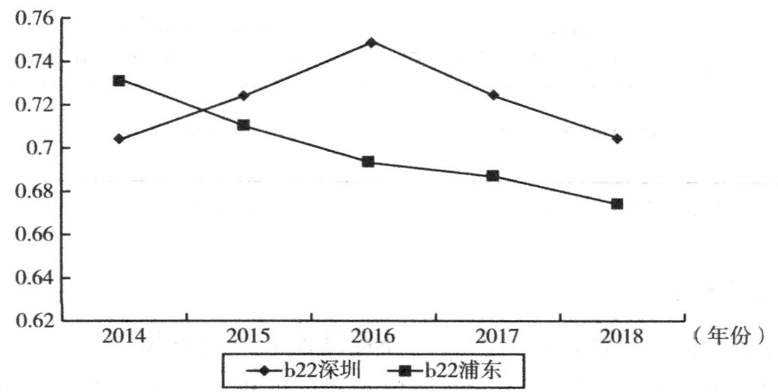

图 4 - 19　深圳市和上海浦东新区居民人均消费比对比图

6. 文化产业固定资产投资占比

在物质生活水平不断进步的同时，人类的发展也需要有与之相对应的精神文化需求的满足，这就需要文化产业的协调发展，同时这也是经济结构和产业优化调整重要方向。党中央提出文化产业将是今后我国国民经济的一项支柱性产业，要健全现代文化产业体系和市场体系，实现文化产业全面快速高质量发展。而文化事业要想实现更高质量的产业化，越来越需要前期的固定资产的投入。考虑数据的可得性，本书将文化产业固定资产投资占比设置为文化体育娱乐业本年完成投资额占本年固定资产完成投资额。由表 4－14 可知，浦东新区从 2012 年开始，文化产业固定资产投资占当年固定资产完成投资额比重开始超越深圳，二者 2012～2015 年文化产业固定资产投资占比差值分别为 1.5%、2.36%、4.49%、5.01%，同时 2015 年浦东新区文化产业固定资产投资占比达到最高值 5.55%，而这一时间段与浦东上海迪士尼乐园建设时间吻合。近两年该指标则有回落的趋势。而深圳该指标除在 2010 年、2011 年左右数值较高以外，其余年份都显著低于浦东新区。雄安新区是新建之城，在建设基础设施的同时，更应该同步建设文化娱乐设施，所以该项指标我们采用上海浦东最高年份数据即 0.055，希望雄安新区文化产业能带动新区高质量发展。

表 4－14　　文化产业固定资产投资占比

年份 / 地区	2009	2010	2011	2012	2013	2014	2015	2016	2017	2018	平均数
深圳	—	0.0275	0.0203	0.0105	0.0096	0.0049	0.0054	0.0083	0.0041	0.0063	0.0097
浦东新区	0.0183	0.0084	0.0095	0.0255	0.0332	0.0498	0.0555	0.0537	0.0215	0.0181	0.0293

数据来源：2010～2019 年《深圳市统计年鉴》《浦东新区统计年鉴》。

7. 人均教育经费

考虑数据的可得性，将人均教育经费设置为一般公共预算支出的教育支出除以当地常住人口。从表 4－15 可以看出，深圳在人均教育经费水平上连续多年高于浦东新区，这一优势在不断扩大。教育是人才成长的摇篮，而城

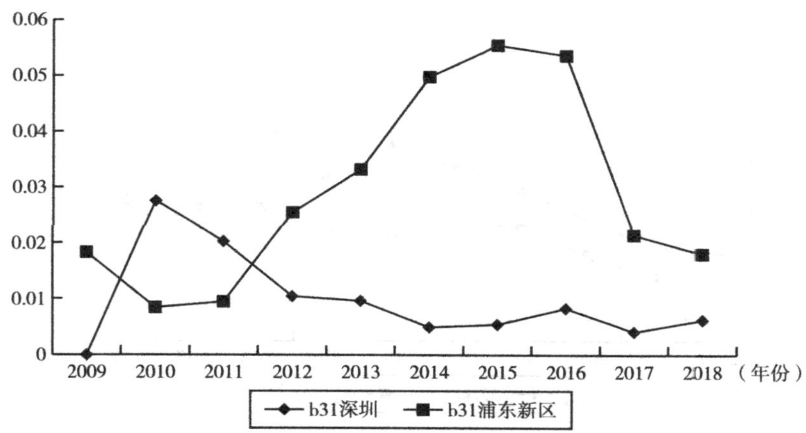

图 4－20　深圳市和上海浦东新区文化产业固定资产投资占比对比图

市的竞争中比拼的往往是人才的竞争。深圳政府对教育的重视以及财政对教育的支持投入力度不断加大，为深圳保持持续的综合经济竞争力奠定了基础。当然我们也应看到，浦东新区作为一个新区，其功能定位较为集中，与深圳这一计划单列市的功能定位不同，在人均教育经费指标上浦东新区与深圳的差距是与其本身的功能定位相符的。考虑雄安新区未来教育发展，能够支撑样板城市的模板，其人均教育经费要大于深圳和浦东，综合考虑，我们确定该项指标为大于 3000 元。

表 4－15　　人均教育经费　　单位：万元

地区＼年份	2009	2010	2011	2012	2013	2014	2015	2016	2017	2018	平均数
深圳	0. 1373	0. 1470	0. 1880	0. 2333	0. 2707	0. 3056	0. 2535	0. 3482	0. 4063	0. 4487	0. 2738
浦东新区	0. 1017	0. 0979	0. 1337	0. 1743	0. 1895	0. 1687	0. 1638	0. 2103	0. 2091	0. 2195	0. 1669

数据来源：2010～2019 年《深圳市统计年鉴》《浦东新区统计年鉴》。

8. 犯罪率

在现代化进程中，由于个人主义、社会发展不平衡、流动人口和低收入

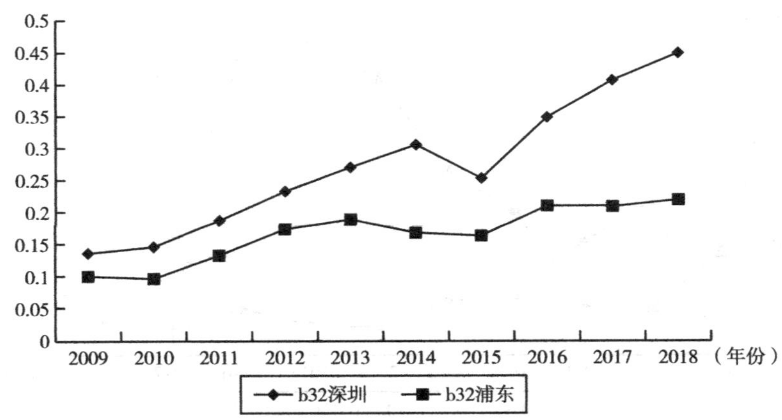

图 4－21　深圳市和上海浦东新区人均教育经费对比图

群体聚集等原因，难以避免的会滋生犯罪。犯罪率指标是协调发展指标体系中唯一与协调发展呈负相关的指标。一个地区犯罪率的高低，既关乎公民生命财产的安危，也影响经济社会的和谐发展。一个地区犯罪率的持续走低，能够提供一个安全、稳定的社会环境，从而对人才、投资的引进带来正向的外部影响。由于该指标在《深圳统计年鉴》中未找到对应数值，在此不再进行指标对比分析。但是，从判断一个社会安全与稳定的角度，衡量社会的幸福指数——犯罪率是越低越好，所以，我们评判雄安新区发展质量，在犯罪率的指标上，以逐渐减少趋势判定。

四、协调发展指标评价体系小结

通过协调发展指标构建及各级指标的分析，对比深圳特区及浦东新区的协调发展情况，我们可以得出以下结论：

（1）浦东新区在二三产业结构比、人均可支配收入比、文化产业固定资产投资占比三个三级指标上优于深圳特区。这与两地区产业的定位有很大关系，深圳特区创立之初，立足毗邻香港、土地和人工成本低等优势，开展“三来一补”的加工制造业。21 世纪以来深圳信息技术、互联网等高科技产业快速崛起，逐渐成为深圳的主导产业和支柱产业。而浦东新区在创立伊始，就明确了金融中心的定位、强调发展第三产业。而现在，陆家嘴金融贸易区在国内国际性金融机构汇集程度、金融要素市场齐全程度已首屈一指。而以迪士尼为代表的文化项目的不断建设及文化创意产业的迅猛发展也已成为浦东新区构建新型产业体系的发力点、提升竞争力的增长极。因此我们认为探寻浦东新区在发展过程的各个阶段对金融业、文化产业的支持政策，对雄安新区发展符合自身定位的金融业、文化产业、现代服务业等寻求政策支持很有帮助。

（2）深圳特区在居民消费占 GDP 比重、劳动报酬份额、居民人均消费比、人均教育经费四项三级指标上优于同期的浦东新区。首先，深圳居民消费能力、消费意愿更强，消费对经济的拉动作用更强，深圳国民收入的初次分配较为公平，收入分配制度更合理。因此借鉴深圳在完善社会保障、收入分配制度设计上的成功的经验从而为雄安新区坚持以人民为中心、注重保障和改善民生实现协调发展提供政策支持。其次，深圳政府对教育的财政投入力度更大，教育是人才成长的摇篮，深圳虽无名牌大学，但华为、腾讯、中兴等著名高科技企业代表的创新驱动力已成为特区在国际舞台上的一张耀眼名片。深圳市能成为全国领先的创新性城市，与特区政府重视教育、重视人才有着重要关系。最后，吸取深圳特区有关教育、人才战略的政策经验对雄安新区搭建科技创新平台、打造全球创新高地有着重要意义。

第三节　绿色发展评价指标体系

绿色发展是实现生态文明、建设人与自然和谐共生的现代化经济体系的必然要求，是雄安新区高质量发展的根本保障，是将雄安新区建设成为具有国际标准和中国特色的高水平社会主义现代化城市的必经之路。从绿色发展角度来看，就是为以“千年秀林”和白洋淀为蓝绿底色，将雄安新区建设成绿色低碳、人与自然和谐共生的高水平社会主义现代化城市。设置科学合理的绿色发展评价指标并建立绿色发展指标体系，有助于评判雄安新区的绿色发展现状和预测其未来发展趋势。结合绿色发展指标体系，通过分析深圳特区和上海浦东新区近十年绿色发展的变化趋势，为雄安新区的高质量发展提供借鉴意义。

一、绿色发展指标体系的构建原则

1. 引领性原则

根据绿色发展的系统性特点，突出绿色、低碳和环保的优势，其他指标体系中涉及的三级指标，绿色指标体系中不再重复引用。发展以坚持世界眼光、国际标准、中国特色、高点定位为标准打造绿色发展指标体系，使该指标体系对建设高水平的社会主义现代化城市具有引领和指导意义。

2. 全面性原则

根据绿色发展的全面性特点，绿色指标体系应涵盖经济社会发展的多个方面，指标设置能够全面反应某一地区绿色发展水平，以确保评价结果的科学性和合理性。

3. 可操作性原则

指标能够对不同地区绿色发展有较好的概括性，每个指标都要有可行的资料来源、尽量采用可以在统计年鉴或者相关统计资料中获取得的可量化指标。需要计算的指标数据有统一的计算公式，选取的指标应在不同地区具有可比性。

二、绿色发展指标选取依据

1. 《河北雄安新区规划纲要》

2018 年 4 月出台的《河北雄安新区规划纲要》中明确规定了关于“绿色生态”的 17 个指标，以及各指标于 2035 年要达到的目标。根据《纲要》设置了 1 个一级指标，3 个二级指标，将《纲要》中“绿色生态”17 个指标全部纳入三级指标体系，并将《纲要》中所设定的 2035 年的发展目标作为衡量绿色发展的基本评价标准。

2. 其他政策文件和相关文献的梳理

由于《纲要》中规定的“绿色生态”指标具有引领性和指导性，17 个指标中的部分指标无法从现有的数据资料中找到相关原始数据，因此需要补充部分三级指标，以增强指标体系的可衡量性。根据 2015 年 5 月《中共中央国务院关于加快推进生态文明建设的意见》通知要求，国家发展改革委、国家统计局、环境保护部、中央组织部制定的《绿色发展指标体系》和《生态文明建设考核目标体系》，以及国务院关于河北雄安新区总体规划（2018 ~2035 年）的批复，添加了 5 个三级指标。

三、绿色发展指标体系的框架

设立“绿色发展指数”为一级指标，设立生态环境、资源利用与回收率、绿色生活服务和政府政策支持 4 个二级指标，设立包括《规划》中 17 个“绿色生态”指标在内的共计 22 个三级指标。

1. 生态环境

良好的生态环境是雄安新区绿色发展和生态文明建设的重要保障。习近平总书记在 2019 年 1 月到雄安新区考察时曾说过，“蓝天、碧水、绿树，蓝绿交织，将来生活的最高标准就是生态好。雄安新区就要靠这样的生态环境来体现价值、增加吸引力”。雄安新区的高质量发展，就是要将雄安新区建设成为蓝绿交织、国土空间格局和谐自然，生态环境优美，建设绿色生态宜居的全国样板。

生态环境指标包括“蓝绿空间占比”“森林覆盖率”“耕地保护面积占新区总面积比例”“永久基本农田保护面积占新区总面积比例”“起步区城市绿化覆盖率”“重要水功能区水质达标率”“雨水年径流总量控制率”等共计 7 个指标。这 7 个指标是《规划》中“绿色生态”指标所规定的指标，并对应 2035 年雄安新区所要达到的具体标准。

2. 资源利用与回收率

资源的有效利用和高效回收不仅是环境保护的重要问题，还是实现绿色发展的重点和难点，雄安新区绿色指标体系必然要关注资源的利用和回收率，因此，将《规划》中的“重要水功能区水质达标率”“供水保障率”“污水收集处理率”“污水资源化再生利用率”“细颗粒物（PM2.5）年均浓度”“生活垃圾无害化处理率”“城市生活垃圾回收资源利用率”等7个指标作为资源利用和回收率的三级指标。由于大气污染治理是区域环境联防联控的重点问题，因此在三级指标中加入“二氧化硫日均排放量”和“空气中可吸入颗粒物日均值”两个三级指标。

从《纲要》2035年的标准来看，雄安新区计划在2035年实现“无废新区”，这就要求创新生产和生活方式，从源头上对资源的利用加以严格控制，提高过程使用的回收效率，实现资源、经济和社会的共赢。

3. 绿色服务和支持

绿色服务和支持是指社会对居民生活提供的绿色公共服务和政策支持。将《规划》的“起步区人均城市公园面积”“起步区公园300米服务半径覆盖率”和“起步区骨干绿道总长度”三个指标纳入该指标。政府对绿色发展的政策支持对区域的绿色发展有重大的推动作用，增加“节能环保支出比重”和“万人拥有公交车量”作为衡量政府政策支持的三级指标，目前2个三级指标不属于《规划》中所列指标。节能环保支出比重是测算财政支出中节能环保支出占一般财政预算支出的比重，作为政策对绿色发展财政支持的衡量指标。万人公交车量是衡量政府对绿色公交出行的支持度。

如表4－16所示，从C11－C17 7个指标，C21－C27 7个指标和C31－C33 3个指标是《纲要》中规定的雄安新区2035年的达标指标，C28、C29和C41、C42是新加入的指标。指标C27细颗粒物（PM2.5）年均浓度、C28二氧化硫日均排放量、C29空气中可吸入颗粒物日均值、C34节能环保支出比重、C35万人拥有公交车量在表3－1中没有列出雄安新区2035年要达到的标准，在比较分析时设定C27细颗粒物（PM2.5）年均浓度、C28二氧化硫日均排放量、C29空气中可吸入颗粒物日均值与绿色发展指数负向相关，C41节能环保支出比重和C42万人拥有公交车量与绿色发展指数正向相关。

表 4-16　　　　绿色发展指标体系

一级指标	二级指标	三级指标	雄安新区 2035 年标准
绿色发展指数	生态环境	C11 蓝绿空间占比（%）	≥70
		C12 森林覆盖率（%）	40
		C13 耕地保护面积占新区总面积比例（%）	18
		C14 永久基本农田保护面积占新区总面积比例（%）	≥10
		C15 起步区城市绿化覆盖率（%）	≥50
		C16 重要水功能区水质达标率（%）	≥95
		C17 雨水年径流总量控制率（%）	≥85
	资源利用和回收率	C21 重要水功能区水质达标率（%）	≥95
		C22 供水保障率（%）	≥97
		C23 污水收集处理率（%）	≥99
		C24 污水资源化再生利用率（%）	≥99
		C25 生活垃圾无害化处理率（%）	100
		C26 城市生活垃圾回收资源利用率（%）	>45
		C27 细颗粒物（PM2.5）年均浓度（微克/立方米）	大气环境质量得到根本改善
		C28 二氧化硫日均排放量（微克/立方米）	
		C29 空气中可吸入颗粒物日均值（单位）	
	绿色服务和支持	C31 起步区人均城市公园面积（平方米）	≥20
		C32 起步区公园 300 米服务半径覆盖率（%）	100
		C33 起步区骨干绿道总长度（公里）	300
		C34 节能环保支出比重	
		C35 万人拥有公交车量	

四、深圳特区和上海浦东新区为参照的绿色发展指标对比分析

由于雄安新区正处在建设初期，相关数据尚待不断完善，本书选取改革开放以来我国发展最为成功的深圳特区与浦东新区的数据进行相对测算。按

照雄安新区绿色指标体系的要求，对深圳特区和上海浦东新区的绿色发展趋势进行评价。以源自《中国统计年鉴》《广东统计年鉴》《上海统计年鉴》《深圳统计年鉴》《浦东新区统计年鉴》，以2009年至2019年的可获得的原始数据为指标依据，对2009年至2019年深圳市和上海浦东新区的绿色发展指标进行分析。

（一）指标对比分析

由于“起步区”是针对雄安新区而言，是指雄安新区的主城区，是雄安新区的主要功能集中区，规划面积约198平方公里。因此在对深圳市和上海浦东新区两地数据分析时，不再使用“起步区”的表述，而是直接对目标区域的具体指标进行对比分析。根据数据的可获得性和可比性，对部分指标用上级行政区域的对应指标进行替代，对深圳市和上海浦东新区两地进行如下指标分析。

1. 生态环境

（1）蓝绿空间占比。“蓝”指水体，“绿”指绿地。雄安新区界内拥有“华北明珠”美誉的白洋淀，加上“千年秀林”，在国内首次提出建设“蓝绿交织、清新明亮、水城交融的生态城市”。为实现这一目标，就要确保2035年新区的蓝绿空间占比达到70%以上。这一指标是针对雄安新区的生态资源情况而设置的，暂时无法收集深圳市和上海浦东新区两地关于蓝绿空间的相关数据，因此此处不作对比。

（2）森林覆盖率。某一地区的森林覆盖率是指以行政区域为单位森林面积与土地面积的百分比①，是反映一个地区森林资源和林地占有的实际水平的重要指标，单位用百分比表示。森林覆盖率提高能够起到改善生态环境的作用。

由于《上海浦东新区统计年鉴》中未统计该指标数据，因此从《深圳统计年鉴》和《中国统计年鉴》中选取深圳市、上海市和广东省三地的“森林覆盖率”进行比较分析。由图4－22可知，2009～2018年统计期间，

① 国家林业和草原局政府网．中华人民共和国森林法实施条例．http：//www. forestry. gov. cn/main/3950/content－459869. html. 2017－03－14.

广东省森林覆盖率最高，达 50% 左右，深圳市的森林覆盖率达 40% 左右，上海市的森林覆盖率相比广东省和深圳市来说仅有 10% 左右，数值差距较大。两地森林覆盖率在统计时期内发展趋势较平稳，但是自 2017 年起上海浦东新区森林覆盖率呈明显的上升趋势，深圳市却有下降趋势。从深圳市和上海市两地 2009 ~ 2018 年的森林覆盖率的平均值来看，深圳市的平均数为 40. 72%，已经超过雄安新区 2035 年 40% 的标准，上海市的平均数为 10. 54%，低于 2018 全国平均（22. 96%）水平。

表 4 – 17　　深圳市和上海市森林覆盖率列表

年份 地区	2009	2010	2011	2012	2013	2014	2015	2016	2017	2018	历史均值
深圳	39. 7	39. 7	41. 1	41. 5	41. 5	41. 5	41. 5	40. 9	40	39. 8	40. 72
上海	9. 41	9. 41	9. 41	9. 41	10. 74	10. 74	10. 74	10. 74	10. 74	14. 04	10. 54

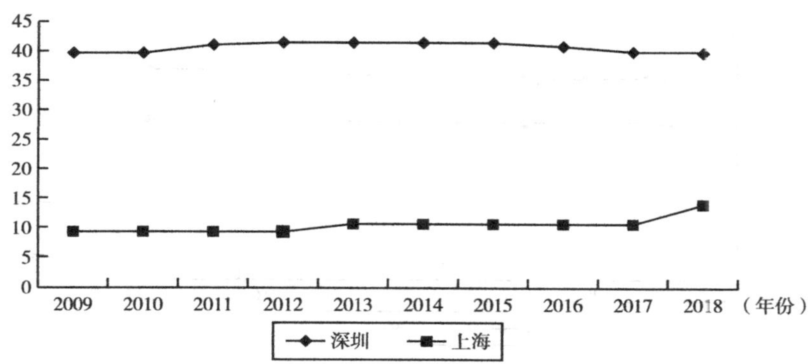

图 4 – 22　深圳市和上海市森林覆盖率对比图

数据来源：2009 ~ 2018 年《深圳市统计年鉴》《上海浦东新区统计年鉴》。

（3）起步区城市绿化覆盖率（%）。城市绿化覆盖率是城市各类型绿地绿化垂直投影面积占城市总面积的比率。其高低是衡量城市环境质量及居民生活福利水平的重要指标之一①。

① 百度百科 . 城市绿化覆盖率 . https：//baike. baidu. com/item/% E5% 9F% 8E% E5% B8% 82% E7% BB% BF% E5% 8C% 96% E8% A6% 86% E7% 9B% 96% E7% 8E% 87#ref_ ［1］ _237448.

由于《深圳统计年鉴》中没有“城市绿化覆盖率”这一指标，因此从《深圳统计年鉴》中选取“绿色覆盖面积”和“区域面积”两个指标，将深圳市城市绿化覆盖率定义为“绿色覆盖面积”和“区域面积”之比，得出比值数据。将此数据结果和《浦东新区统计年鉴》中“城市绿化覆盖率”进行比较。深圳特区和浦东新区两地2010~2018年“城市绿化覆盖率”如图4-23所示。

表4-18　深圳市和上海浦东新区城市绿化覆盖率对比图　单位:%

年份/地区	2009	2010	2011	2012	2013	2014	2015	2016	2017	2018	历史均值
深圳	48.9	48.9	48.8	48.9	49.4	49.5	50.0	50.0	51.0	51.1	49.65
上海浦东新区	38.1	36.1	38.2	38.3	36	36.2	36	36	36.7	36.1	36.77

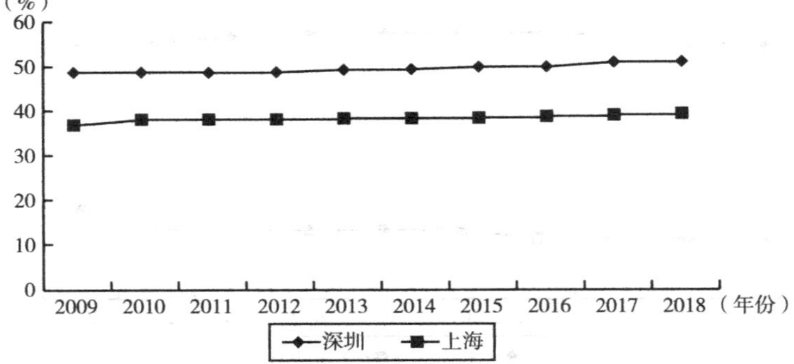

图4-23　深圳市和上海浦东新区城市绿化覆盖率对比图

数据来源：2009~2018年《深圳市统计年鉴》《上海浦东新区统计年鉴》。

2009~2018年两地城市绿化覆盖率在考察时间内数据平稳，深圳市基本稳定在50%左右，处于逐年平稳上升趋势，上海浦东新区在37%（2009年）至39.4%（2018年）之间，处于逐年平稳上升趋势，深圳市建成区绿色覆盖率高于上海浦东新区。雄安新区2035年起步区城市绿化覆盖率要求大于等于50%，深圳市于2015年就达到该标准，呈逐年上升趋势，上海浦东新区城市绿化覆盖率离50%的标准还有较大差距。

（4）生态环境中的其他三级指标。生态环境中的其他三级指标耕地保护面积占新区总面积比例、永久基本农田保护面积占新区总面积比例、重要水功能区水质达标率和雨水年径流总量控制率，虽然没有找到两地具体数据，我们不能进行具体分析，但是雄安新区建设发展规划已经确定了具体要求，因此本书全部予以采纳。

2. 资源利用和回收率

（1）生活垃圾无害化处理率。某一地区生活垃圾无害化处理率是指区域内无害化处理的生活垃圾数量占区域内生活垃圾产生总量的百分比①。由于《上海浦东新区统计年鉴》中未统计该指标数据，因此从《深圳统计年鉴》选取深圳市“生活垃圾无害化处理率”，选取《中国统计年鉴》中上海市的“生活垃圾无害化处理率”进行比较分析。

表 4－19　　深圳市和上海浦东新区生活垃圾无害化处理率列表

年份/地区	2009	2010	2011	2012	2013	2014	2015	2016	2017	2018	历史均值
深圳	94.3	94.6	95	95.1	98.4	100	100	100	100	100	97.74
浦东新区	78.8	81.9	61.0	83.6	90.6	100	100	100	100	100	89.59

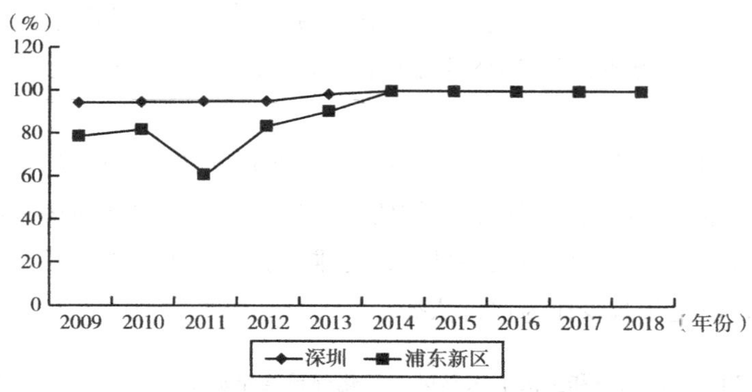

图 4－24　深圳市和上海浦东新区生活垃圾无害化处理率对比图

数据来源：2009～2018 年《深圳市统计年鉴》《上海浦东新区统计年鉴》。

① 国家环保总局办公厅．“十一五”城市环境综合整治定量考核指标实施细则．http://www.mee.gov.cn/image20010518/6341.pdf. 2006－03－22.

2009～2014 年，深圳市的生活垃圾无害化处理率均高于上海市的同期水平，自 2014 年起到 2018 年，两地的生活垃圾无害化处理率均达到 100%。上海市自 2011 年起到 2014 年生活垃圾无害化处理率提升水平较快。

（2）细颗粒物（PM2.5）年均浓度、二氧化硫日均排放量和空气中可吸入颗粒物日均值。大气治理是环境保护和生态环境改善的重点问题，大气治理的联防联控是京津冀、珠三角和长三角地区环境污染治理的重点工作。通过测算大气主要污染物的排放指标可以评断该地区空气质量改进和大气污染治理的成效。通过对比分析深圳市和浦东新区的细颗粒物（PM2.5）年均浓度、二氧化硫日均排放量和空气中可吸入颗粒物日均值，来对比两地大气污染治理的成效。

由于《上海浦东新区统计年鉴》中没有 PM2.5 年均浓度，因此从《中国统计年鉴》中选取上海市和深圳市的 PM2.5 年均浓度进行对比。从《上海浦东新区统计年鉴》和《深圳统计年鉴》选取“二氧化硫日均量”和“空气中可吸入颗粒物日均值”进行对比。

从对比结果可以得出，2010 年至 2018 年深圳地区的 PM2.5 年均浓度、二氧化硫日均排放量（微克/立方米）、空气中可吸入颗粒物日均值相对上海浦东新区较低。2013～2018 年深圳地区 PM2.5 年均浓度均低于上海市同期。上海浦东地区虽然在考察期内空气污染物的排放量高于同期深圳地区，但下降幅度较快，从 2018 年的数据来看，两地的空气污染物排放量基本持平。

从折线图变动趋势来看，可将 2013 年、2014 年作为两地的二氧化硫日均排放量、空气中可吸入颗粒物日均值和细颗粒物年均浓度的转折点。

本书考虑大气环保的地区差异性，对雄安新区的上述指标不做出具体的数值，而是以逐年减少作为评价依据。

表 4－20　深圳市和上海浦东新区二氧化硫日均排放量　单位：毫克/立方米

年份 地区	2010	2011	2012	2013	2014	2015	2016	2017	2018	历史均值
深圳	0.011	0.011	0.01	0.011	0.009	0.008	0.008	0.008	0.007	0.01
上海浦东新区	0.035	0.03	0.028	0.028	0.019	0.018	0.013	0.011	0.008	0.02

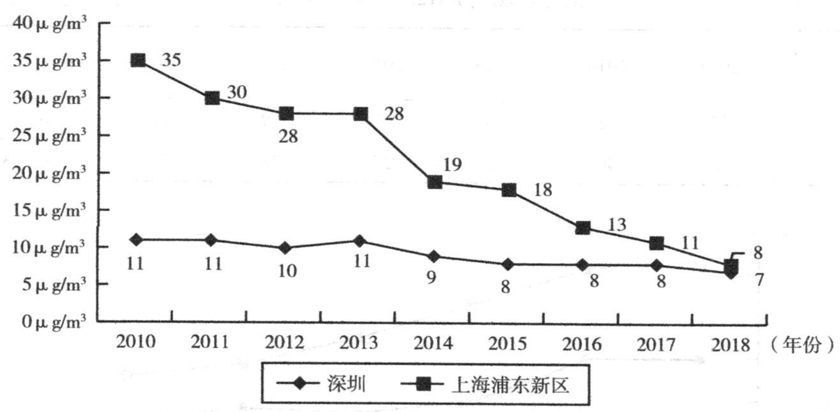

图4－25 深圳市和上海浦东新区二氧化硫日均排放量对比图

数据来源：2009～2018年《深圳市统计年鉴》《上海浦东新区统计年鉴》。

表4－21 深圳市和上海浦东新区空气中可吸入颗粒物日均值

单位：微克/立方米

年份 地区	2018	2017	2016	2015	2014	2013	2012	2011	2010	2009
深圳	44	45	42	49	53	62	54	57	57	57
浦东新区	46	54	53	61	64	69	60	69	71	74

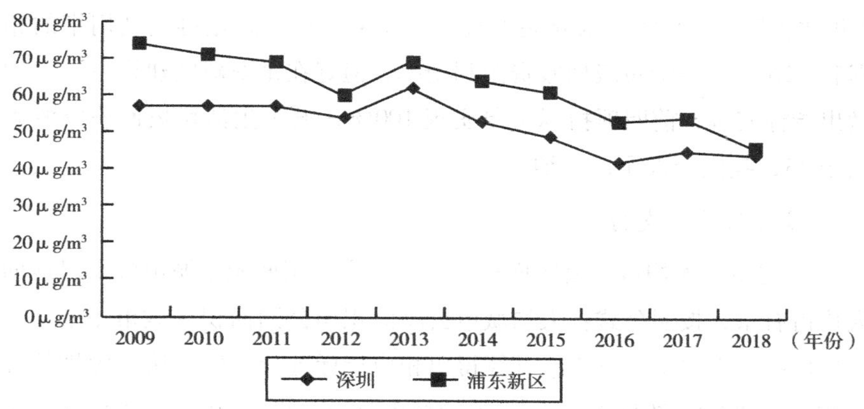

图4－26 深圳市和上海浦东新区空气中可吸入颗粒物日均值对比图

数据来源：2009～2018年《深圳市统计年鉴》《上海浦东新区统计年鉴》。

表 4－22　细颗粒物（PM2.5）年均浓度　　单位：微克/立方米

年份 地区	2013	2014	2015	2016	2017	2018	历史均值
深圳	62	62	53	45	39	36	49.5
浦东新区	40	40	30	27	28	26	31.83

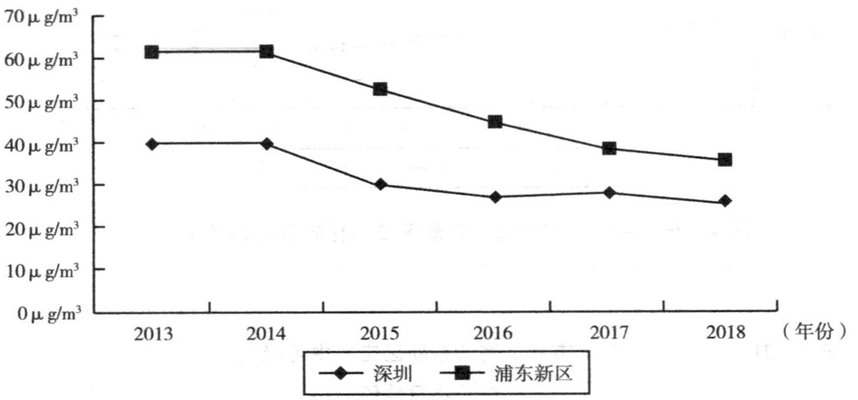

图 4－27　深圳市和上海浦东新区细颗粒物年均浓度对比图

数据来源：2009～2018 年《深圳市统计年鉴》《上海浦东新区统计年鉴》。

（3）资源利用和回收率其他三级指标。除上述比较的三级指标以外，深圳市和上海浦东新区的统计资料中没有关于 C21 重要水功能区水质达标率、C22 供水保障率、C23 污水收集处理率、C24 污水资源化再生利用率的相关数据和 C26 城市生活垃圾回收资源利用率，但好在雄安新区建设发展规划已经做出指标安排，前四项指标都要实现 100%，城市生活垃圾回收资源利用率大于 45，我们全部予以采纳。

3. 绿色服务和支持

（1）起步区人均城市公园面积。人均城市公园面积是城市公园绿地面积的人均占有量，按照公式：人均城市公园面积＝公园面积÷城市年末常住人口，单位统一设定为平方米，计算得出相应指标进行比较。从《深圳统计年鉴》中选取 2009～2018 年指标“人均城市公园面积”。由于《上海浦东新区统计年鉴》没有计算人均城市公园面积的相关数据，因此从《上海统计年鉴》中选取考察期上海市的“公园面积”和“年末常住人口”两个数据相比计算得出上海市的城市公园绿地面积，并将深圳市和上海市的两组指标进行对比分析。从图 4 – 28 可以得出，考察期内深圳市人均公园绿地面积维持在 16% 左右，自 2015 年有逐步下降趋势，上海市人均公园面积在 10% 以下，但是呈逐年上升趋势。雄安新区 2035 年起步区人均城市公园面积要求大于等于 20 平方米，目前深圳市和上海市的发展水平均达不到该水平。

表 4 – 23　　深圳市和上海浦东新区人均公园绿地面积列表　　单位：平方米

年份 地区	2009	2010	2011	2012	2013	2014	2015	2016	2017	2018	历史均值
深圳市	16.3	16.4	16.5	16.6	16.7	16.8	16.9	16.5	16.0	15.4	16.41
浦东新区	6.97	6.98	7.01	7.08	7.10	7.33	7.62	7.83	8.19	8.49	7.46

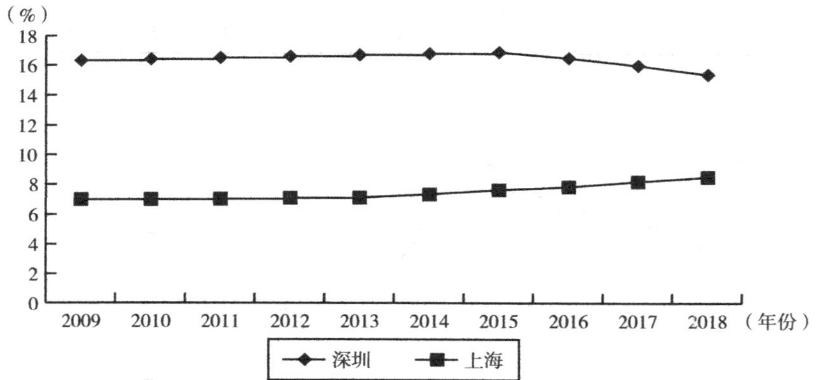

图 4 – 28　深圳市和上海浦东新区人均公园绿地面积对比图

数据来源：2009 ~ 2018 年《深圳市统计年鉴》《上海浦东新区统计年鉴》。

（2）节能环保支出比重。目前社会公认用节能环保支出占一般公共预算支出的比重来衡量政府对绿色发展的财政支持力度。计算公式为：财政支持环保力度 = 节能环保支出/一般公共预算支出。由表 4 – 24 可以得出，2010 ~ 2018 年，深圳地区财政支持力度大于上海浦东地区，但深圳地区考察区间内波动较大，上海浦东地区数据较平稳。

深圳市财政支持比例自 2010 年起呈逐渐上升趋势，于 2013 年到达最大值 6.9%，自 2013 年后迅速下降，到 2015 年达到最低值 2.8% 后开始回升，并呈逐年上升的趋势。上海浦东新区的财政支持度从考察期起始年 2010 年起由 0.012 下降到 2011 年的 0.6% 后进入瓶颈期，2011 ~ 2017 年在 0.4% ~ 0.6% 之间徘徊，2017 年以后才开始出现回升趋势。从历史均值看，深圳市的财政支持力度大于上海浦东新区。我们考虑雄安新区前期的建设中白洋淀的水土治理是重中之重，大气污染受京津冀重污染区域影响，环保支出费用在前期需要中央财政转移支付来实现，自身财力根本没有能力完成，所以该项指标前期只能以逐步增长来表示，后期到 2035 年雄安新区建成后，该指标估计会有固定值来体现。

表 4 – 24　　深圳市和上海浦东新区财政支持度列表　　单位：%

年份 / 地区	2010	2011	2012	2013	2014	2015	2016	2017	2018	历史均值
深圳	4.70	5.50	5.70	6.90	5.10	2.80	3.00	4.20	5.10	5.00
浦东新区	1.20	0.60	0.40	0.60	0.50	0.60	0.60	0.50	1.00	1.00

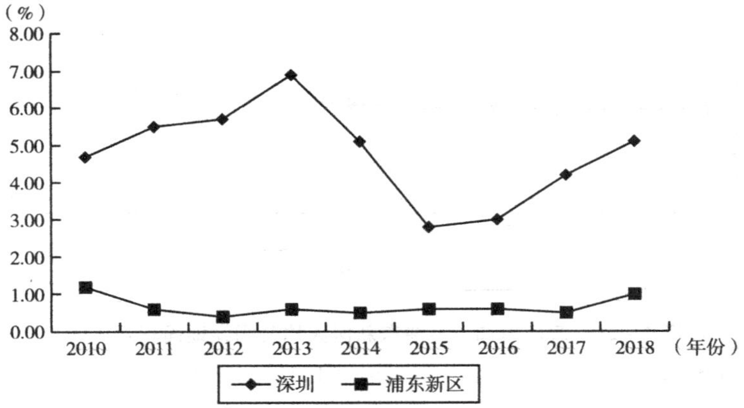

图 4 – 29　深圳市和上海浦东新区财政支持力度对比图

数据来源：2009 ~ 2018 年《深圳市统计年鉴》《上海浦东新区统计年鉴》。

（3）万人拥有公交车量。万人拥有公交车量是每万人口拥有的公交车的数量，是对居民实现绿色出行的保障措施。深圳万人拥有公交车量选取指标“年末实有公共汽车数量”比“年末常住人口”进行计算，上海浦东新区万人拥有公交车量选取指标年末运营公交车辆比年末常住人口人数进行计算。2009 年深圳万人拥有公交车辆数为 11.99 辆，2015 年为 13.29 辆，2018 年达到 13.19 辆，历史均值为 13.39 辆，高出浦东新区的同期水平。

表 4－25　　深圳市和上海浦东新区每万人拥有公交车量　　单位：辆

年份 地区	2009	2010	2011	2012	2013	2014	2015	2016	2017	2018	历史均值
深圳	11.99	12.03	14.68	13.79	13.75	13.98	13.29	13.00	13.91	13.19	13.36
上海浦东新区	9.09	6.84	6.86	6.88	7.19	7.11	7.17	7.35	7.38	7.47	7.33

上海浦东新区 2009～2010 年每万人拥有公交车量有较大幅度下降，2010～2019 年数值基本稳定在 2010 年的水平。深圳市公交车量虽然考察期历年数据上高于同期浦东数据，但是发展不平稳，数据波动较大，与 2011 年出现小高峰，2016 年出现低谷，详见图 4－30。这里需要考虑有地铁以及共享单车、共享汽车以及滴滴等平台出行方式的改变问题，因此，雄安新区未来出行方式肯定是多样的，经课题组讨论，雄安新区每万人拥有公交车量保持在 20 辆是合适的。

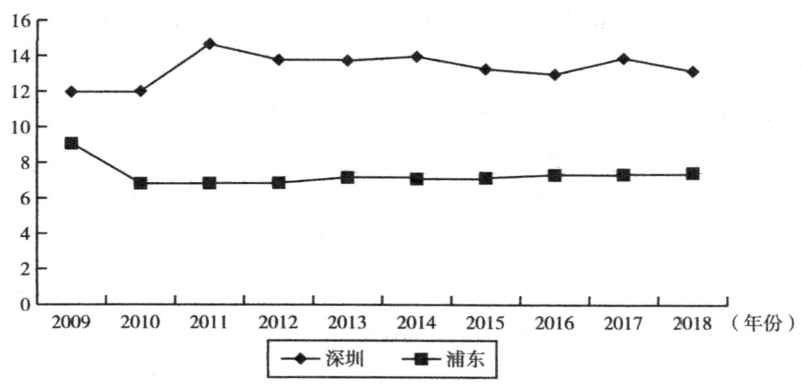

图 4－30　深圳市和上海浦东新区每万人拥有公交车量对比图

数据来源：2009～2018 年《深圳市统计年鉴》《上海浦东新区统计年鉴》。

（4）绿色服务和支持指标。公园服务 300 米半径覆盖率是评价居民利用的公平性和可达性，是评价公园布局是否合理的重要内容。绿道是以自然要素为依托和构成基础，串联城乡游憩、休闲等绿色开敞空间，满足行人和骑行者进入自然景观的慢行道路系统。绿道串联起城市中的公共绿地空间，起到了改善环境、固土保水等作用。“公园服务 300 米半径覆盖率 100%”和“骨干绿道总长度 300 公里”这两项指标是针对雄安新区国土面积和生态资源设定的，因此不将这两项指标对深圳和上海浦东新区作对比。

（二）指标分析结果

从深圳市和上海浦东新区绿色发展指标的对比分析结果来看，深圳市的各项指标优于上海浦东新区。在生态环境方面，从 2009 年至 2018 年两地的森林覆盖率和城市绿化覆盖率数据对比分析可以得出，深圳市森林覆盖率和城市绿化覆盖率均高于上海浦东新区同期指标。深圳市考察期内各年的森林覆盖率已经达到雄安新区 2035 年森林覆盖率 40% 的标准。上海浦东新区自 2017 年起森林覆盖率有明显的上升趋势。在资源利用和回收率方面，通过对深圳市和上海浦东新区 2009 ~ 2018 年的生活垃圾无害化处理率、细颗粒物（PM2. 5）年均浓度、C28 二氧化硫日均排放量和空气中可吸入颗粒物日均值对比分析可得，深圳市在资源利用和回收方面优于上海浦东新区，但上海浦东新区的指标改进速率较快。在绿色服务和支持方面，从人均城市公园面积的比较结果来看，深圳市在考察期内数据指标高于上海市同期，但上海市人均城市公园面积考察期内处于平稳上升趋势。考察期内深圳市的财政支持力度和万人拥有公交车量两项指标高于上海浦东新区。但深圳市数据波动幅度较大，上海浦东新区数据变动较为平稳。

深圳市作为率先实施绿色发展的城市之一，有关绿色发展的规划和管理措施实施情况早于上海浦东新区。深圳市坚持环境保护与经济发展并重，大力营造良好的生态环境，形成了独具特色的生态文明体制改革“深圳模式”，先后获得全国绿化模范城市”“国家园林城市”“国际花园城市”“国家环保模范城市”“中国人居环境奖”和“国家森林城市”等多个荣誉称号，并且是国家“无废城市”建设试点城市。上海浦东新区地处上海市，上海市能源消费高度依赖石化能源且能源对外依存度高，人均能源消费量较高，能源消耗排放率较高。2012 年后，上海浦东新区生态环境改善速度较快，通过完善制度，建立考核体系，各项环境指标不断优化，绿色发展水平逐步达到全国领先水平。所以，未来雄安新区的绿色发展应借鉴深圳和浦东新区的绿色创新之路，在完善管理制度体系，实现绿色经济体系上下功夫。

第四节　开放发展评价指标体系

实现“两个一百年”目标的途径之一，就包括进一步拓展实现中华民族伟大复兴中国梦的发展空间，进一步拓展世界经济发展空间。习近平总书记指出：“开放发展注重的是解决发展内外联动问题。现在的问题不是要不要对外开放，而是如何提高对外开放的质量和发展的内外联动性。我国对外开放水平总体上还不够高，用好国际国内两个市场、两种资源的能力还不够强，应对国际经贸摩擦、争取国际经济话语权的能力还比较弱，运用国际经贸规则的本领也不够强，需要加快弥补。”[①] 因此解决开放问题中的内外联动、提高开放质量和效率、改善应对国际摩擦的能力是我国在开放维度应该努力的方向。本书在指标的设计中也充分考虑到这些问题层面，在设计衡量指标时分为对内开放和对外开放，分别测度浦东和深圳，找到不足和优势，以期为雄安新区建设提供借鉴。

一、开放发展指标体系的构建原则

1. 综合性

在选择指标时，充分反映和衡量被评估系统的各个方面、关键特征和发展状况，并广泛反映开放发展的现状和趋势。

2. 可行性

指标的选择应考虑到指标量化和数据取得的难易程度，利用现有的统计资料，选择有代表性的统计指标，具有可测性和可比性，每个指标都要有客观可行的资料来源、计算方法、指标数值。

3. 前瞻性

对内开放和对外开放的具体内容并非一成不变，而会随着时代的变迁不

① 《在党的十八届五中全会第二次全体会议上的讲话（节选）》（2015 年 10 月 29 日）。

断丰富发展。随着我国开放进程的不断深入，与世界经济融合的程度不断加深，不同时间段的开放水平衡量会有不同的时期特点。在本书的指标设计中要充分考虑到现在所处的开放阶段和开放特点，设计具有与时俱进和前瞻性的指标。

4. 层次性

在本书中，指标的设计分为三个层次，三级指标。不同维度的指标构成了不同层次的衡量。它们可以从不同角度进行分析，结合宏观和微观、整体和具体。

二、指标构建依据与内容

开放是指贸易自由化和金融自由化。一个完全开放的经济体是一个具有国际生产、交换、分配和消费的经济体。我们从不同角度界定了开放经济的内涵，并将其归纳为四个角度：一是从生产要素流动的角度；二是从经济制度的角度；三是从开放经济发展阶段的角度；四是从表现形式的角度出发。基于以往的研究结果，本研究认为，一方面，对外开放意味着国家积极扩大对外经济交流；另一方面，这意味着放松政策，放开或取消各种限制，取消内部市场封锁和国内投资场所的保护政策。发展开放型经济。所以可以从对内和对外两个角度对开放发展进行界定。

对内开放不仅仅是区域的内部开放，更是内部体制机制、经济结构的开放，如政府规模、政府的开放程度、职能转变程度，政府在资源配置中的作用以及非国有经济发展的程度、投资拉动程度、就业带动程度等。通过衡量区域对外开放的程度，探索区域对外开放的潜力和动力。因此，对内开放指标设定为政府职能转变与非国有经济发展两项二级指标，同时对应财政支出与当地 GDP 的占比、非税收入与总税收收入以及非国有经济固定投资与全区固定投资占比、非国有经济就业人数与城镇就业人数占比四项三级指标。

对外开放的程度和对海外商人和投资者的吸引力，即对外开放的程度越高，取决于单一市场的规模和一体化程度，也决定了对外开放的基础和空间的大小。综合前人的研究成果，本研究认为，狭义的开放发展，主要是指经济与外部世界的经济联系，包括对外贸易、对外投资；广义开放经济包括经济基础、经济发展目标和发展战略、优化开放的产业结构、充分参与国际分配，在一定的经济发展水平上实现生产要素的国际流动，创造符合国际规则的制度环境，提高国家经济发展水平，为此测量对开放程度，我们选择了开放深度、对内开放程度和对外开放程度三个二级指标，分别对应进出口总额与当地 GDP 总额占比、实际利用外商直接投资与当地 GDP 总额占比、初级产品进口额与进口总额占比、高新技术产品出口额与出口总额占比、净出口与当地 GDP 总额占比、外资企业城镇就业人数与城镇就业总人数占比等六项三级指标，因为雄安新区还处于未开放开发阶段，因此具体的数值暂时难以确定，本书以未来增减作为发展方向予以确定。具体分类如表 4－26 所示：

表 4－26　　开放指标体系

一级指标	二级指标	三级指标	方向
对内开放	政府职能的转变	d11　财政支出/当地 GDP	−
		d12　非税收入/税收	−
	非国有经济发展	d21　非国有经济固定投资/全区固定投资	+
		d22　非国有经济就业人数/城镇就业人数	+
对外开放	对外开放深度	d31　进出口总额/当地 GDP	+
		d32　实际利用外商直接投资/当地 GDP	+
	对外开放结构	d41　初级产品进口额/进口总额	−
		d42　高新技术产品出口额/出口总额	+
	对外开放效益	d51　净出口/当地 GDP	+
		d53　外资企业城镇就业人数/城镇就业人数	+

三、上海浦东新区、深圳特区开放指标实证分析

（一）数据来源及说明

本书所用数据均来源于：2008 年至 2019 年《深圳市统计年鉴》《浦东新区统计年鉴》《上海市统计年鉴》《深圳市财政年鉴》《上海市财政年鉴》、国民经济和社会发展统计公报、国家统计局数据、世界银行数据等整理计算，所有涉及外汇、外币的项目数据均按当年汇率折合成人民币统一币种单

位。通过 Excel 将数据整合计算，为便于趋势的比较用折线图加以表示。

（二）评价分析

1. 对内开放指标

对于对内开放的测度，本书通过市场的两个主体即政府和企业的开放情况来研究：政府职能转变程度（d11 财政支出/当地 GDP、d12 非税收入/税收）、非国有经济发展水平（d21 非国有经济固定投资/全区固定投资、d22 非国有经济就业人数/城镇就业人数来衡量），两个维度四个三级指标进行衡量。

（1）财政支出占当地 GDP 的比率。该指标表示，在我国向市场经济转轨过程中，财政支出发挥着不可替代的核心作用，研究财政支出占 GDP 比重可以表示在资源配置中政府的角色和地位，可以看出市场开放程度，财政支出的比重越高说明政府在资源配置中作用越大，市场发挥的作用越小，表明开放的程度越浅。

表 4－27　　　　财政支出占当地 GDP 的比率

地区＼年份	2009	2010	2011	2012	2013	2014	2015	2016	2017	2018
深圳	0.117	0.126	0.134	0.117	0.112	0.131	0.195	0.209	0.204	0.176
浦东	—	0.111	0.112	0.112	0.114	0.115	0.116	0.134	0.130	0.124

数据来源：2009～2019 年《深圳市统计年鉴》《上海浦东新区统计年鉴》。

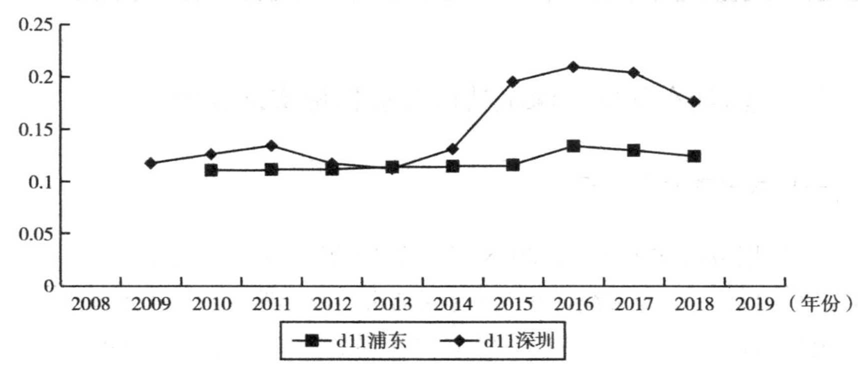

图 4－31　深圳市和上海浦东新区财政支出与当地 GDP 比重对比图

近5年我国的平均政府支出占GDP比重为13.36%，深圳和浦东新区都超出了平均水平，尤其深圳的财政支出最高时期达到了20%，2014年以后深圳财政支出占比高于浦东的趋势更加明显，浦东近十年整体比较平稳，这说明一是深圳与浦东经济体量大，财政负担支撑的项目多，政府基建性投资有扩大趋势，二是深圳对财政资金的实际使用和支配规模以及集中度要高于浦东，显示深圳在资源配置中，政府发挥资源配置的功能大于上海浦东，市场的配置资源的功能发挥不如浦东。

（2）非税收入占税收的比率。非税收入是指政府通过合法程序获得的除税收以外的一切收入。政府非税收入的项目具体包括：行政事业性收费、政府性基金、国有资产有偿使用收入、国有资本经营收益、彩票公益金、罚没收入、以政府名义接受的捐赠收入、主管部门集中收入、政府财政资金产生的利息收入、其他政府非税收入等。非税收入是政府财政收入的重要组成部分，作为一种公共治理工具，是政府参与国民收入初次分配和再分配的重要手段。从绝对值来看，深圳2008～2018年，非税收入的规模增长态势较快，2018年比2008年翻了17.11倍，年均增速达34.04%，超过税收收入年均增速（14.48%）19个百分点。浦东2010年至2018年非税收入年均增速为24.77%，税收增速为11.18%，税收收入的占比也在5%～15%波动相对深圳比较平稳。

表4-28　　非税收入占税收的比率

地区＼年份	2008	2009	2010	2011	2012	2013	2014	2015	2016	2017	2018
深圳	0.048	0.069	0.115	0.120	0.114	0.155	0.186	0.200	0.260	0.255	0.220
浦东	—	—	0.061	0.081	0.092	0.082	0.086	0.136	0.138	0.132	0.130

数据来源：2009～2019年《深圳市统计年鉴》《上海浦东新区统计年鉴》。

这里需要说明的是，深圳和上海浦东同时期非税收入快速增长，和全国房价快速增长的趋势是同步的，土地出让等非基金收入比较多，这里需要剔除。除此之外，非税收入占财政收入比重较大的趋势很可能会造成分散国家财力、抑制居民企业消费、加剧资源配置不均等后果。合理的非税收入可以保障公平竞争，优化资源配置，进而增强国家宏观调控能力；增强政府对资金统筹、支出管理的管控能力，有利于优化社会再分配，减轻企业和社会负担。

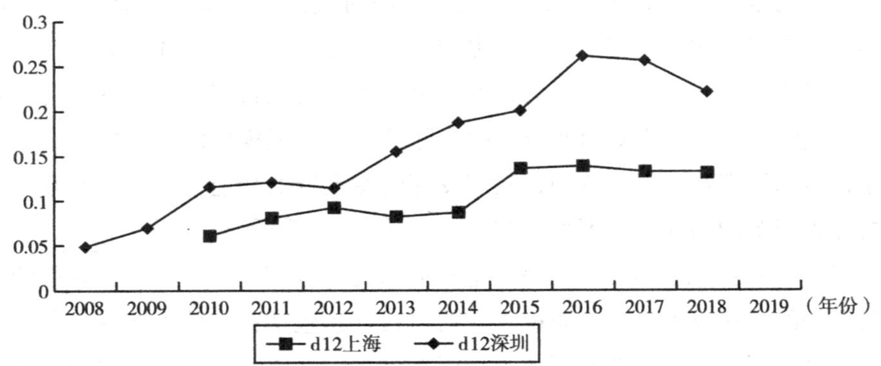

图4－32　深圳市和上海浦东新区非税收入与税收比重对比图

（3）非国有经济固定投资占全区固定投资的比率。非国有经济包括个体及私营经济、集体经济、外资经济等。图4－33中可以看出浦东的非国有经济投资占比略高于深圳，上海浦东新区2018年私营经济占全市GDP的2.5%，上海市工商局的最新数据显示，2018年，上海私营经济继续保持健康发展势头，全年实现增加值16.19亿元，增幅达1.7%，占全市GDP总值的2.5%，比上年又增长了0.6个百分点。全市来自私营领域的税收共计26.7亿元，同比增长44%，占上海地方财政收入的14.1%；实现销售额841.5亿元，同比增长27.2%，个体私营从业人员达到211万人，比上年增加了将近2万人，完成市政府净增13万就业[①]，是新岗位就业工程的主力军。

表4－29　　非国有经济固定投资占全区固定投资的比率

年份 地区	2009	2010	2011	2012	2013	2014	2015	2016	2017	2018
深圳	0.576	0.578	0.623	0.660	0.672	0.721	0.757	0.771	0.736	—
浦东	0.636	0.657	0.711	0.713	0.716	0.751	0.805	0.922	0.901	0.904

非国有经济的发展能展现出一个区域经济发展主体的多样性和对内开放的程度。非国有经济的投资占比体现该地区促改革的力度，不断激发各类市

① 数据来源：《2019年上海市统计年鉴》。

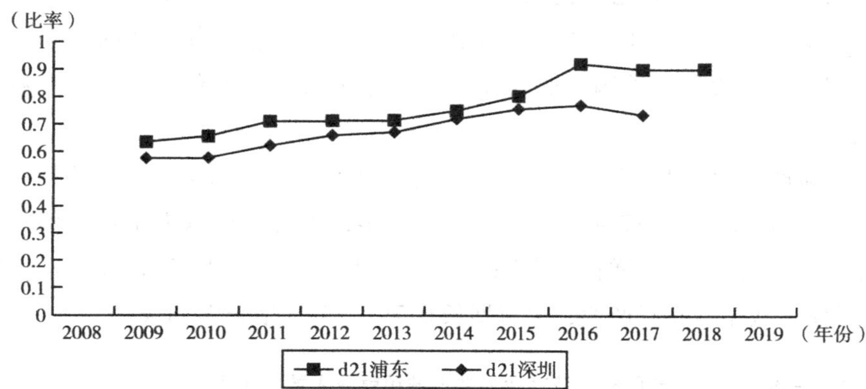

图4－33　深圳市和上海浦东新区非国有经济固定投资占全区固定投资比重对比图

数据来源：2010～2019年《深圳市统计年鉴》《上海浦东新区统计年鉴》。

场投资主体的动力活力，浦东的占比略高于深圳，说明非国有经济发展的“助推器”功能在浦东新区表现得更突出，市场更加活跃。

（4）非国有经济就业人数占城镇就业人数的比率。非国有经济就业人数占城镇就业人数的比率反映市场功能发挥的大小，反映开放的深度。改革开放以来，非国有经济在市场配置资源功能导向下快速发展，对我国经济社会发展作出巨大贡献。非国有经济的发展程度反映当地市场化程度的高低。

从表4－30来看，自有统计数据以来，从2013年开始上海浦东非国有经济就业人数占城镇就业人数的比率一直高于深圳，并快速拉开差距，和当年发展环境以及两个区域不同的城市定位、产业结构有关系。2009年国务院出台《关于推进上海加快发展现代服务业和先进制造业，建设国际金融中心和国际航运中心的意见》①，为上海产业结构转型升级以及“四个中心”建设指明了方向。“四个中心”也是上海进一步扩大开放，优化产业结构的目标，“四个中心”的产业定位更便于非国有经济的聚集。另外，2013年，中国（上海）自由贸易试验区在浦东挂牌成立，截至2013年11月，陆家嘴金融贸易区累计引进持牌类金融机构695家，约占浦东金融机构数的90%，金融从业人员17万人，约占上海金融从业人员的70%。2015年上

① 国务院关于推进上海加快发展现代服务业和先进制造业建设国际金融中心和国际航运中心的意见［Z］．2009.

海的第三产业占 GDP 比重比深圳高 10 个百分点（71% 对 61%），高出部分主要集中在金融行业。产业结构中金融行业的发达和自贸区的建立吸引了更多的外国投资和外国企业入驻，使上海浦东的非国有经济就业人数比率高于深圳。

但从产业竞争力角度，上海较深圳略有落后，深圳过去五年战略性新兴产业增加值年均增长 17.4%。2017 年上半年，上海规模以上工业产值同比下降 4.4%，深圳同比增长 7.5%；第二产业增加值上海下降 3.3%，深圳增加 7.3%；战略性新兴产业，上海增长 0.7%，深圳增长 12.1%。

表 4－30　非国有经济就业人数占城镇就业人数的比率

年份 地区	2008	2009	2010	2011	2012	2013	2014	2015	2016	2017	2018
深圳	—	—	—	0.534	0.558	0.491	0.487	0.492	0.508	0.507	0.535
浦东	0.497	0.458	0.427	0.530	0.533	0.532	0.684	0.697	0.703	0.705	0.704

数据来源：2010～2019 年《深圳市统计年鉴》《上海浦东新区统计年鉴》。

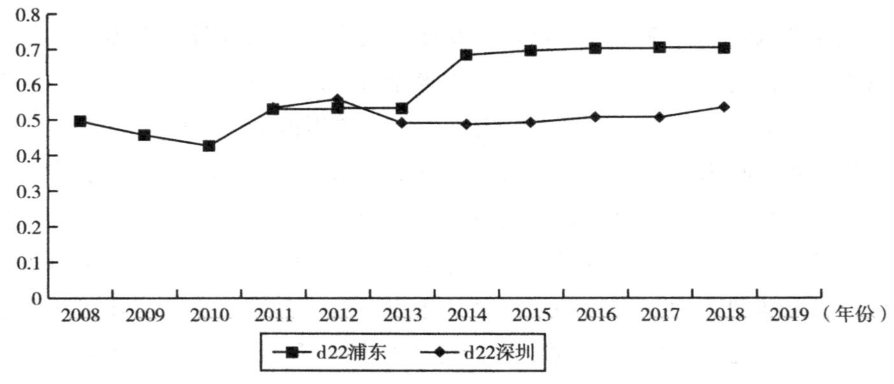

图 4－34　深圳市和上海浦东新区非国有经济就业人数占城镇就业人数比重对比图

2. 对外开放指标

（1）进出口总额占当地 GDP 总额的比率（贸易依存度）。一国的进出口总额占该国国民生产总值或国内生产总值的比重即称为对外贸易依存度又称对外贸易系数。对外贸易依存度反映一国对国际市场的依赖程度，是衡量一国对外开放程度的重要指标。贸易依存度之所以成为贸易开放度最常用的指标，主要原因在于其数据较易得到，具有可比性。从图 4－35 中可以看出，无论是浦东还是深圳在进出口总额上出现两个低潮：第一次是 2007～2009 年美国次贷危机爆发影响进出口，第二次是 2014～2016 年以来中美贸易争端对进出口影响。但总体来说，上海浦东对进出口贸易的依存度或进出口贸易对当地 GDP 的贡献率是高于深圳的，在 2013 年两区域基本持平，之后出现分化，浦东新区对外贸易依存度远远超过深圳。另外从表 4－32 看，2019 年，上海的进出口总额在全国排名第三，占全国进出口总额的 10.8%。上海市的外贸“海上丝绸之路”和“陆上丝绸之路”中心起点位置进一步巩固。

上海对外贸易的依存度较高与其产业结构有关系，纽约、伦敦、东京等国际大都市第三产业比重在 90% 以上，而上海的比重在 60%，从公式可以看出，作为分母的 GDP 如果越大，一国或地区的外贸依存度就越低，反之则越高，一般而言，服务业的可贸易程度较低，因此服务业占 GDP 的比重越高，外贸依存度就越低，反之则依存度越高，2016 年上海第三产业占 GDP 中所占比重仅为 60%，明显低于世界其他发达国家和地区，这可以解释近年来上海外贸依存度的增长。

表 4－31　进出口总额占当地 GDP 总额的比率

年份 地区	2009	2010	2011	2012	2013	2014	2015	2016	2017	2018
深圳	—	2.346	2.265	2.212	2.222	1.821	1.529	1.318	1.243	1.240
浦东	2.372	2.682	2.661	2.553	2.397	2.314	2.140	2.015	2.027	1.967

数据来源：2010～2019 年《深圳市统计年鉴》《上海浦东新区统计年鉴》。

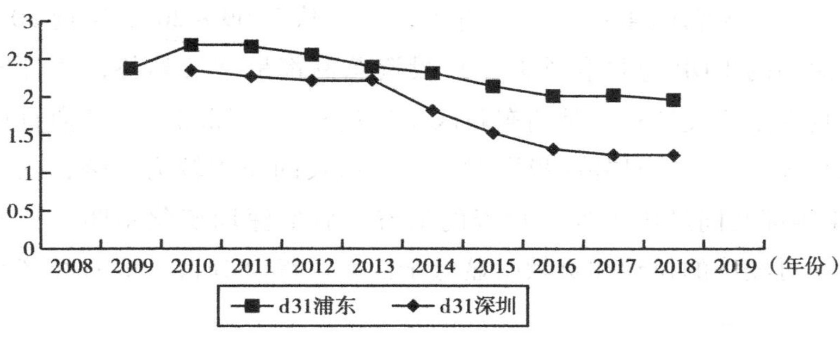

图 4－35　深圳市和上海浦东新区进出口总额占 GDP 比重对比图

表 4 –32　　2019 年主要省市外贸进出口情况比较

	进出口总额（亿元）	比上年增长（%）	占比（%）
全国	315504.8	3.4	100.0
广东	71457.02	–0.2	22.6
江苏	43383.83	–0.9	13.8
上海	34046.82	0.1	10.8
浙江	30838.68	8.2	9.8
北京	28669.44	5.5	9.1

（2）实际利用外商直接投资占当地 GDP 的比率。外商投资成为我国对外经济开放的重要标志。我国加入 WTO 后，外商直接投资发展达到了新的高度。2017 年至今，国务院陆续发布《关于扩大对外开放积极利用外资若干措施的通知》[①]《关于积极有效利用外资推动经济高质量发展若干措施的通知》[②] 等一系列积极政策，为新常态背景下我国进一步利用外资、提高对外开放水平提供支持。

针对进出口和外商投资是如何影响经济发展的，一些实证研究认为，进口贸易对经济增长具有一定拉动作用，而出口对经济增长也有显著正向影响（刘爱珍，2018），出口贸易是一个地区经济增长的动力源（于璐瑶，2017）；外商直接投资对经济增长也存在促进作用，但随着经济增长，外商投资会呈现波动态势，同时，外商投资也有通过促进就业拉高经济发展等其他关联因素的影响（刘宏，2013）。

从表 4 –33 和图 4 –36 可以看出，一是从 2009 ~2018 年近 10 年间，浦东和深圳的 GDP 总量和外商直接投资总额都呈增长趋势，两者增长率的波动具有正相关性；二是浦东新区本项指标高于深圳，其外商直接投资利用水平优于深圳，且外商投资对于经济增长的作用较为显著；三是二者在 2014 年都共同经历了外商投资的低谷。后期深圳变化不明显，外商直接投资在对经济的拉动和贡献明显低于浦东。综合分析，随着经济水平和

① 国务院关于扩大对外开放积极利用外资若干措施的通知［Z］. 2017.

② 国务院关于积极有效利用外资推动经济高质量发展若干措施的通知［Z］. 2018.

科技水平的提高，深圳对外商直接投资依赖度逐渐降低，一方面是由于经济增长带来的资本积累削弱了对外资的需求，另一方面是技术的进步也削弱了对国外技术的依赖。这表现在深圳在外商投资的实际利用上虽然和浦东差距较大；但在进出口贸易方面仍在全国处于高水平，2013 年和浦东甚至持平。从另外方面看，也反映出外商直接投资从南方往北方转移的趋势。

表 4－33　　实际利用外商直接投资占当地 GDP 的比率

地区＼年份	2009	2010	2011	2012	2013	2014	2015	2016	2017	2018
深圳	—	0.029	0.025	0.025	0.023	0.022	0.022	0.022	0.022	0.022
浦东	0.067	0.055	0.062	0.051	0.048	0.039	0.051	0.054	0.055	0.051

数据来源：2010～2019 年《深圳市统计年鉴》《上海浦东新区统计年鉴》。

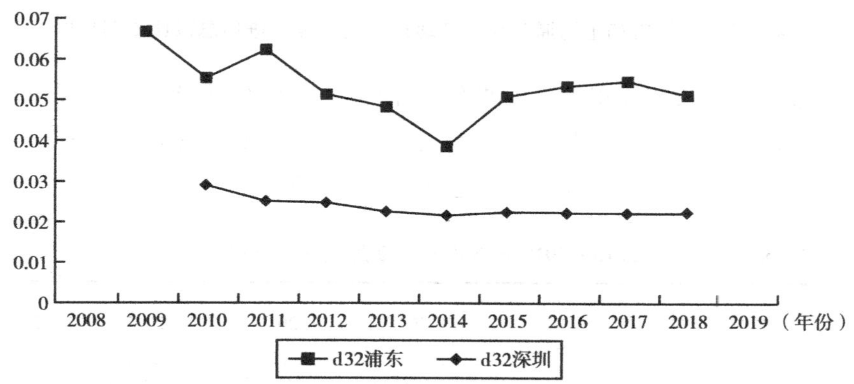

图 4－36　深圳市和上海浦东新区实际利用外商直接投资占 GDP 比重对比图

（3）初级产品进口额占进口总额的比率。初级产品，又称原始产品。按照联合国《国际贸易标准》分类，初级产品分为食品、饮料、农矿原料、动植物油脂和燃料五大类。初级产品进口增加会带来一些隐患：其一，初级产品价格飞涨，会带来通货膨胀；其二，初级产品生产加工是低附加值产品，所附加的利润率非常低，加工初级产品的出口，是靠低利润维持的，高利润暴利被国外企业所摄取。

表 4-34　　初级产品进口额占进口总额的比率

地区＼年份	2010	2011	2012	2013	2014	2015	2016	2017	2018
深圳	0.028	0.032	0.032	0.029	0.035	0.043	0.047	0.051	0.046
浦东	0.197	0.190	0.199	0.179	0.186	0.185	0.187	0.195	0.196

数据来源：2011~2019 年《深圳市统计年鉴》《上海浦东新区统计年鉴》。

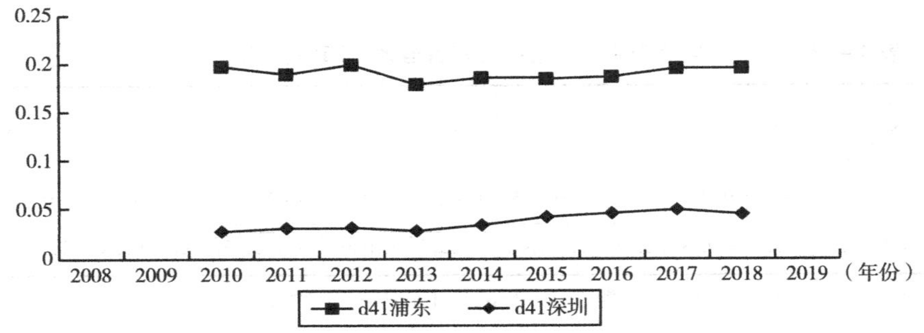

图 4-37　深圳市和上海浦东新区初级产品进口额占进口总额比重对比图

通过《深圳市统计年鉴》《浦东统计年鉴》、深圳统计局、上海统计局等平台数据的收集，整理出表 4-35：深圳市、浦东新区进口商品额前十情况；深圳市、浦东新区分贸易方式进出口结构情况。

表 4-35　　2015~2018 年深圳进口商品额前十情况　　单位：亿元

商品项目＼年份	2015	2016	2017	2018
集成电路	3498.35	3669.26	3935.25	4967.17
自动数据处理设备及其部件	516.99	559.95	548.63	704.60
液晶显示板	444.63	390.22	349.43	303.31
农产品	401.49	474.09	494.23	572.37
钢材	41.89	35.67	38.97	34.44
纺织纱线、织物及制品	63.45	60.63	60.51	58.11
电视、收音机及无线电讯设备的零部件	75.46	108.31	145.07	168.56
成品油	27.37	23.06	24.30	7.19
电线和电缆	60.29	51.15	51.61	54.20
粮食	51.10	50.58	61.50	52.80

数据来源：2016~2019 年《深圳市统计年鉴》。

2015～2018 年深圳进口商品额前十的产品分别是：集成电路、自动数据处理设备及其部件、液晶显示板等且占进口总额将近 70%，初级产品如农产品、成品油、粮食等比重较低。

表 4－36　　2015～2018 年深圳分贸易方式的外资进口结构情况　　单位：亿元

贸易方式＼年份	2015	2016	2017	2018
进口总额	11112.69	10686.94	11463.75	13736.82
按隶属关系分类				
国有企业	580.84	558.25	541.58	411.85
民营、集体和其他企业	5068.99	5226.23	6166.10	7987.85
“三资”企业	5462.87	4902.47	4755.06	5336.79
按贸易方式分类				
一般贸易	4874.43	5320.26	5939.98	6722.59
来料加工贸易	159.10	119.90	65.12	89.75
进料加工贸易	3684.53	3079.09	3390.62	4194.43
租赁贸易	19.00	12.71	0.78	5.15
其 他	2369.77	2148.74	2060.81	29.33

数据来源：2016～2019 年《深圳市统计年鉴》。

从企业性质来看，深圳民营、集体、“三资”企业进口额增长速度快且占进口总额的比重较大，是深圳进口占比最高的企业类型；从贸易方式来看，一般贸易所占比例最大，增速最快，加工贸易逐年下降，可见深圳早期依赖的是“三来一补”（“来料加工”“来件装配”“来样加工”和“补偿贸易”）加工业，现在比较依赖高新技术产业进行一般贸易。

2015～2018 年浦东进口主要商品额前十位的分别是机电产品、高新技术产品、农产品等，其中高新技术产品、集成电路、汽车等从 2017 年开始负增长，但农产品、初级形状的塑料、铁矿砂及其精矿等初级材料的进口增速较快，2019 年铁矿砂及其精矿增速达到 33.3%；初级产品生产加工是低附加值产品，所附加的利润率非常低，加工初级产品的出口，是靠低利润维持的，高利润暴利被国外企业摄取。同时，日常生活用品进口增速快，2019年，上海成功举办了第二届进博会，下调进口环节增值税税率，取消部分药品进口关税，积极扩大消费品进口，所以，从以上数据来看，浦东初级产品进口额比率大于深圳，反映经济结构发展质量还赶不上深圳，未来发展空间还比较大。

（4）高新技术产品出口额占总出口总额的比率。高新技术产品出口额占总出口总额的比率反映一个地区经济的产业质量，从我们国家产品出口总体来看，出口产品结构持续优化，已由劳动密集型为主变为以高新技术密集型产品为主。在2003年以前，劳动密集型产品占我国出口产品总额总是高于技术密集型，但随着我国科技水平的不断提高，高新技术产品出口份额从2000年开始加速上升，到2003年超过劳动密集型产品，且在2004年达到出口额的30%，此后一直围绕该比例上下小幅波动。而劳动密集型产品占出口额的份额下降到2007年的15%后逐渐趋于稳定。

表4－37　　高新技术产品出口额占总出口总额的比率

年份 地区	2009	2010	2011	2012	2013	2014	2015	2016	2017	2018
深圳	—	0.532	0.508	0.520	0.553	0.481	0.532	0.512	0.467	0.506
浦东	0.552	0.590	0.384	0.410	0.426	0.431	0.632	0.608	0.474	0.473

从图4－38中可以看出深圳的高新技术产品出口占比虽有小幅波动但整体略高于浦东新区。表4－38中显示2015～2018年深圳出口商品额前十的是：自动数据处理设备及其部件、手机、打印机等技术密集型产品。同时从表4－39看深圳分贸易方式的外贸出口结构可见：民营企业增长较快，“三资企业”虽然仍在出口总额中占有较大比重但是逐年递减，按照贸易方式分类，深圳出口的一般贸易比重最大，加工贸易逐年减少。

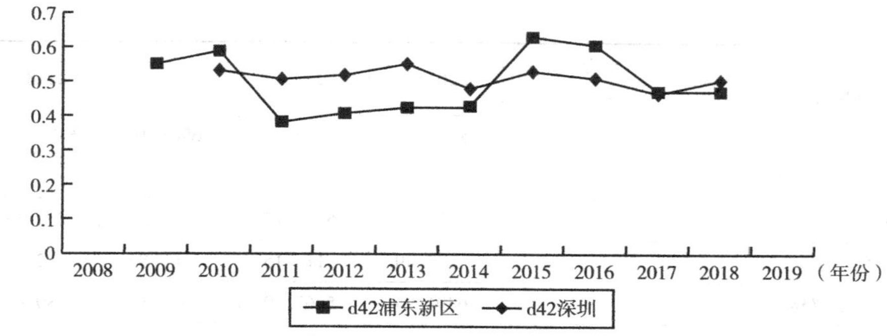

图 4－38　深圳市与上海浦东新区高新技术产品出口额占出口总额比重对比图

表 4－38　　2015～2018 年深圳出口商品额前十情况　　单位：亿元

商品项目＼年份	2015	2016	2017	2018
自动数据处理设备及其部件	1809.47	1762.56	1632.03	1622.66
电话机	1878.96	1498.12	1447.07	1622.16
服装及衣着附件	502.98	523.45	519.55	393.24
打印机（包括多功能一体机）	233.96	215.14	206.29	179.47
录、放像机	146.04	86.08	92.97	114.54
鞋类	232.26	231.03	259.03	204.25
家具及其零件	270.88	298.41	292.25	258.11
纺织纱线、织物及制品	194.74	181.14	190.63	183.61
塑料制品	214.56	229.31	286.32	258.88
液晶显示板	301.97	243.37	212.07	181.23

数据来源：2016～2019 年《深圳市统计年鉴》。

表 4－39　　2015～2018 年深圳分贸易方式的外贸出口结构情况　　单位：亿元

贸易方式＼年份	2015	2016	2017	2018
出口总额	16445.40	15778.57	16498.56	16301.00
按隶属关系分类				
国有企业	1624.59	1483.87	1509.57	1236.69
民营、集体和其他企业	6777.29	7220.58	8087.82	8186.90

续表

贸易方式 \ 年份	2015	2016	2017	2018
“三资”企业	8043.52	7074.11	6901.16	6877.40
按贸易方式分类				
一般贸易	6571.70	6519.470	7133.34	7231.38
来料加工贸易	145.49	112.15	60.83	82.35
进料加工贸易	6391.94	5467.69	5687.80	6289.01
其他	3336.27	3679.26	3615.49	62.33

数据来源：2016～2019年《深圳市统计年鉴》。

可见，深圳处于经济结构转型升级当中，新兴产业如高新技术产业、先进制造业和文化创意产业等逐渐形成国际竞争力，进入较高水平新型外贸发展阶段；以计算机与通信技术为代表的高新技术迅猛发展，凸显科技研发实力。

从表4－40看，浦东出口前十位的产品品类较为广泛，高新技术产品占比低于深圳，自动数据处理设备绝对值、相对值远远低于深圳。由于有中国较大的船舶工厂和背后江浙一带大量的服装生产企业，浦东的机电类、船舶类、医药类产品出口富有区域特点。

表4－40　2015～2018年浦东出口商品额前十情况　单位：亿元

商品项目 \ 年份	2015	2016	2017	2018
机电产品	4184.96	4453.43	4855.18	5126.06
高新技术产品	2757.03	2945.70	3145.16	3347.47
电话机	890.83	890.35	978.90	1033.10
集成电路	756.01	896.68	792.13	813.47
自动数据处理设备及其部件	299.46	342.97	455.34	401.98
服装及衣着附件	403.55	358.67	364.65	344.99
自动数据处理设备的零件			180.59	300.95
船舶	247.38	212.67	293.23	257.22
纺织纱线、织物及制品	192.34	193.36	202.14	222.42
汽车零配件	119.00	136.30	162.39	178.60
医药品	124.66	120.94		

数据来源：2016～2019年《上海浦东新区统计年鉴》。

表 4 –41　　2015 ~2018 年浦东分贸易方式的外贸出口结构情况　　单位：亿元

年份 贸易方式	2015	2016	2017	2018
出口总额	6019.88	6192.40	6639.20	7077.02
按贸易方式分类				
一般贸易	2272.08	2305.89	2475.51	2716.91
加工贸易	2150.30	2083.41	2355.82	2449.87

数据来源：2016 ~2019 年《上海浦东新区统计年鉴》。

浦东分贸易方式的外贸出口结构变化，其中一般贸易额稳步上升，但以劳动密集型为主的加工贸易在 2017 年和 2018 年在降低后开始回升，可见浦东的贸易结构有待优化。

（5）净出口占当地 GDP 的比率。净出口占当地 GDP 的比率，反映当地经济对外开放的效益程度。图 4 –39 中显示：净出口占比 GDP 来衡量贸易对当地经济拉动的程度，可见深圳市在净出口为正值，贸易顺差；浦东是负值，为贸易逆差。

从 1994 年开始，浦东的净出口开始出现负值，形成贸易逆差。2012 ~2018 年，上海货物贸易进出口总额和进口额在呈逐年上升之势，增长较快，在 2018 年达到峰值。出口额在 2014 年之后略微下降，2014 ~2016 年呈现逐步增长状况，情况略好。但近年来由于国际经济贸易环境变化，加上自身贸易出口转型发展，上海货物贸易受到较大影响，自 2015 年以来，贸易逆差额逐年上升且增长较快，2018 年较 2017 年同比增长 11.3%。与此同时，上海市服务业占国民经济比重也逐年提高：占比从 2010 年的 57.3%，上升到 2014 年的 64.8%。贸易逆差实质上是实体经济结构调整的外部表现。根据世界银行的统计数据及研究表明，一国（或地区）的服务业占国民经济比重越高，外贸逆差越大，2017 年年底上海的服务业占比达到 70%。在美、英、法等国家，服务业占比都高达 75% 以上，外贸也表现为长期逆差。可见，随着上海市产业结构调整加快，外贸逆差的现象将长期存在并有持续扩大的可能。

除了服务业迅速发展的原因之外，上海除自身对进口商品的吸纳消化能力较强，作为口岸城市和经济中心城市，对周边及内陆地区的辐射带动作用，在进口中的表现越来越突出。与上海经济持续增长、产业结构升级以及居民消费水平提高是相一致的。研究表明：上海国内生产总值 GDP 每上升 1 个百分点，对进口的需求就上升 0.13 个百分点；反过来，上海的进口每增加 1 个百分点，GDP 可随之上升 0.54 个百分点。从商品种类看，机电产品和高新技术产品一直是上海进口的“主力军”，另外消费品和医药、美容产品占比也较高，体现出上海较高的生活需求水平。这一时期，上海市的经济在转型发展阶段，经济增长的驱动力正在发生改变。上海市逐步实现了由主要依靠投资和出口拉动转为主要依靠消费拉动，投资和净出口起协同作用。

从深圳统计数据看，这一时期进出口总额高速增长，进口总额占全国的比重逐年下降。从 2008 年的 12.8% 下降到 2014 年的 10.75%，进口在引导市民消费，推动产业结构升级，促进贸易平衡方面发挥作用不明显。同时，深圳进出口额之差一直在不断扩大，出口速度增速明显大于进口速度增速，2008 ~ 2014 年，进出口差额的变化可以清楚看到进出口存在较为明显的不平衡性。2012 年深圳的贸易顺差达 759.55 亿美元为 2006 年的 2.18 倍，占全国贸易顺差的 32.8%。

从长期的宏观因素看，深圳的外贸顺差持续增加是发挥比较优势、主动参与国际分工的结果，是产业发展、国际竞争力显著增强的结果；从短期来看，则是产能过剩、人民币升值预期、民营企业外贸迅速发展的反映。具体而言，深圳外贸顺差形成和扩大的影响因素在于以下方面：首先，国际产业转移及相应的顺差转移；其次，劳动生产率的提高快于工资的增长；最后，工业化加速和消费相对不足造成了对出口的较高依赖。

表 4 - 42　　净出口占当地 GDP 的比率

地区＼年份	2009	2010	2011	2012	2013	2014	2015	2016	2017	2018
深圳	—	0.417	0.421	0.360	0.301	0.302	0.296	0.254	0.224	0.106
浦东	-0.404	-0.558	-0.567	-0.552	-0.556	-0.575	-0.615	-0.596	-0.651	-0.614

数据来源：2011 ~ 2019 年《深圳市统计年鉴》《上海浦东新区统计年鉴》。

（6）外资企业城镇就业人数占城镇就业人数的比率。外资企业城镇就业人数占城镇就业人数的比率反映该区域对外开放的效果，该区域对外开放的

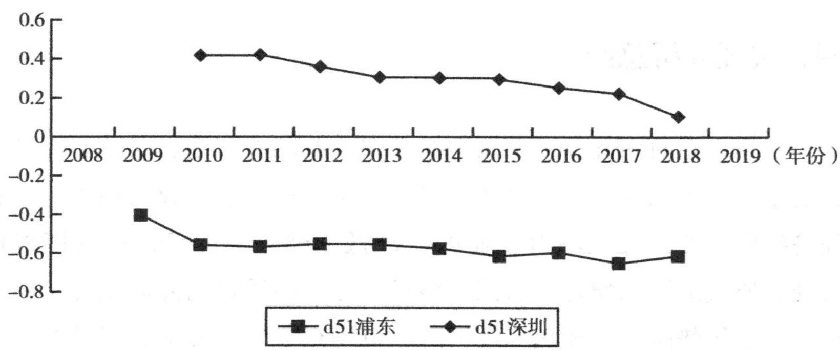

图 4-39　深圳市与上海浦东新区净出口占 GDP 比重对比图

活跃度是吸纳外资企业入驻的主要因素。从表 4-43 可以看出，深圳外资企业城镇就业人数指标高于浦东，这和深圳之前“三来一补”的加工贸易方式有直接关系，加工贸易主要是产品的组装和加工，属于较为低层次的劳动密集型工业制成品贸易，进而会吸纳较多的劳动力就业。

表 4-43　外资企业城镇就业人数占城镇就业人数的比率

地区＼年份	2009	2010	2011	2012	2013	2014	2015	2016	2017	2018
深圳	0.243	0.268	0.276	0.294	0.437	0.448	0.443	0.430	0.427	0.406
浦东	0.190	0.177	0.232	0.244	0.271	0.369	0.352	0.349	0.346	—

数据来源：2010～2019 年《深圳市统计年鉴》《上海浦东新区统计年鉴》。

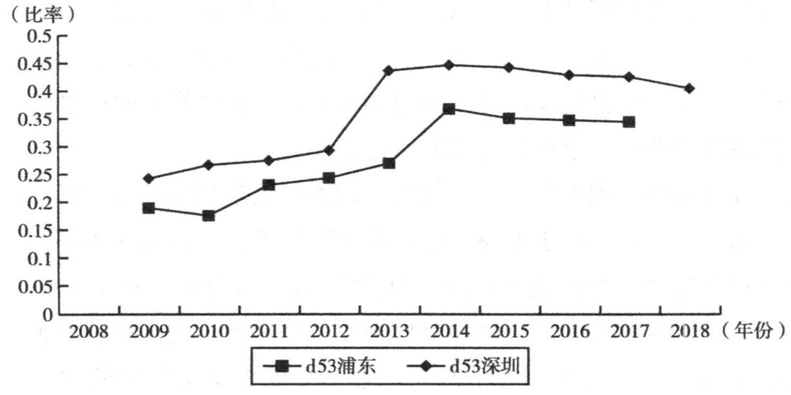

图 4-40　深圳市与上海浦东新区外资企业城镇就业人数占城镇就业人数比重对比图

四、实证分析总结

综上所述，在对内开放两个二级指标即政府职能转变、非国有经济发展方面，浦东均优于深圳。其中深圳的财政支出占比、非税收入高于浦东；非国有经济投资、非国有经济对就业的带动低于浦东，可见，在发挥市场作用，实现高质量的资源配置方面深圳略显不足。高质量的外向型经济，实质是以自身要素优势融入全球化，通过国际市场获取生产要素，提升要素配置效率。构建开放型经济新体制是与市场决定资源配置要求相匹配的需要。现阶段深圳需要进一步明晰政府与市场的关系，加快政府职能转变，提升市场机制在资源配置中的决定性作用。自贸试验区在某种程度上是提高商品开放程度的重要途径，但由于自贸试验区地域狭小，对服务行业来说并没有得到实质意义的开放，垄断行业进入壁垒较高，不少行业尤其是服务行业对民营资本与外资均没有实质性开放，特别是在金融、电信、航运、商贸、专业服务、文化及社会服务等领域开放不够。因此，雄安新区在构建对外开放的新格局上要积极吸纳深圳与浦东的经验教训。

我们从深度、结构、效益三个维度分析对外开放，在对外开放的深度方面，浦东在进出口总额和实际利用外资方面均优于深圳，通过外商投资实际利用水平和进出口贸易发展水平的对比，可以发现，浦东与上海外商投资和进出口贸易水平是较为匹配的，而深圳市在外商投资利用方面存在一定短板，这说明外商投资可能是导致深圳 GDP 比上海低的因素之一。外商投资作为国际资本流动的主要方式，是一个十分敏感的指标，它能够推高深圳的 GDP、扩大出口、增加税收，同时通过 R&D 在人才培养方面施加影响，也会通过经济波动造成一定程度的发展不稳定。

在对外开放的结构方面，上海浦东的初级产品进口总额远超深圳，深圳的高新技术产品出口额高于上海。可以看出深圳虽然在开放深度方面不如浦东，但是在开放结构方面更加优化。从深圳实际情况看，按照贸易方式来说，深圳一般贸易方式进出口比重远高于加工贸易方式进出口；按照企业类型分类，深圳民营企业实现进出口双双增长，成为全市外贸的“稳定器”；按照出口商品产品结构来说，深圳进口的初级产品较少，加工型贸易较少，出口的高新技术产品较多，显示该区域技术密集型企业聚集。深圳市对外贸易比重较高，是国内高新技术产业基地，拥有腾讯、比亚迪、华为、大疆等高科技企业和大型科技公司的聚集。从实证结果可以发现，深圳已经处于产业转型的成熟期，不再仅靠低端的工业出口获得发展，而是通过进口生芯片、信息技术等生产资料，出口电动汽车、无人机和通信设备等高新科技产品获得发展。受中美贸易争端的影响，深圳市会因美国限制中国发展高新科技而受到不利影响。面对这种情况，深圳最近结合国家政策优势和自身产业集群优势，有针对性地提出保护支柱型企业的健康发展，继续扶持和鼓励中小企业转型，促进经济稳定发展的政策。

浦东新区外贸结构较深圳有待进一步优化。按照贸易方式来说：一般贸易方式进出口比重提升，加工贸易方式进出口也有所提升，但增速低于一般贸易方式进出口；从贸易主体方看，外资企业依旧占据主体地位，外资企业对加工贸易的偏向促使其迅速占据贸易市场主体地位；尤其是外资企业对一些高新技术的垄断，导致一些高质量的对外服务贸易以外资企业为主，国有及民营企业所占规模较小，而深圳的民营企业已成为对外贸易的“稳定器”，这一点说明浦东企业的竞争力不强。按照出口商品品类来说：产品结构方面，大宗商品类、铁矿进口、原油进口上升，消费品增速较快，消费升级趋势明显，浦东进口产品的初级产品比率高于深圳，初级产品的加工属于加工贸易，多为劳动密集型且利润率较低，高新技术产品占浦东出口产品的比率低于深圳，技术密集型企业的出口额小于深圳，出口产品结构需要持续优化。

在对外开放效益方面，使用净出口与 GDP 之比和外资企业城镇就业人数与城镇就业人数之比来进行衡量。从这两个指标来看，深圳和浦东各有各自的特点和问题。改革开放 40 多年来，两个区域经济都迅速发展，但在进出口对经济的带动方面、贸易红利情况也呈现出不同的状态。深圳的进出口总额高速增长，但进口总额占全国的比重逐年下降，从 2008 年的 12.8% 下降到 2014 年的 10.75%，同时，深圳进出口额之差一直在不断扩大，出口速度增速明显大于进口速度增速，2008 ~2014 年，进出口差额的变化可以清楚看到进出口存在较为明显的不平衡性。2012 年深圳的贸易顺差达 759.55 亿美元，是 2006 年的 2.18 倍，占全国贸易顺差的 32.8%。浦东新区的净出口为负值，体现出上海浦东的贸易逆差情况，自2015年以来，贸易逆差额逐年上升且增长较快，2018年较2017年同比增长11.3%。与此同时，上海市服务业占国民经济比重也逐年提高：占比从2010年的57.3%上升到2014年的64.8%，2017年年底上海的服务业占比达到70%。根据世界银行的统计数据及研究表明，一国（或地区）的服务业占国民经济比重越高，外贸逆差越大。在美、英、法等国家，服务业占比都高达75%以上，外贸也表现为长期逆差。可见，随着上海市产业结构调整加快，外贸逆差的现象将长期存在并有持续扩大的可能。

需要说明的是，由于客观历史与现实原因，雄安新区建设刚刚进入建设开发阶段，无论在对外开放的时间上还是开放的深度、广度、结构和效益上，它与深圳和浦东不是一个发展层次，没有可比性。目前，雄安新区刚刚进入赛车道，所以我们不能采用深圳和浦东当前的数据，具体指标数值不能采取量化形式，只能用上述指标的增减和发展趋势来衡量其质量的优劣。

第五节　共享发展评价指标体系

共享发展、共同富裕是古人先贤“天下大同”世界观的当代体现，也是科学社会主义和中国特色社会主义理论的实践要求。“共享”发展理念是发展的最终归宿和目的。雄安新区坚持共享发展理念，希望人民在雄安新区建设发展过程中享受更多发展成果，增进福祉，加强团结，为雄安新区建设发展注入更多动力。因此，全面准确理解、把握共享发展理念的深刻内涵和实践要求，建立一套科学、系统、可操作性强的指标体系，对于贯彻落实共享发展理念在雄安新区落地结果具有重要的理论和现实意义。本书从共享发展涉及的领域选取代表性强的指标，同时纳入《河北雄安新区规划纲要》中“新区规划主要指标”所列出的“幸福宜居”指标，研究制定了雄安新区共享发展指标体系，以期为推进雄安新区共享发展提供参考。

一、共享发展指标体系的构建的基本原则

共享发展内涵丰富、涉及面广，构建共享发展指标体系需要多维度、多

角度综合系统考量。共享发展要求人民实现经济、政治、文化、社会、环境等方方面面发展成果的共享，为了实现这一目标，共享发展指标体系的构建遵循以下原则：

1. 科学性原则

保证科学性是构建指标体系的基本前提，所设计的指标应建立在准确认识和充分研究的基础上，能够准确有效反映出有关内容的实际状况，数据来源可靠，计算方法规范，能够确保评价结果的真实性和客观性。

2. 系统性原则

保证系统性是构建指标体系的重要原则，要从共享发展涉及的经济、政治、文化、社会、环境等各领域系统选取有关指标，既要保证覆盖面，也要考虑指标的代表性，使指标联系起来形成一个有机整体，争取用尽可能少的指标全面反映和测度被评价领域的实际状况和发展趋势。

3. 可操作性原则

保证可操作性是构建指标体系的关键所在，选择指标前应充分考虑到指标量化、获取的难度，争取用尽可能低的成本取得最全面、最具代表性的指标，确保指标体系可采集、可量化、可对比，可操作性强。

二、共享发展指标体系框架

根据共享发展内涵分析，按照指标体系构建系统性原则，共享发展指标体系应包含经济、政治、文化、社会、生态文明 5 个二级指标。按照指标体系构建可操作性原则，政治发展方面难以选取可操作性强的指标，故该指标予以剔除；生态文明方面的指标在绿色发展部分均已体现，此处为避免重复，该指标也予以剔除，最终保留 3 个二级指标。严格按照指标体系构建原则，从经济、文化、社会 3 个方面选取代表性强的指标，同时把《河北雄安新区规划纲要》中所列出的“新区规划主要指标”中的“幸福宜居”指标纳入其中，最终形成雄安新区共享发展指标评价体系。

1. 经济发展成果共享

经济发展成果共享旨在使人民能够享有公平的就业机会、获取收入机会，调节财富分配，合理控制收入差距水平，全体人民朝着共同富裕方向稳步前进。反映经济发展成果共享方面的三级指标共 4 个，分别为恩格尔系数、平均每户就业人口、贫困发生数、人均财政支出。恩格尔系数反映了食物支出占消费总支出的比重，能够较为有效地体现人民生活水平的高低；平均每户就业人口数反映了一个地区总体就业情况，能够体现人民公平得到就业机会、获取收入的情况；贫困发生数反映了一个地区脱贫攻坚情况，也体现了该地区贫富差距情况和共同富裕工作成效；人均财政支出反映了当地财政支出总体水平，是调节财富分配，保证人民走向共同富裕的重要因素。

2. 文化发展成果共享

文化发展成果共享旨在促使精神文明建设和物质文明建设协调发展，人民公平地享有丰富的精神食粮，文化权益得到应有保障，进而实现人的全面发展。反映文化发展成果共享方面的三级指标共 3 个，分别为人均公共文化服务设施建筑面积、人均教育文化娱乐支出占人均衡消费比、人均公共体育用地面积。人均公共文化服务设施建筑面积反映了一个地区文化发展基础设施基本情况，能够较为有效反映出该地区文化供给能力水平；人均教育文化娱乐支出占人均衡消费比反映了一个地区人民用于高层次精神方面追求的支出情况，能够较为直接地体现出人民享受文化发展成果情况；人均公共体育用地面积反映了一个地区用于公共体育健身用途的土地使用情况，能够体现该地区满足人民体育健身需求的供给能力水平。

3. 社会发展成果共享

社会发展成果共享旨在提供丰富的高质量社会公共服务，满足人民衣食住行、生老病死等各方面基本需求，使人民各得其所，向往的美好生活得以实现。反映社会发展成果共享方面的三级指标共 12 个，分别为平均受教育年限、千人医疗卫生机构床位数、每万人拥有医生数、人均医疗保健支出占人均消费支出比、15 分钟社区生活圈覆盖率、人口密度、路网密度、公共交通占机动化出行比例、公共交通站点服务半径、市政道路公交服务覆盖率、绿色交通出行比例、人均应急避难场所面积。其中平均受教育年限反映了人民享有教育资源情况；千人医疗卫生机构床位数、每万人拥有医生数、人均医疗保健支出占人均消费支出比均能反映人民享有医疗资源情况；15 分钟社区生活圈覆盖率反映了职住均衡布局情况，体现了人民工作生活便捷程度水平；人口密度、路网密度、公共交通占机动化出行比例、公共交通站点服务半径、市政道路公交服务覆盖率、绿色交通出行比例等指标反映了人民享有出行便捷服务程度水平；人均应急避难场所面积反映了人民享有的安全保障服务水平情况。

表 4 – 44　　　　共享发展指标列表

一级指标	二级指标	三级指标	参照雄安新区规划纲要标准
共享发展	经济	恩格尔系数	<30%
		平均每户就业人口	
		贫困发生率	
		人均财政支出	
	文化	人均公共文化服务设施建筑面积（平方米）	0.8
		人均教育文化娱乐支出占人均衡消费比	
		人均公共体育用地面积（平方米）	0.8
	社会	平均受教育年限（年）	13.5
		千人医疗卫生机构床位数（张）	7
		每万人拥有医生数（人）	
		人均医疗保健支出占人均消费支出比	
		15 分钟社区生活圈覆盖率（%）	100%
		人口密度（人/平方公里）	10000
		路网密度（公里/平方公里）	10 ~ 15
		公共交通占机动化出行比例（%）	≥80%
		公共交通站点服务半径（米）	≤300
		市政道路公交服务覆盖率（%）	100
		绿色交通出行比例（%）	≥90%
		人均应急避难场所面积（平方米）	2 ~ 3

由于雄安新区正处在建设初期，相关数据尚无法获取，本书对共享发展指标的测算选取了改革开放以来，我国发展最为成功的新（特）区深圳特区、浦东新区的数据进行测算。数据来自《中国统计年鉴》《广东统计年鉴》《上海统计年鉴》《深圳统计年鉴》《浦东新区统计年鉴》，其中部分数

据根据基础数据计算所得。

三、共享发展指标实证分析

（一）经济发展成果共享指标

1. 恩格尔系数

恩格尔系数表示的是居民在食品方面的支出，占居民消费总额的比例。根据联合国划分标准，恩格尔系数大于60%为贫穷；50%～60%为温饱；40%～50%为小康；30%～40%属于相对富裕；低于30%为富裕。我国1978年的居民恩格尔系数为60%，属于贫穷水准。经过40年的飞速发展，国家统计局公布数据显示，2017年我国居民恩格尔系数为29.3%，首次达到富裕水准，2019年进一步降至28.2%，连续八年保持下降趋势，已稳定在富裕水准以上。在此我们设置恩格尔系数标准为低于30%，保持巩固既有成果。

2. 平均每户就业人口

在《深圳统计年鉴》和《浦东新区统计年鉴》中选取“平均每户就业人口”指标数据进行比较。图4－41显示，在10年考察期内，深圳和浦东两地平均每户就业人口整体均呈微降态势。期初2009年两地指标均接近1.6，深圳略高于浦东，至2013年两地均保持微涨趋势，2014年两地迎来共同的拐点。2014年我国经济正处于上一轮扩张周期的收尾结束阶段，受宏观经济下行大环境影响，两地就业率受到较强冲击，户均就业人口数指标呈现出显著下滑趋势，两地均下降0.4人左右。2015年以来，我国经济开始进入漫长的转型升级发展周期，不再片面追求高增长，转而向高质量发展转轨，户均就业人口数指标总体处于相对低位区间，深圳采取政策提振就业，效果逐步显现，缓慢微涨，至期末2018年基本接近恢复至2009年1.6的水平，但浦东自2014年超过深圳达到峰值后，便一路保持明显下降趋势，至期末2018年已降至不足1.2水平，远低于深圳。该指标显示出浦东经济转型发展需要进一步提质增效，增强经济活力，提振就业，保证居民就业这个最大的民生工程，使人民共享经济发展成果。考虑雄安新区未来是宜居宜业之地，就相当于深圳特区成立之初时的情况，年轻人多，所以参照深圳数据，以高点取样，设定平均每户就业人口大于1.6为准。

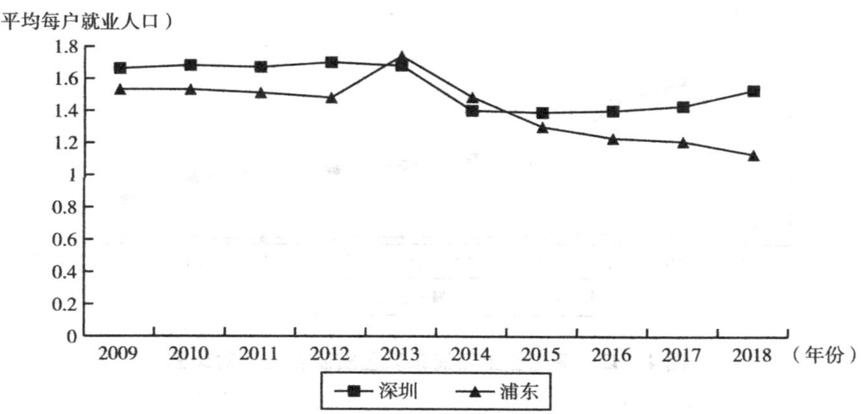

图4－41　深圳和上海浦东新区每户结业人口对比图

数据来源：2009～2018年《深圳市统计年鉴》《上海浦东新区统计年鉴》。

3. 贫困发生率

“贫困发生率”是指处在贫困线以下的人口在全部总人口中所占的比重。计算公式为：贫困发生率＝贫困人数÷人口总数，从年鉴中我们筛选2009～2018年原始数据进行计算。将深圳贫困发生率定义为：深圳贫困发生率＝低保人数÷年末常住人口数，将上海浦东新区贫困发生率定义为：浦东新区贫困发生率＝保障人数÷年末常住人口数。

图4－42显示，深圳和浦东两地贫困发生率指标差距较大，期初尤甚，深圳在期初即接近于0，考察期内稳步下降，期末基本实现贫困人口清零；而浦东期初贫困发生率接近2.5%，考察期内稳步下降，尤其在2012年以前降速尤快，至期末贫困发生率已降至0.5%以下，但仍明显高于深圳，对困难家庭的救助政策仍需进一步加强。考虑雄安新区是高质量发展的全国样板，所以贫困发生率肯定要执行最高标准，所以我们确定雄安新区贫困发生率指标为0。

4. 人均财政支出

人均财政支出等于区域财政总支出与区域内常住人口之比，由于统计数据有限，区域财政支出用“一般预算支出”替代。该指标能够一定程度上反映出一个地区政府对社会产品分配和再分配，调节财富分配、控制收入差距

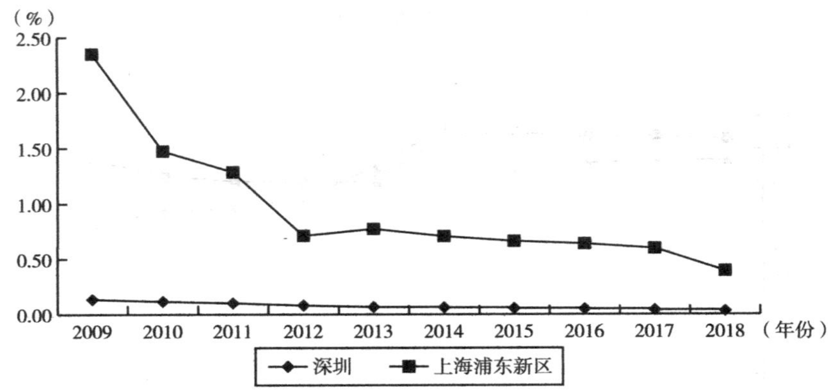

图 4-42　深圳和上海浦东新区贫困发生率对比图

数据来源：2009~2018 年《深圳市统计年鉴》《上海浦东新区统计年鉴》。

情况。图 4-43 显示，深圳和浦东作为我国人均财政支出水平较高的两个地区，在考察期内该指标均保持了整体涨势，起初两地该指标基本一致，后期深圳整体高于浦东。深圳人均财政支出在 2017 年达到峰值，超过人均 4 万元标准，但在期末 2018 年略有下降；浦东在考察期内维持均匀微涨趋势，到期末达到接近人均 2.5 万元，但较深圳有明显差距。我们考虑雄安新区该项指标应对接目前国内最高水平，考虑区域差异以及雄安新区实现的可行性，所以确定以深圳历史最高值人均 4 万元为标准。

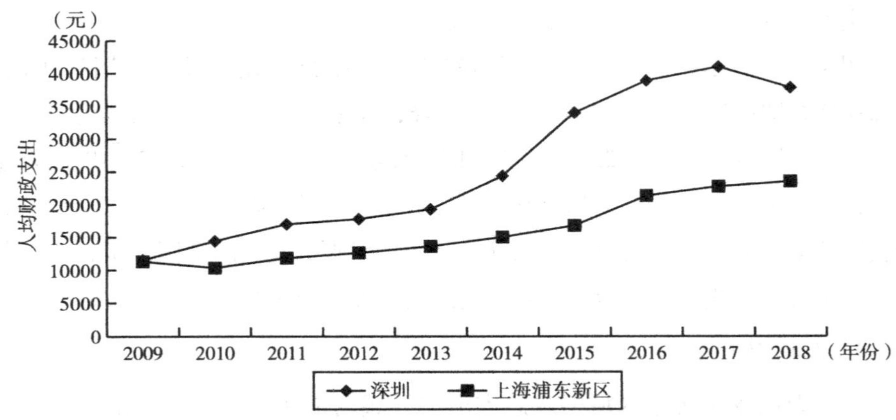

图 4-43　深圳和上海浦东新区人均财政支出对比图

数据来源：2009~2018 年《深圳市统计年鉴》《上海浦东新区统计年鉴》。

（二）文化发展成果共享指标

1. 人均公共文化服务设施建筑面积

人均公共文化服务设施建筑面积即公共文化服务设施建筑面积总和与常住人口总数的比值，是体现一个地区公共文化服务水平的重要指标。《北京市推进全国文化中心建设中长期规划（2019～2035年）》提出，到2035年北京人均公共文化服务设施建筑面积要达到0.45平方米，公共文化服务设施网络在全面实现一刻钟文化服务圈基础上，更好地实现全地域覆盖。《河北雄安新区规划纲要》中“新区规划主要指标”设置人均公共文化服务设施建筑面积标准要达到0.8平方米，为北京规划标准的1.78倍。

2. 人均教育文化娱乐支出占人均可支配收入比

根据公式：人均教育文化娱乐支出占人均可支配收入比＝文化教育消费支出÷人均可支配收入，从年鉴中我们筛选2009～2018年原始数据计算得出，详见图4－44。考察期内浦东人均教育文化娱乐支出占人均可支配收入比明显高于深圳，但两地均呈现明显下降趋势。随着我国经济社会持续发展，人民生活水平持续提高，恩格尔系数持续下降，对更高层次精神层面消费需求快速释放，人民群众在教育文化娱乐方面需求快速增长，该方面消费

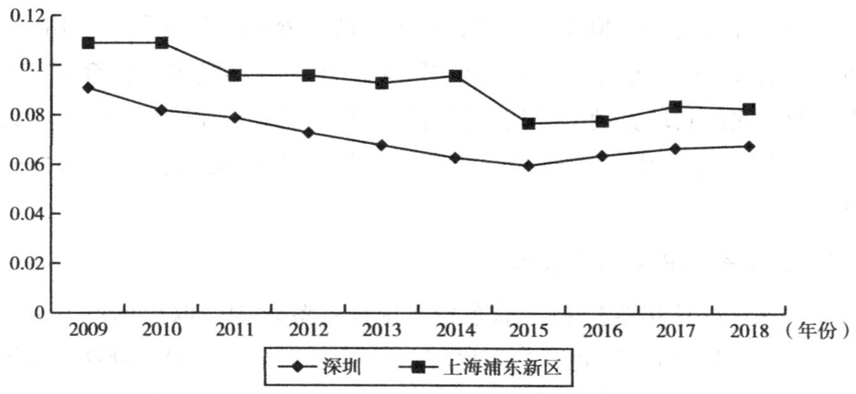

图4－44　深圳和上海浦东新区人均教育文化娱乐支出比对比图

数据来源：2009～2018年《深圳市统计年鉴》《上海浦东新区统计年鉴》。

支出持续增加。但文娱消费领域受多重因素影响，达到一定水平后会进入增长乏力的区间，2009～2018年，浦东和深圳两地虽然人均教育文化娱乐支出绝对额仍然保持增长趋势，但占人均可支配收入比呈现出下降趋势。该指标的提高需要加强文化娱乐基础设施建设的同时，对高质量文娱消费产品供给等方面进行全面改进。我们考虑雄安新区该项指标感觉应该对接目前国内最高水平，考虑区域差异以及雄安新区实现的可行性，所以确定以深圳历史最高值人均12%为标准。

3. 人均公共体育用地面积

大力加强公共体育设施建设，是广泛开展群众性体育活动的基础，是满足居民体育健身需求，提升城市公共服务水平和居民生活品质的重要内容。人均公共体育用地面积是体现一个地区公共服务水平的重要指标。《河北雄安新区规划纲要》中“新区规划主要指标”设置人均公共体育用地面积标准要达到0.8平方米。

（三）社会发展成果共享指标

1. 平均受教育年限

平均受教育年限是指在特定时期和特定区域，某一特定群体接受学历教育年限总数的平均值，该指标是衡量一个地区教育事业发展水平的重要指标。据有关部门统计，2019年年初，我国劳动年龄人口平均受教育年限已达10.5年。在2019年庆祝中华人民共和国成立70周年活动中，教育部部长陈宝生介绍，我国新增劳动力平均受教育年限更是达到了13.6年[①]。《河北雄安新区规划纲要》中“新区规划主要指标”设置平均受教育年限要达到13.5年。

2. 万人医疗卫生机构床位数

在《深圳统计年鉴》和《浦东新区统计年鉴》中选取指标“万人医疗卫生机构床位数（张）”进行数据比较。图4-45显示，两地2009～2018年万人医疗卫生机构床位数均呈逐步上升趋势，体现出两地政府对医疗卫生事

① 教育部. 平均受教育年限达13.6年 我国已建起世界规模最大的教育体系［EB/OL］. https：//baijiahao.baidu.com/s? id=1645724587863352383&wfr=spider&for=pc.

业的重视和支持，基本医疗卫生资源供给水平持续提高，人民享有医疗卫生资源情况持续改善。对比考察期内两地该指标情况，浦东相对更高，期末已超过 40 张/万人。

《河北雄安新区规划纲要》中“新区规划主要指标”设置千人医疗卫生机构床位数（张）标准要达到 7 张，转化为万人医疗卫生机构床位数即为 70 张，将大幅高于浦东和深圳现有水平。

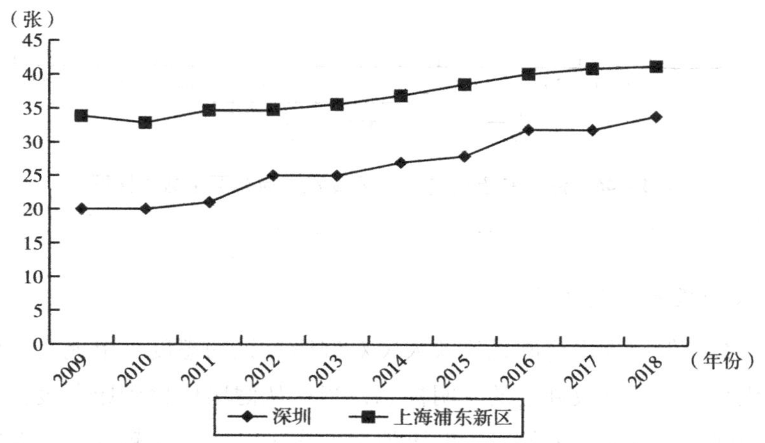

图 4－45　深圳和上海浦东新区万人医疗卫生机构床位数对比图

数据来源：2009～2018 年《深圳市统计年鉴》《上海浦东新区统计年鉴》。

3. 每万人拥有医生数（人）

在《深圳统计年鉴》和《浦东新区统计年鉴》中选取指标“每万人拥有医生数（人）”进行数据比较。由于浦东 2009 年、2011 年和 2012 年缺失统计数据，因此图 4－46 中浦东 2009～2018 年每万人拥有医生数呈断点图。从图中数据分布走势看，考察期内两地每万人拥有医生数稳步上升，同样体现出两地政府对医疗卫生事业的重视和支持，基本医疗卫生资源供给水平持续提高，人民享有医疗卫生资源情况持续改善。考察期内浦东每万人拥有医生数明显高于深圳，期末已接近每万人 30 人水平。雄安新区未来每万人拥有医生数应该参照联合国公布的数据，参照当前欧美国家的标准，确定为每万人 50 人为宜。

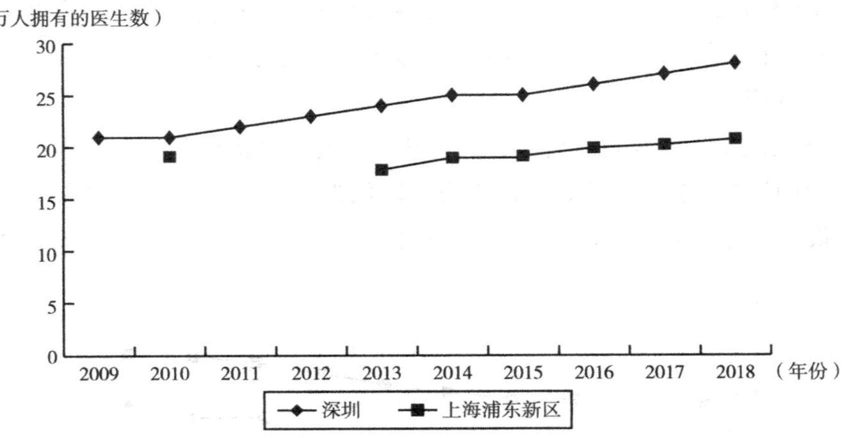

图 4－46　深圳和上海浦东新区每万人拥有医生数对比图

数据来源：2009～2018 年《深圳市统计年鉴》《上海浦东新区统计年鉴》。

4. 人均医疗保健支出比

人均医疗保健支出比既是反映人民对健康意识的态度，更能反映医疗健康社会化水平，是健康社会的文明标志，当前从健康体检到康养度假、从健康运动到健康保健品，人们对于健康消费的意识已经越来越强。群众的健康意识已经从寻医问药向养生保健转变，医疗保健消费需求随之扩大，并且向多元化、多层次发展。根据公式：人均医疗保健支出比＝人均医疗保健支出÷人均的支配收入。我们从统计年鉴中筛选 2011～2018 年原始数据计算得出。图 4－47 显示，2011 年前后，深圳与浦东该指标比较接近，之后出现分化，深圳人均医疗保健支出比长期维持不变，自 2017 年开始明显下降，浦东在 2014 年之前同样保持基本不变，但 2015～2016 年快速上涨达到接近 4% 的水平，期末略微下降，2018 年浦东人均医疗保健支出比已明显高于深圳地区。考虑雄安新区未来发展，随着国民经济的增长以及居民消费水平的提升，居民的医疗消费需求将会持续增长，人均医疗保健支出肯定会有大幅增长，因此该项指标需要和国际先进国家对标，我们根据网络提供数据筛查，发现 2020 年美国人均医疗保健支出超过 12000 美元，人均收入达到 38000 美元，人均医疗保健支出比为 31.6%。因此，我们认为雄安新区人均医疗保健支出比定为 30% 是可以接受的。

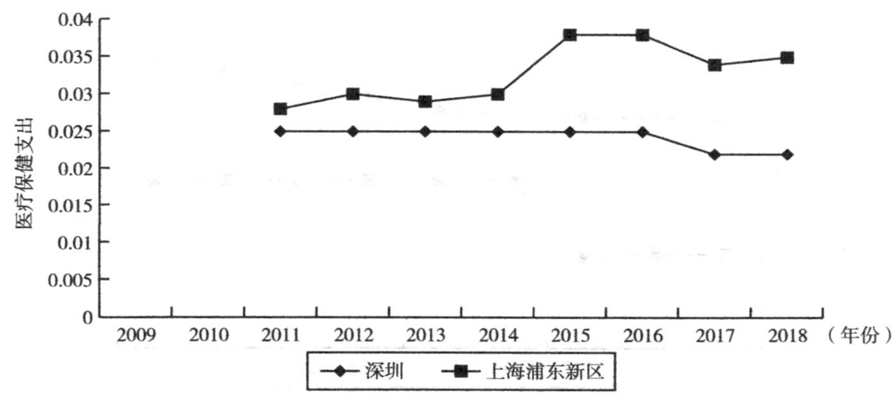

图 4－47　深圳和上海浦东新区人均医疗保健支出比对比图

数据来源：2009～2018 年《深圳市统计年鉴》《上海浦东新区统计年鉴》。

5. 15 分钟生活圈覆盖率

生活圈是一种新型社会单元的概念，15 分钟生活圈即居民以家为中心原点，通过步行方式在 15 分钟以内能够到达的圆形区域范围，应具备满足居民购物、休闲、通勤、医疗等日常需求和活动的条件。按照生活圈理念，规划配置生活服务设施，可以实现临近的小区、社区等社会单元间的设施共享，提高设施利用效率，减少公共资源的浪费，重塑城市生活空间，提升居民日常生活便利度，提高居民幸福感和获得感。该指标与人民群众生活便利水平息息相关，《河北雄安新区规划纲要》中“新区规划主要指标”设置 15 分钟生活圈覆盖率要达到 100%。

6. 人口密度

在《深圳统计年鉴》和《浦东新区统计年鉴》中选取“人口密度”指标数据进行比较。图 4－48 显示，浦东人口密度低于深圳。深圳的人口密度呈逐年缓慢上升的趋势，至期末超过 6000 人/平方公里；浦东整体低于深圳，考察期内只有 2013 年突然快速上升，其他年份均基本保持不变，期末达到约 4000 人/平方公里，明显低于深圳。

《河北雄安新区规划纲要》中“新区规划主要指标”设置人口密度标准为≤10000 人/平方公里。

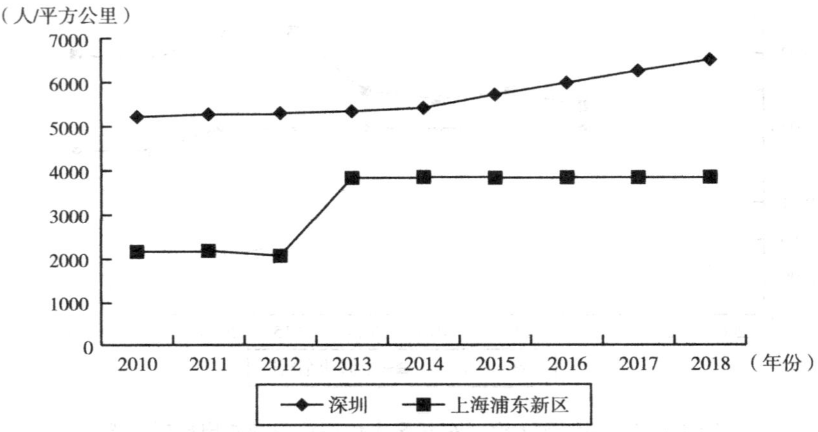

图 4－48　深圳和上海浦东新区人口密度对比图

数据来源：2009～2018 年《深圳市统计年鉴》《上海浦东新区统计年鉴》。

7. 路网密度

路网密度根据公式：路网密度 = 道路长度 ÷ 全市土地面积，从年鉴中筛选原始数据计算得出。图 4－49 显示，考察期间内两地路网密度水平变化不大，深圳保持缓慢微涨趋势，浦东基本保持不变；从绝对值看，深圳路网密度超过 3 公里/平方公里，远高于浦东。相较于深圳，浦东属于后发新区，道路基础设施建设起步更晚，标准也更高，主干道、宽马路占比高，道路总长度指标受到抑制，导致路网密度偏低。浦东已出台关于“窄马路、密路网”的规划方案，加强支路建设，提高路网密度。

《河北雄安新区规划纲要》中“新区规划主要指标”设置路网密度标准为 10～15 公里/平方公里，远高于深圳现有水平。

8. 公共交通占机动化出行比例

公共交通占机动化出行比例是指居民选择公共交通方式的出行量占机动化出行总量的比例，其中公共交通出行方式包括公共汽（电）车、城市轨道交通、轮渡等交通出行方式，机动化出行方式包括公共汽（电）车、城市轨道交通、轮渡、小汽车、出租车、摩托车等各种以动力装置驱动或牵引的交通工具出行的方式。国家正在大力支持鼓励构建发达的公共交通系统，打造以公共交通为主的城市机动化出行系统。公共交通占机动化出行比例指标能

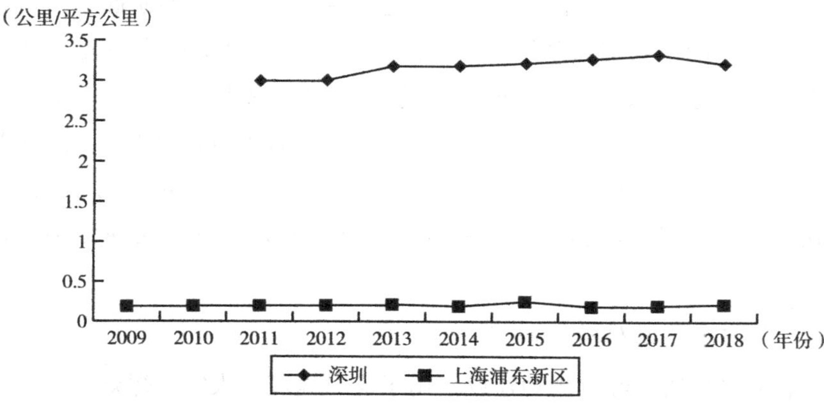

图 4-49　深圳和上海浦东新区路网密度对比图

数据来源：2009~2018 年《深圳市统计年鉴》《上海浦东新区统计年鉴》。

够有效体现一个地区公共交通服务水平。《河北雄安新区规划纲要》中“新区规划主要指标”设置公共交通占机动化出行比例标准为≥80%。

9. 公共交通站点服务半径

公共交通站点服务半径是指公交站点能够吸引居民通过步行方式抵达该站点的直线距离，公交站点最大服务半径是指站点能够吸引居民步行达到该站点的最大直线距离。根据步行距离和乘客心理承受范围，业内目前将公交站点服务半径定为 300 米和 500 米两种。《河北雄安新区规划纲要》中“新区规划主要指标”选择的是更高的标准，设置公共交通站点服务半径为≤300 米。

10. 市政道路公交服务覆盖率

市政道路公交服务覆盖率是指城市公交车服务覆盖面积与城市建成区面积的比值，是体现一个地区公共交通服务水平的重要指标。提高公交服务广泛覆盖率，为乘客提供便利的出行服务，是吸引居民采用公共交通出行方式的重要因素，也是缓解城市交通拥挤和环境污染的重要途径。《河北雄安新区规划纲要》中“新区规划主要指标”设置市政道路公交服务覆盖率标准为 100%。

11. 绿色交通出行比例

倡导绿色交通出行方式是缓解大城市病，治理城市交通拥堵、空气环境污染的重要途径，我国正在大力构建倡导包括各类节约能源、提高能效、减少污染的公共交通系统和绿色出行理念。绿色交通出行比例能够有效体现出一个地区绿色公共交通系统建设和供给水平。《河北雄安新区规划纲要》中“新区规划主要指标”设置绿色交通出行比例标准为≥90%。雄安新区管委会于2019年末印发了《关于推进交通工作的指导意见》，旨在构建公交、非机动车和步行为主体的交通新模式，打造交通强国建设先行区。

12. 人均应急避难场所面积

应急避难场所是经过规划建设，用于应对地震、火灾、爆炸、洪水等各类突发事件的安置措施，是紧急情况下开展人员疏散、安置、救助的重要保障条件。人均应急避难场所面积是体现一个地区公共安全保障服务水平的重要指标。《河北雄安新区规划纲要》中“新区规划主要指标”设置人均应急避难场所面积标准为2～3平方米。

综上所述，雄安新区的规划已经党中央和国务院批准实施，共享指标更多按照现有规划提出的标准制定，雄安新区是新建城市，标准高于深圳或浦东新区，也是符合历史发展规律和现实情况的。我们考察深圳和浦东，是希望从这两个新区建设发展过程中找寻发展的轨迹，供雄安新区来借鉴与吸收，为雄安新区更好、更快发展提供样板。

通过认真研究深圳与浦东的发展现状和发展历程，结合国家相关制度和国家2035年远景规划以及雄安新区规划内容，依据就高不就低原则，我们确定雄安新区高质量发展的指标如下：

表4－45　　雄安新区高质量发展核心指标（2035年）

序号	一级指标	二级指标	三级指标	2035年（标准）
1	a 创新发展指数	a1 创新环境	a11 每万人高校在校生人数（人）	600人
2			a12 每名研究与发展（研发）人员仪器和设备支出（元/人）	≥5万元
3			a13 高速宽带标准	高速宽带无线通信全覆盖、千兆入户、万兆入企

续表

序号	一级指标	二级指标	三级指标	2035 年（标准）
4	a 创新发展指数	a2 创新投入	a21 规模以上工业企业研发经费支出占营业收入的比重（%）	5
5			a22 专利申请授权量（件）	5
6			a23 科技经费支出占地方财政支出比重（%）	30
7			a24 人均研发人员全时当量（人·年）	7
8			a25 全社会研究与试验发展经费支出占地区生产总值比重（%）	6
9			a26 基础研究经费支出占研究与试验发展经费支出比重（%）	18
10			a27 公共教育投入占地区生产总值比重（%）	≥5
11		a3 创新产出	a31 商标核准注册数（万件）	5
12			a32 高校专利授权数（件）	1500
13			a33 高校研发内部支出占研发经费内部支出比重（%）	10%
14			a34 万人发明专利授权量（件）	100
15			a35 新产品产值占 GDP 比重（%）	≥50
16			a36 高新技术产品出口额占货物出口额比重（%）	≥50
17		a4 创新成效	a41 全员劳动生产率（万元/人）	40
18			a42 科技进步贡献率（%）	80
19			a43 数字经济占城市地区生产总值比重（%）	≥80
20			a44 大数据在城市精细化治理和应急管理中的贡献率（%）	≥90
21			a45 基础设施智慧化水平（%）	≥90

续表

序号	一级指标	二级指标	三级指标	2035 年（标准）
22	b 协调发展指数	b1 经济结构	b11 居民消费占 GDP 比重	80%
23			b12 二、三产业结构比	≥3.5
24			b13 劳动报酬份额	≥0.3
25		b2 区域人民生活	b21 居民人均可支配收入比	2.5
26			b22 居民人均消费比	≥0.7
27		b3 精神文明与物质文明	b31 文化产业固定资产投资占比	≥0.055
28			b32 人均教育经费（元）	≥3000
29			b33 犯罪率	-
30	c 绿色发展指数	c1 生态环境	c11 蓝绿空间占比（%）	≥70
31			c12 森林覆盖率（%）	40
32			c13 耕地保护面积占新区总面积比例（%）	18
33			c14 永久基本农田保护面积占新区总面积比例（%）	≥10
34			c15 起步区城市绿化覆盖率（%）	≥50
35			c16 重要水功能区水质达标率（%）	≥95
36			c17 雨水年径流总量控制率（%）	≥85
37		c2 资源利用和回收率	c21 重要水功能区水质达标率（%）	≥95
38			c22 供水保障率（%）	≥97
39			c23 污水收集处理率（%）	≥99
40			c24 污水资源化再生利用率（%）	≥99
41			c25 生活垃圾无害化处理率（%）	100
42			c26 城市生活垃圾回收资源利用率（%）	>45
43			c27 细颗粒物（PM2.5）年均浓度（微克/立方米）	大气环境质量得到根本改善
44			c28 二氧化硫日均排放量（微克/立方米）	-
45			c29 空气中可吸入颗粒物日均值（单位）	-

续表

序号	一级指标	二级指标	三级指标	2035 年（标准）
46	c 绿色发展指数	c3 绿色服务和支持	c31 起步区人均城市公园面积（平方米）	≥20
47			c32 起步区公园 300 米服务半径覆盖率（%）	100
48			c33 起步区骨干绿道总长度（公里）	300
49			c34 节能环保支出比重	+
50			c35 万人拥有公交车量	20
51	d 开放发展指数	d1 政府职能的转变	d11 财政支出/当地 GDP	–
52			d12 非税收入/税收	–
53		d2 非国有经济发展	d21 非国有经济固定投资/全区固定投资	+
54			d22 非国有经济就业人数/城镇就业人数	+
55		d3 对外开放深度	d31 进出口总额/当地 GDP	+
56			d32 实际利用外商直接投资/当地 GDP	+
57		d4 对外开放结构	d41 初级产品进口额/进口总额	–
58			d42 高新技术产品出口额/出口总额	+
59		d5 对外开放效益	d51 净出口/当地 GDP	+
60			d52 外资企业城镇就业人数/城镇就业人数	+
61	e 共享发展指数	e1 经济	e11 恩格尔系数	<30%
62			e12 平均每户就业人口	>1.6
63			e13 贫困发生率	接近 0
64			e14 人均财政支出（万元）	4
65		e2 文化	e21 人均公共文化服务设施建筑面积（平方米）	0.8
66			e22 人均教育文化娱乐支出占人均衡消费比	12%
67			e23 人均公共体育用地面积（平方米）	0.8
68		e3 社会	e31 平均受教育年限（年）	13.5

续表

序号	一级指标	二级指标	三级指标	2035 年（标准）
69	e 共享发展指数	e3 社会	e32 千人医疗卫生机构床位数（张）	7
70			e33 每万人拥有医生数（人）	50
71			e34 人均医疗保健支出占人均消费支出比	30%
72			e35 15 分钟社区生活圈覆盖率（%）	100%
73			e36 人口密度（人/平方公里）	10000
74			e37 路网密度（公里/平方公里）	10 ~ 15
75			e38 公共交通占机动化出行比例（%）	≥80%
76			e39 公共交通站点服务半径（米）	≤300
77			e310 市政道路公交服务覆盖率（%）	100
78			e311 绿色交通出行比例（%）	≥90%
79			e312 人均应急避难场所面积（平方米）	2 ~ 3

注：表中“+”和“-”分别代表增加或减少的发展趋势。

| 第五章 |

金融支持雄安新区创新发展政策建议

雄安新区基础设施投资规模大且建设周期长，仅靠政府财政投资远难以满足资金需求。传统的商业化信贷模式有一定的标准和门槛，要在短时间内大量投资推动基础设施建设也不现实，所以就需要探索创新融资渠道和方式。党中央十九大报告等系列文件对雄安新区的建设进行了基本原则的指导，本书通过解读雄安新区相关政策文件、重要讲话和会议精神，把握雄安新区功能定位，结合深圳和浦东新区发展历程和政策举措以及“雄安新区高质量发展”的指标体系，主要从金融视角在创新、协调、绿色、开放、共享五个方面提出推动“雄安新区高质量发展”的政策建议。

第一节　深圳创新发展的政策梳理与阶段特征

2019 年 7 月 24 日，中共召开中央全面深化改革委员会第九次会议，审议通过了《关于支持深圳建设中国特色社会主义先行示范区的意见》。意见提出到 2025 年，深圳经济实力、发展质量跻身全球城市前列，研发投入强度、产业创新能力世界一流，文化软实力大幅提升，公共服务水平和生态环境质量达到国际先进水平，建成现代化国际化创新型城市。到 2035 年，深圳高质量发展成为全国典范，城市综合经济竞争力世界领先，建成具有全球影响力的创新创业创意之都，成为我国建设社会主义现代化强国的城市范例。到21世纪中叶，深圳以更加昂扬的姿态屹立于世界先进城市之林，成为竞争力、创新力、影响力卓著的全球标杆城市的发展目标①。纵观深圳发展目标，中央虽然对深圳分阶段赋予了不同的使命，但是主体内容都与创新发展紧密相关。因此，40多年的发展经验对于雄安新区来说尤为珍贵。

一、深圳特区改革创新的发展进程

（一）改革开放之初，实施局部推进（1980～1985年）

1980年8月26日，全国人大常委会通过《广东省经济特区条例》，批准在深圳、珠海、汕头、厦门设置经济特区，标志着深圳经济特区正式建立。这一阶段主要是集中力量进行大规模的基本建设，特区工作要“特事特办，新事新办，立场不变，方法全新”②。

1. 改革主要内容

一是城市基础硬件建设和软件建设。创建八大文化设施，开发新城区，创办报纸、高校、广播电台、电视台等文化教育机构，科教文卫事业有较大发展。制定城市建设管理和经济社会发展总体规划，制定有关配套法规。

二是根据市场需求，改革管理体制、价格体制等多方面进行改革。

三是打开对外开放窗口，创办蛇口工业区，开放沙头角。开放金融业，引进法国兴业银行、香港东亚银行等一批境外银行。

四是创新市场观念，提出“时间就是金钱，效率就是生命”等新观念。

五是改革催生了一批知名本土企业诞生，如康佳公司、万科公司、中兴公司、华侨城等③。

---

① 中共中央、国务院关于支持深圳建设中国特色社会主义先行示范区的意见［Z］. 央视网，2019-08-18.

②③ 钟坚. 历史性跨越（上）——深圳经济特区改革开放和现代化建设回顾与思考［J］. 特区实践与理论，2018（2）：21-30.

2. 改革主要举措

改革创新主要特征是局部改革、单项突破，以开放促改革。在深圳，旧的计划经济体制已经被打破，市场经济的新体制新机制已经发挥重要作用，对外开放的大门已经打开，外向型经济已经起步，城市建设已初具规模，为特区建设和改革开放奠定了基础。政府在城市基础设施建设、高等教育方面越来越重视，投入更多。在开放金融业，创新市场观念方面引领全国，开始对全国改革开放产生重要影响。通过改革，打开了深圳经济特区招商引资、对外开放的新局面，开始了改革旧体制、开启新的市场经济体制的探索，包括金融体制改革、价格体系改革、劳动人事管理体制改革、施工建设体制改革、土地使用权制度改革等多个方面。同时提出要实行“四个为主”方针。即“建设资金以吸收和利用外资为主，经济结构以中外合资和外商独资经营企业为主，企业产品以出口外销为主，经济活动在国家计划经济指导下以市场调节为主”。深圳以市场调节为主的改革实践，对中国确定以市场为导向的改革大方向起了重要的作用①。

（二）改革开放全面推进阶段（1986～1992年）

1. 改革主要内容

从1986年开始，深圳经济特区进入一个探索在计划经济体制之外发展外向型经济和全面推进市场取向经济改革的新阶段。

一是率先进行国有企业股份制改革，创新国有资产管理体制，实现企业承包制、股份制，推行产权转让和破产。

二是改革金融体制，建立多层次、开放型的金融市场。引进一批外资银行，创办招商和深发展等区域性股份制银行，成立全国第一家外汇调节中心，公开发行股票，建立深圳证券交易所，建立有色金属期货市场。1987年12月，新中国第一家向社会公众发行股票并上市的股份制商业银行——深圳发展银行成立。1988年4月，深发展股票首次在深圳特区证券公司挂牌交易。1990年12月1日，深圳证券交易所宣告诞生。1987年，深圳经济特区证券公司成立。1988年4月，深发展股票首次在深圳特区证券公司挂牌交

① 张思平．深圳与中国改革开放四十年［J］．特区经济，2018（6）：10－16.

易，成为深圳股票柜台交易的先驱。1988 年 3 月，平安保险公司作为中国第一家股份制、地方性保险公司成立①。

三是推进财政体制改革。

四是鼓励和支持民间科技企业发展，华为等一批民间科技企业诞生②。

2. 改革主要举措

这个阶段是深圳经济特区创新发展的关键时期，建设港口、高速、工业区、保税区，积极利用境外资本和技术积极发展“三来一补”企业和“三资”企业。创建科技工业园，开始发展高新技术产业、服务经济（金融、物流）。

一是推动市场经济体制的建立和发展。改革、培育多元化市场竞争主体。深圳对国有企业实行股份制改造；大力引进三资企业；鼓励民营企业的发展，大力扶持、培育民营科技企业，如华为公司，为深圳高科技产业发展和创新能力的提高打下了体制机制的基础。

二是建立和完善资本市场体系。发展证券、基金、保险等资本市场，建立外汇市场。成立深圳证交所，带动了银行、证券、基金等金融机构和金融业的发展，引领了深圳高端要素市场和高端服务业的迅速发展，奠定了深圳在全国资本市场体系中的重要位置。

三是推进政府行政管理体制改革。在全国率先成立政府监察局，探索政府内部决策、执行、监督三者既分工协调又相互监管制约的政府运作新机制。率先成立投资管理公司，开启了国有资产监督管理体制改革的序幕，探索了政资分开、政企分开，以产权为纽带加强国有资产管理的新路子。

四是初步建立了社会保障体系的基本框架。1986 年，深圳市成为我国社会保障体系改革的试点，建立了以社会统筹与个人账户制相结合、职工自我保障和社会共济相结合的涵盖养老、医疗、工伤的社会保障制度，先后出台有关社会保险、养老保险、住房公积金、医疗保险等方面的规定和实施细则，为全国建立比较完善的社会保障制度做出贡献。

---

①② 钟坚. 历史性跨越（上）——深圳经济特区改革开放和现代化建设回顾与思考［J］. 特区实践与理论，2018（2）：21－30.

五是构建按国际惯例运作的对外开放新体制，为企业提供公平竞争的市场环境。在外贸、外汇、企业产权、政府行政管理以及各种重要市场等方面进行了系统改革，使深圳的改革逐步从单项突破向综合配套方向转变①。

（三）跨越式发展阶段（1993～2002 年）

1. 改革主要内容

这一阶段，深圳经济特区发展由过去主要依赖中央赋予经济特区的优惠政策，转变为主要依靠提高素质，增强创新优势。2000 年，深圳经济总量超越天津，居全国大中城市第四位。改革在以下七方面：

一是深化国有企业改革，建立现代企业制度。

二是深化国有资产管理体制改革，建立三个层次的国有资产监管和运营体制。

三是完善所有制结构，促进民营经济发展。

四是建设深圳高新技术产业带，加快发展高新技术产业，把发展高新技术产业作为深圳的第一经济增长点，颁布一系列支持高新技术产业发展的政策法规。建立国家级高新区深圳市高新技术产业园区。

五是深化商贸体制改革，创新金融业务和制度，建立外汇经纪中心，建立产权交易市场，发展技术市场，培育创业投资市场，不断完善现代市场体系。

六是加大政府职能转变，推进财政体制改革，加快投融资体制改革，加强信用体系建设，不断完善宏观调控体系。

七是更加重视高等教育的投入，建设深圳虚拟大学园、深圳大学城等一批高等院校②。

2. 改革主要举措

本阶段是深圳经济实现跨越式发展时期。高新技术产业、现代物流业和现代金融业成为三大支柱产业。

---

① 张思平．深圳与中国改革开放四十年［J］．特区经济，2018（6）：10－16.

② 钟坚．历史性跨越（上）——深圳经济特区改革开放和现代化建设回顾与思考［J］．特区实践与理论，2018（2）：21－30.

一是推动产权制度改革，全力推动国有企业的股份制和混合所有制改革，提出企业实行员工持股，实现财产占有社会化的激励措施。

二是在全国率先进行政府审批制度改革，探索建立适应社会主义市场经济要求的新型政府。在推动政府职能转变中，明确提出了“政府培育市场，市场解放政府，政府解放企业，企业解放生产力”的指导思想。此外深圳还提出“两转”，即政府转变职能，企业转变机制，建立“三无”“四跨”的现代企业管理制度，使特区企业向无固定经营范围、无固定地域、无上级主管部门和跨行业、跨所有制、跨地区、跨国界经营的目标发展。

三是建立社会主义市场经济的五大体系和形成市场经济的四大运行机制。五大体系包括：由商品市场、生产要素市场和产权市场三个层次构成的市场体系；建立介于政府与企业之间，为发展生产力服务的多层次、多功能的社会服务体系；建立包括离退休保障、待业保障、住房保障、医疗保障在内的社会保障体系；建立法律体系，提出要充分利用好深圳的立法权，利用法规和规章来保证市场经济健康发展；建立宏观管理和宏观调控体系。四大运行机制包括：发展的动力机制，市场的压力机制，法律的强制力机制，道德的自制力机制①。

（四）深化改革开放和全面发展阶段（2003～2012年）

在这一阶段，创新成为各领域改革的关键动力。由于前期发展突出速度和规模，所以在人口、土地、能源、生态环境等问题上面临严峻现实困难。2010年深圳提出“以质取胜”新理念和“深圳质量”新标杆，加快推进深圳从“深圳速度”向“深圳质量”跨越。

1. 改革主要内容

一是制定出台全国首部国家创新型城市总体规划，并先后出台自主创新“33条”、创新驱动发展“1+10”文件等系列政策，从财政金融支持、人才支撑、创新载体建设等多个方面加大对自主创新的支持力度。

二是实施综合配套改革方案，努力在行政管理体制改革、经济体制改革、社会领域改革、完善自主创新体制机制、创新对外开放与区域合作、建

---

① 张思平．深圳与中国改革开放四十年［J］．特区经济，2018（6）：10－16.

立资源节约环境友好的体制机制等六大方面取得新突破、新进展。

三是加快科教事业发展，先后建设南方科技大学、清华大学深圳研究生院、香港中文大学（深圳）、清华—伯克利深圳学院等教育科研机构。

四是引进高新技术产业链的高端项目，加大汽车及零部件、装备制造业领域的招商力度，稳步推进商贸、金融、物流、电信等领域的对外开放。

五是实施出口市场多元化和科技兴贸战略，在扩大美国、欧盟、日本市场的同时，加大俄罗斯、中东、南美、非洲等新兴市场开拓力度。鼓励企业“走出去”，通过建立境外营销网络、开展境外加工贸易、从事工程承包、与国外跨国公司建立战略联盟等方式，推动企业国际化经营，培育本土跨国企业。

六是继续推进深港合作，签订深港“1+8”合作协议、“深港创新圈”合作协议和深港“1+6”合作协议，开放深圳湾和福田口岸，加快在跨境大型基础设施建设、口岸通关合作、高新技术产业、金融业、机场、教育科技等各个领域的合作与交流[①]。

2. 改革创新主要举措

一是大力发展高新技术产业，建立为高科技产业发展的资本市场服务体系。建立“深圳市高新技术产业园区”，对整个园区实行统一规划、统一开发、统一管理；建立支持高新技术产业发展的综合配套政策体系，包括扩大投资融资渠道、加大人才引进、增加科技投入、加强知识产权保护、鼓励科技骨干人员持股以及在税收优惠、土地政策等方面采取了切实有力的政策措施；建立以企业为主体、以市场为导向、以全国高等院校和科研院所为依托、产学研相结合的技术开发体系；建立完善科技投入体系，增加科技投入，积极探索建立高新技术产业风险投资机制。积极推动深交所的中小企业板和创业板的筹建，为高科技的中小企业提供方便的融资渠道，为风险资本投资高科技企业营造正常的退出机制；举办“中国国际高新技术成果交易会”，推动高新技术成果商品化、产业化、国际化。

二是基本完成了市属国有企业的产权改革和国有资产管理体制的调整，

---

① 钟坚．历史性跨越（上）——深圳经济特区改革开放和现代化建设回顾与思考［J］．特区实践与理论，2018（2）：21-30.

初步建立了一套适应市场经济的国有企业运行体制机制，为全国的国有企业改革提供经验。

三是率先启动事业单位的改革，推动事业单位分类改革。

四是推动“大部制”机构改革。2009 年，深圳出台大部制改革方案，减少部门或机构数量，降低行政成本；提高部门之间沟通和协调程度，减少职能交叉，降低政出多门和推诿扯皮，提高行政效率①。

（五）全面创新发展阶段（2013 年至今）

这一阶段，深圳大力实施创新驱动发展战略，加快完善创新机制，全方位推进创新发展。经国务院批准深圳市创建国家可持续发展议程创新示范区，以努力建成现代化国际化创新型城市为目标，牢固树立创新、协调、绿色、开放、共享五大发展理念，突出强化创新驱动的“主引擎”作用，奋力向竞争力影响力卓著的创新引领型全球城市迈进。

1. 改革主要内容

2015 年，深圳提出勇当“四个全面”排头兵，努力建成现代化国际化创新型城市，加快建成更具改革开放引领作用的经济特区、更高水平的国家自主创新示范区、更具辐射力、带动力的全国经济中心城市、更具竞争力、影响力的国际化城市和更高质量的民生幸福城市。2016 年，提出牢固树立创新、协调、绿色、开放、共享五大发展理念，以提高发展质量和效益为中心，加快形成引领经济发展新常态的体制机制和发展方式，勇当“四个全面”排头兵，加快建成现代化国际化创新型城市。2017 年，提出争当供给侧结构性改革排头兵，突出以提高供给质量作为主攻方向，突出强化创新驱动的“主引擎”作用，突出发力实体经济“主战场”。2018 年 1 月，提出努力在新时代走在前列，在新征程勇当尖兵，高质量全面建成小康社会，率先建设社会主义现代化先行区，奋力向竞争力、影响力卓著的创新引领型全球城市迈进②。

---

① 张思平．深圳与中国改革开放四十年［J］．特区经济，2018（6）：10－16.

② 钟坚．历史性跨越（上）——深圳经济特区改革开放和现代化建设回顾与思考［J］．特区实践与理论，2018（2）：21－30.

2. 主要改革举措

一是实行商事登记制度改革，为国务院推动简政放权改革提供重要的经验和示范。深圳商事登记制度改革包括：建立商事登记主体资格与经营资格分离，审批监管相统一的登记制度；实行注册资本认缴制度；实行“三证合一”，公司注册网上登记，取消企业登记年审制等。深圳商事登记制度的改革，创造了优良的营商环境，减轻了企业负担，激发了创业热潮，促进了政府审批和监管方式的转变，取得了很好的效果。

二是深化社会组织改革，培育多元化的社会主体。改革的内容：首先是降低门槛，简化审批；其次是除国家法律法规规定外，社会组织直接登记，取消社会组织的业务主管部门，消除社会组织的行政化；最后打破对行业协会的垄断，突破“一业一会”“一区一会”等限制，鼓励竞争和社会组织多元化。

三是推动前海开发，搭建改革开放高端平台。启动深圳前海蛇口自贸片区建设，创新自贸片区和前海合作区管理体制机制，探索全面实行准入前国民待遇负面清单管理制度。粤港澳大湾区纳入国家“一带一路”愿景与行动和国家发展规划，提出发展湾区经济，建设海上丝绸之路桥头堡。

四是提出坚定不移实施创新驱动发展战略。2016 年以来，按照中央关于推进供给侧结构性改革的部署要求，制定支持企业提升竞争力、促进科技创新、人才优先发展、完善人才住房制度等一系列政策文件，提出发展战略新兴产业和未来产业。2017 年实施科技创新“十大行动计划”，涵盖创新硬件、基础设施、人才引进、空间载体、产业布局等方面，从创新源头到产业链上下游及配套服务系统布局，全面提升深圳创新软硬环境，打造全球创新生态圈①。

二、深圳特区在创新发展方面取得的主要成就

习近平总书记在深圳经济特区建立 40 周年庆祝大会上的讲话中说：“深圳等经济特区 40 年改革开放实践，创造了伟大奇迹，积累了宝贵经

① 张思平．深圳与中国改革开放四十年［J］．特区经济，2018（6）：10－16.

验，深化了我们对中国特色社会主义经济特区建设规律的认识。宝贵经验之一就是必须坚持创新是第一动力，在全球科技革命和产业变革中赢得主动权”。

1. 创造从“深圳速度”到“深圳质量”的发展奇迹

深圳经济特区成立以来，经济社会实现快速发展，从一个贫穷落后的边陲小县城迅速崛起为一座拥有上千万人口的现代化大都市，创造了世界工业化、城市化、现代化史上的罕见奇迹和经济社会发展的“深圳速度”和“深圳质量”。1979～2019 年，国内生产总值从 1.96 亿元增长到 24221.98 亿元，成为突破 2 万亿元大关的城市。深圳以全国万分之二的国土面积、不到千分之一的人口，贡献全国近 5% 和广东省 30% 的收入份额，对全国地方级和广东省收入增长的贡献分别达 8.2% 和 39.4%，① 先后获得“全国先进城市”和“质量强市示范市”等称号，居中国城市综合经济竞争力第一。

2. 逐步建立并完善高端创新型的现代化市场经济体系

深圳坚持质量第一、效益优先，以实体经济、科技创新、现代金融、人力资源协同发展的产业体系为支撑，推动先进制造业和现代服务业“双轮驱动”，初步构建起战略性新兴产业、未来产业、现代服务业和优势传统产业“四路纵队”为主体的梯次型现代产业体系。目前产业结构凸显“三个为主”：经济增量以新兴产业为主，新兴产业对 GDP 增长贡献率超过 50%；工业以先进制造业为主，先进制造业占工业比重超过 75%；三产以现代服务业为主，服务业占 GDP 比重 58.6%，现代服务业占服务业比重提高至 70% 以上。四大支柱产业增加值 12522.32 亿元，占 GDP 比重 65%。先后成功创办国际性的“高交会”“金博会”“物博会”“文博会”“人交会”产生重要影响。目前，知识产权密集型的战略性新兴产业和未来产业成为深圳经济增长的新亮点。深圳已经成为国内战略性新兴产业规模最大、集聚性最强的城市，有全国最好的产业群和产业链，形成经济增长的内生动力②。

---

①② 钟坚．历史性跨越（下）——深圳经济特区改革开放和现代化建设回顾与思考［J］．特区实践与理论，2018（3）：20－29.

3. 金融实力不断增强，成为全国重要金融中心

深圳金融业综合实力和竞争力位居全国前列，建成以银行、证券、保险业为主体，其他多种类型金融机构并存，结构比较合理，功能比较完备的现代金融体系，成为三大全国性金融中心之一。深圳银行、证券、保险业机构密度、外资金融机构数量以及从业人员比例均居全国前列，金融中心城市集聚效应明显。金融业总资产、本外币存贷款余额、证券公司数量及资产规模、基金公司数量及管理资产规模、保险机构数量及总资产规模等核心指标继续稳居全国前三位。拥有深交所、招商、平安等在全国有重要影响的金融机构，其中深圳证券交易所是全国两大证券市场之一。以深圳证券交易所为核心，形成包含主板、中小板、创业板、代办股份转让市场、非公开科技企业柜台交易市场、深圳联合产权交易所、深圳文化产权交易所和前海金融资产交易所、深圳石油化工交易所、前海股权交易中心在内的多层次资本市场体系。

4. 创新驱动成为经济发展的主引擎

30 多年前，深圳还是“无高等院校、无科研院所、无创新载体”的城市，如今，深圳是首个国家创新型城市、首个以城市为基本单元的国家自主创新示范区和首个国家知识产权示范城市。深圳大力实施自主创新主导战略，加快推进国家创新型城市建设，在自主创新方面结出丰硕果实，形成独特优势，自主创新已成为深圳经济增长的主要驱动力，成为全球重要创新中心之一。截至 2019 年年末，深圳拥有各类专业技术人员 183.5 万人，其中具有中级技术职称及以上的专业技术人员 54.69 万人。2019 年全社会研发投入超过 1328 亿元，全年实现地区生产总值 26927.09 亿元，全社会研发投入占 GDP 的 4.9%，超过欧美发达国家水平①。拥有 3 万多家科技型企业和 1.12 万家国家级高新技术企业，既有华为、中兴、腾讯、比亚迪、迈瑞、海普瑞等全球性的龙头企业，又有海量不知名的中小创新型企业、“独角兽”企业和细分领域的“小巨人”企业。近年来，国家对知识产权的创造、运用、保护和管理越来越重视，深圳市成为知识产权保护的急先锋。世界知识

① 钟坚．历史性跨越（下）——深圳经济特区改革开放和现代化建设回顾与思考［J］．特区实践与理论，2018（3）：20－29.

产权组织发布数据显示，2019 年，中国通过世界知识产权组织《专利合作条约》（PCT）途径提交了 5.899 万件专利申请，超过美国（5.784 万件）跃升至第一位，成为提交国际专利申请量最多的国家①。2006 年，深圳成为中国“品牌之都”。2007 年，深圳成为国家知识产权示范城市创建市。2008 年，深圳获得联合国教科文组织“世界设计之都”称号。2010 年，深圳成为全国首个国家创新型城市试点城市和国家商标战略实施示范城市②。2012 年，深圳成为首个国家知识产权示范城市。2014 年，深圳成为全国自主创新示范区。2014 年，深圳被称为“创客之城”。《福布斯》曾这样评价：深圳是自发性创新的代表，开放的经济格局及市场经济先行一步，使得创新成为企业的内生动力。

三、21 世纪以来深圳特区创新发展方面政策文件梳理

本书查阅并梳理 2001 ~ 2018 年深圳市人民政府官网上有关创新方面的政府文件，目的是给雄安新区创新发展提供深圳市在产业发展、金融业投融资发展、科技金融创新发展、中小企业发展、区域经济发展、开放发展、知识产权发展、智慧城市建设方面的政策文件的理论支持，汇总如下：

表 5 - 1　　深圳有关创新的政策文件汇总

编号	制定机关		实施日期	名称
1	深圳市人民政府	产业发展	2001. 1. 19	关于鼓励软件产业发展的若干政策的通知
2	深圳市发展计划局		2002. 3. 26	深圳市重点发展的高新技术产业化领域（2002 年度）
3	深圳市人民政府		2003. 4. 10	深圳市鼓励科技企业孵化器发展的若干规定的通知

① 钟坚．历史性跨越（上）——深圳经济特区改革开放和现代化建设回顾与思考［J］．特区实践与理论，2018（2）：21 - 30..

② 张思平．深圳与中国改革开放四十年［J］．特区经济，2018（6）：10 - 16..

续表

编号	制定机关		实施日期	名称
4	深圳市人民政府	产业发展	2006. 2. 16	关于改造提升我市优势传统产业的若干意见
5	深圳市人民政府		2008. 1. 17	关于加快总部经济发展的若干意见
6	深圳市人民政府		2009. 8. 25	深圳高新技术产业园区发展专项规划（2009～2015年）的通知
7	深圳市人民政府		2011. 8. 21	深圳新材料产业振兴发展规划（2011～2015年）
8	深圳市人民政府		2012. 8. 7	深圳高新区优化升级工作方案（2012～2015年）
9	深圳市人民政府		2013. 10. 21	深圳市关于进一步加快软件产业和集成电路设计产业发展若干措施
10	深圳市人民政府		2017. 11. 27	深圳市鼓励总部企业发展实施办法
11	深圳市人民政府		2018. 11. 13	关于进一步加快发展战略性新兴产业实施方案
12	深圳市人民政府		2018. 11. 13	深圳市战略性新兴产业发展专项资金扶持政策
13	深圳市人民政府	金融业投融资	2001. 9. 12	深圳市深化投融资体制改革指导意见的通知
14	深圳市人民政府		2003. 3. 1	深圳市支持金融业发展若干规定的通知
15	深圳市人民政府		2003. 5. 8	深圳市2003年投融资体制改革计划的通知
16	深圳市人民政府		2006. 1. 4	关于加快深圳金融业改革创新发展的若干意见
17	深圳市人民政府		2006. 8. 30	关于加快保险业改革发展建设全国保险创新发展试验区的若干意见

续表

编号	制定机关		实施日期	名称
18	深圳市人民政府		2008.6.1	深圳经济特区金融发展促进条例
19	深圳市财政委员会、深圳市人民政府金融发展服务办公室		2011.3.22	深圳金融发展专项资金管理办法
20	深圳市人民政府办公厅		2012.2.29	深圳市金融业发展“十二五”规划
21	深圳市人民政府		2012.5.30	关于加强和改善金融服务支持实体经济发展的若干意见
22	深圳市人民政府		2013.3.13	深圳市支持金融业发展若干规定实施细则补充规定
23	深圳市人民政府		2014.4.2	关于支持互联网金融创新发展的指导意见
24	深圳市人民政府	金融业投融资	2015.5.13	关于加快现代保险服务业创新发展的实施意见
25	深圳市人民政府金融发展服务办公室		2017.10.17	深圳市扶持金融业发展若干措施
26	深圳市人民政府		2018.11.6	深圳市金融发展专项资金管理办法
27	深圳市人民政府		2018.12.21	深圳市扶持金融业发展若干措施的通知
28	深圳市人民政府		2019.1.8	关于构建绿色金融体系的实施意见
29	深圳市人民政府		2019.1.8	深圳市扶持金融业发展的若干措施
30	深圳市人民政府		2020.2.27	深圳市支持金融人才发展的实施办法
31	深圳市人民政府	科技金融创新发展	2004.1.16	关于完善区域创新体系推动高新技术产业持续快速发展的决定

续表

编号	制定机关		实施日期	名称
32	深圳市人民政府	科技金融创新发展	2004.8.26	成立深圳市推动保险业创新发展领导协调小组
33	深圳市人民政府		2004.9.28	深圳市金融创新奖评选办法
34	深圳市人民政府办公厅		2005.9.8	深圳市建设创新型城市工作方案
35	深圳市人民政府		2006.1.4	关于实施自主创新战略建设国家创新型城市的决定
36	深圳市人民政府办公厅		2006.3.1	深圳市制定《〈关于实施自主创新战略建设国家创新型城市的决定〉配套政策分工一览表》的通知
37	深圳市人民政府办公厅		2006.4.24	关于实施自主创新战略建设国家创新型城市的决定
38	深圳市人民政府		2007.7.3	深圳市自主创新产品认定管理办法的通知
39	深圳市人民政府		2008.9.19	关于加快建设国家创新型城市的若干意见
40	深圳市人民政府		2008.9.21	关于加强自主创新促进高新技术产业发展若干政策措施的通知
41	深圳市人民政府		2008.9.21	深圳国家创新型城市总体规划（2008～2015年）的通知
42	深圳市人民政府		2008.10.1	深圳经济特区科技创新促进条例
43	深圳市人民政府		2009.2.19	深圳国家创新型城市总体规划实施方案的通知
44	深圳市人力资源和社会保障局		2011.2.16	深圳市创业孵化基地认定和管理办法
45	深圳市人民政府		2012.1.10	深圳国家创新型城市总体规划实施方案（2011～2013年）
46	深圳市科技创新委员会		2020.2.9	深圳市科技企业孵化器和众创空间管理办法

续表

编号	制定机关		实施日期	名称
47	深圳市人民政府	科技金融创新发展	2012.11.20	关于深化科技体制改革　提升科技创新能力若干措施
48	深圳市人民政府		2012.11.20	关于促进科技和金融结合若干措施
49	深圳市科技创新委员会、深圳市财政委员会		2012.11.20	关于促进科技型企业孵化载体发展若干措施
50	深圳市人民政府		2016.1.13	关于印发《中国制造 2025》深圳行动计划
51	深圳市人民政府办公厅	中小企业发展	2004.11.25	深圳市民营及中小企业发展专项资金管理暂行办法
52	深圳市人民政府		2018.9.13	深圳市强化中小微企业金融服务若干措施的通知
53	深圳市人民政府		2018.9.28	关于强化中小微企业金融服务的若干措施
54	深圳市人民政府金融发展服务办公室		2019.1.8	关于强化中小微企业金融服务的若干措施
55	深圳市人民政府	区域发展	2005.1.4	深圳市融入泛珠三角区域合作实施方案
56	深圳市人民政府		2009.5.27	珠江三角洲地区改革发展规划纲要（2008～2020 年）深圳市综合配套改革总体方案
57	深圳市人民政府		2009.7.11	深圳市综合配套改革三年（2009～2011 年）实施方案
58	深圳市人民政府		2020.11.12	深圳建设中国特色社会主义先行示范区综合改革试点实施方（2020～2025 年）

续表

编号	制定机关		实施日期	名称
59	深圳市人民政府	开放发展	2016.6.1	关于复制推广中国（广东）自由贸易试验区深圳前海蛇口片区首批改革创新经验
60	深圳市人民政府		2019.7.17	深圳市支持自由贸易试验区深化改革创新若干措施工作方案
61	深圳市人民政府		2019.8.21	关于复制推广中国（广东）自由贸易试验区深圳前海蛇口片区第四批改革创新经验
62	深圳市财政局、深圳市知识产权局	知识产权发展	2005.10.9	深圳市知识产权专项资金管理暂行办法
63	深圳市人民政府		2005.12.26	深圳市知识产权战略纲要（2006～2010年）
64	深圳市人民政府		2007.6.13	关于制定深圳市知识产权指标体系的意见
65	深圳市人民政府		2009.4.7	深圳市贯彻落实国家知识产权战略纲要的实施意见
66	深圳市人民政府办公厅		2012.2.22	深圳市知识产权与标准化战略纲要（2011～2015年）
67	深圳市市场和质量监督管理委员会		2014.4.14	深圳市关于提升知识产权质量加强知识产权运营的若干措施
68	深圳市市场和质量监督管理委员会、深圳市发展和改革委员会		2017.2.7	深圳市知识产权“十三五”规划
69	深圳市人民政府办公厅		2019.5.22	深圳市关于打造国家知识产权强市推动经济高质量发展的工作方案（2019～2021年）
70	深圳市人民政府	智慧城市建设	2006.9.8	深圳市数字化城市管理工作规定的通知

续表

编号	制定机关		实施日期	名称
71	深圳市人民政府办公厅	智慧城市建设	2012.2.22	深圳市信息化发展“十二五”规划
72	深圳市人民政府办公厅		2016.11.22	深圳市促进大数据发展行动计划（2016～2018年）
73	深圳市人民政府		2018.7.30	深圳市新型智慧城市建设总体方案

数据来源：根据深圳市人民政府官网，http：//www.sz.gov.cn/整理。

四、深圳特区在创新发展方面可借鉴的成功经验

（一）敢闯敢试的创新精神

经济社会发展与进步总是首先伴随着思想观念的巨大变革。深圳经济特区在无经验可鉴的情况下，敢于向旧体制挑战，靠的就是解放思想。深圳经济特区40多年实践所形成的最大优势，就是敢闯敢试的创新精神。改革开放之初，深圳就率先提出引进外资，大力发展外资企业，利用市场来调节经济，大力发展对外贸易等开创性的政策措施。之后率先在全国推进一系列市场经济重大改革，通过实践探索，闯出一条具有中国特色社会主义的发展道路。

（二）改革和发展社会生产力，不断完善市场经济

深圳经济特区实践的成功，最关键的原因就是坚持了市场经济体制改革。20世纪80年代初，当全国还在争论计划和市场关系时，深圳就提出经济运行以市场调节为主，选择和借鉴国外多种目标模式，先后在价格、流通、外贸、金融、外汇、土地等领域推进一系列重大改革，率先建立社会主义市场经济体制。通过大胆改革创新，深圳经济特区市场经济快速发展，市场充满生机活力，激发了劳动者积极性。

（三）构建新型产业体系，着力发展高新技术产业和现代服务业

深圳经济特区思想解放，意识超前，很早就加快产业转型升级，着力构建以“高、新、优”为特征的现代产业体系。政府“有形之手”和市场“无形之手”一起发力，构建起深圳独特的产业发展及创新生态体系。从20世纪80年代发展“三来一补”加工业开始起步，到90年代着力打造以电子信息产业为龙头的高新技术产业，21世纪前十年又初步构建起以高新技术产业、金融业、物流业、文化产业为支柱的现代产业体系。目前着力推进支柱产业高端化、新兴产业规模化、优势传统产业高级化，带动整体产业向价值链高端延伸。

（四）开辟了一条以企业为主体的自主创新发展之路

“创新驱动发展，质量成就未来”，深圳经济特区经过自身的不懈努力，逐步建立起以市场为导向、以企业为主体、以国内高等院校和科研院所为依托、政产学研资介相结合的创新体系。深圳把自主创新作为城市发展的主导战略，不断破除影响自主创新的体制性和机制性障碍，通过人事制度、分配制度、要素市场和投融资制度等相关方面的改革，激发科技人员和企业家的创新活力，建立完善的产业链和创新生态链。深圳把自主创新作为第一驱动力，以企业为创新驱动的核心，以企业家群体为创新精神的内核，实施政策、资本、人才三大创新驱动要素协同共生，实现创新、创业、创投、创客“四创联动”，让资源、资金、人才、信息等创新要素高效转化成创新价值①。

第二节 浦东新区创新发展政策梳理及阶段特征

20世纪80年代，中国对外开放的战略是首先在广东等东南沿海建立经

① 钟坚．历史性跨越（下）——深圳经济特区改革开放和现代化建设回顾与思考［J］．特区实践与理论，2018（3）：20－29.

济特区，利用优惠政策吸引外资。进入90年代后，中国需要在此基础上使对外开放发展到一个新的层次，即在吸引外商投资于劳动密集型企业的同时，扩大到汽车、电子等技术密集型和资本密集型行业，充分利用经济全球化的机会，促进和加快我国产业结构的战略升级。浦东、上海和长三角的扩大开放，正是适应了这一发展需要。① 2020年，上海浦东迎来了开发开放30周年。回望浦东开发开放的历程，发展速度令世界惊叹。浦东新区生产总值从1990年的60亿元跃升到2019年的1.27万亿元，财政总收入从开发开放初期的11亿元增加到2019年的逾4000亿元，浦东以全国1/8000的面积创造了全国1/80的国内生产总值、1/15的货物进出口总额。在浦东的土地上，诞生了一系列“全国第一”，有第一个金融贸易区、第一个保税区、第一个自由贸易试验区及临港新片区等。基本形成以现代服务业为主体、战略性新兴产业为引领、先进制造业为支撑的现代产业体系，承载了上海国际经济中心、金融中心、贸易中心、航运中心、科技创新中心建设的重要功能②。2019年6月，上海市出台《关于支持浦东新区改革开放再出发 实现新时代高质量发展的若干意见》，提出“通过7年左右的努力，未来浦东经济总量要突破2万亿元，实现翻番的目标”。

一、浦东新区改革创新的发展进程

（一）率先开放和快速发展阶段（1990～2000年）

1990年4月18日，党中央、国务院宣布开发开放浦东的重大决策。30年来，浦东始终走在时代前列，大胆先行先试，取得了举世瞩目的成就，成为中国改革开放的象征和上海现代化建设的缩影。2019年上海市GDP为38155.3亿元，浦东新区GDP位居上海市第一位，占全市GDP的比重为33.34%，核心地位明显。

改革主要举措：一是推进功能区开发。围绕金融、贸易、科技创新等领域，全方位推进功能区建设。1990年9月浦东成立外高桥保税区开发公司、

① 谢国平．起点要高　眼界要宽［J］．《浦东开发》，2013－03－08．

② 习近平．在浦东开发开放30周年庆祝大会上的讲话［N］．《人民日报》，2020－11－13．

陆家嘴金融贸易区开发公司、金桥出口加工区开发公司；1992 年 7 月成立张江高科技园区开发公司，完成外高桥、陆家嘴、金桥、张江四大功能区建设。其中，陆家嘴金融贸易区成为中国唯一以金融贸易命名的开发区，外高桥保税区成为中国第一家保税区①。

二是构建完善资本、劳动、技术等要素市场体系。1999 年年底，上海房地产交易中心、上海粮油交易所、上海产权交易所、上海人才市场等要素市场迁入浦东。随着中国人民银行上海分行迁入，一批著名跨国公司，如斯米克、西门子、汤臣、联信、泰国泰华银行、日本八佰伴等将总部或地区总部迁入浦东新区，宝钢集团等国内集团总部也相继迁入②。

（二）综合改革和统筹发展阶段（2001～2012 年）

改革主要举措：一是开展综合配套改革试点。2005 年初，经国务院批准，制订《上海浦东综合改革试验区框架方案》，浦东成为全国第一家综合配套改革试验区。浦东围绕转变政府职能，开展“一门式”审批服务机制、企业注册登记工商、税务、质监“三联动”改革、“告知承诺”审批制等改革试点；围绕转变经济发展方式，开展跨国公司外汇资金管理、跨境贸易人民币结算、融资租赁业务创新、期货保税交割、进口无纸化通关、启运港退税等改革试点；围绕转变城乡二元结构，开展剥离街道招商引资职能、教育“管、办、评”改革、镇管社区等改革试点③。

二是加快产业高端化进程。浦东新区抓住机遇，大力引进制造业和服务业项目，不断提升产业能级。

三是探索发展总部经济。2002 年 7 月，上海在全国率先出台《上海市鼓励外国跨国公司设立地区总部的暂行规定》。充分发挥自身优势，浦东新区大力推进总部经济发展。

四是全面提升城市功能。抓住世博会机遇，浦东新区加快推进基础设施建设，2010 年浦东建设上海世博会主体场馆，完善公共服务配套设施，完善城市管理功能。

①②③　李锋．浦东开发开放三十年回顾、总结与展望［J］．科学发展，2020（3）．

（三）全面深化改革阶段（2013 年以来）

改革创新主要举措集中在以下三方面：一是率先探索自贸试验区建设。2013 年 9 月，由外高桥保税区、外高桥保税物流园区、洋山保税港区和浦东机场综合保税区 4 个海关特殊监管区域组成全国第一个自贸试验区——中国（上海）自由贸易试验区。2015 年 4 月，国务院《进一步深化中国（上海）自贸试验区改革开放方案》公布，明确自贸试验区实施范围由 28.8 平方公里扩大到 120.72 平方公里，扩展区域包括陆家嘴金融片区、金桥开发区、张江高科技片区。

二是高标准建设以科创中心为代表的功能区。2014 年，启动张江综合性国家科学中心建设，上海光源二期、超强超短激光实验装置等一批重大科技基础设施。完成张江科学城规划编制，实施一批城市功能配套项目。完善科技成果转化机制，率先形成药品上市许可持有人制度试点案例，获批医疗器械注册许可制度。设立中国（浦东）知识产权保护中心，实现知识产权的快速审查、快速确权、快速维权。制定“张江创新十条”，实施股权激励、土地二次开发等一批试点，鼓励企业创新创业。制定发布提高海外人才出入境和工作便利度的“九条措施”，成立浦东新区海外人才局，推出放宽外国留学生直接就业、试点人才办事窗口“无否决权”改革等创新举措，设立“海外人才服务专窗”，提供科技金融、人才安居、出入境证件办理等一揽子服务①。

三是进一步提升“五个中心”核心功能。围绕增强全球资源配置能力，浦东加速集聚机构、健全市场、提升能级，促进金融、航运、贸易等领域的开放融合。着力提升金融国际化水平，实现资本市场、期货市场规模发展，开通运行“沪港通”、上海保险交易所、上海黄金交易所国际板、上海国际能源交易中心，吸引中国信托登记公司、金砖国家新开发银行等机构落户运营，推动新兴金融业态蓬勃发展②。

二、21 世纪以来浦东新区改革创新政策文件汇总

本书查阅并梳理 2000 ~ 2017 年上海浦东新区政府官网上有关创新方面

---

①② 李锋．浦东开发开放三十年回顾、总结与展望［J］．科学发展，2020（3）：34 – 43.

的政府文件，目的是给雄安新区创新发展提供浦东新区在新兴产业发展、总部经济发展、张江高科技园发展、科技发展基金、人才支持发展、中小企业发展、财政扶持方面的政策文件的理论支持，汇总如下：

表 5－2　　　　浦东有关创新的政策文件汇总

编号	制定机关		实施日期	名称
1	区政府		2000. 12. 18	关于浦东新区进一步鼓励软件产业和集成电路产业发展的若干意见
2	区政府		2006. 2. 24	浦东新区关于发展先进制造业的若干意见
3	区政府		2005. 1. 5	关于加强专利工作的若干意见
4	区政府		2005. 12. 28	浦东新区促进高新技术产业发展的财政扶持意见
5	区政府	新兴产业发展	2005. 12. 28	浦东新区促进现代服务业发展的财政扶持意见
6	区政府		2008. 9. 24	浦东新区促进自主创新的若干意见
7	区政府		2008. 12. 13	浦东新区支持金融机构发展意见的通知
8	金融工作局		2019. 1. 20	中国（上海）自由贸易试验区金融发展推进奖评审和组织实施办法
9	区政府		2020. 4. 18	浦东新区促进重点优势产业高质量发展若干政策措施（试行）
10	区政府		2002. 9. 1	浦东新区关于《上海市鼓励外国跨国公司设立地区总部的暂行规定》的实施办法
11	区政府	总部经济发展	2004. 11. 24	关于鼓励国内大企业在浦东新区设立总部的暂行规定
12	区政府		2009. 1. 22	浦东新区进一步推进总部经济、服务外包发展的若干意见

续表

编号	制定机关		实施日期	名称
13	区政府	张江高科技园发展	2003. 1. 1	关于进一步改善张江高科技园区投资环境　提高创新能力的若干意见
14	区政府		2004. 4. 2	浦东新区人民政府关于批转新区财政局《关于张江高科技发展专项资金的实施意见》的通知
15	自贸区张江管理局		2006. 9. 18	“十一五”期间张江高科技园区财政扶持经济发展的暂行办法
16	自贸区张江管理局		2006. 9. 22	关于进一步推进张江高科技园区自主创新的实施意见
17	自贸区张江管理局		2006. 11. 28	张江高科技园区科学专项实施办法
18	自贸区张江管理局		2007. 7. 16	上海市张江高科技园区激励自主创新人才发展的暂行办法
19	自贸区张江管理局		2007. 7. 16	上海市张江高科技园区“十一五”期间扶持软件产业发展的实施办法
20	自贸区张江管理局		2008. 11. 4	上海张江高科技园区科技创新专项资金管理办法
21	自贸区张江管理局		2008. 11. 4	关于推进张江高科技园区孵化器建设实施办法
22	自贸区张江管理局		2009. 7. 6	关于进一步加强张江高科技园区知识产权工作的实施办法
23	区政府		2011. 6. 24	浦东新区促进总部经济发展财政扶持办法
24	区政府		2018. 7. 28	上海市张江科学城专项发展资金管理办法
25	知识产权局		2018. 10. 12	上海市张江科学城专项发展资金支持知识产权发展实施细则
26	科经委（信息委）	科技发展基金	2003. 5. 7	中国科学院、上海市浦东新区高新技术种子资金管理办法
27	财政局		2004. 6. 22	浦东新区科技发展基金高新技术成果转化项目贷款贴息实施细则

续表

编号	制定机关		实施日期	名称
28	科经委（信息委）	科技发展基金	2005. 10. 11	浦东新区科技发展基金“慧眼工程”专项资金管理办法
29	科经委（信息委）		2007. 4. 20	浦东新区科技发展基金科技公共服务平台建设资助资金操作细则
30	科经委（信息委）		2007. 5. 30	浦东新区科技发展基金创新资金操作细则
31	科经委（信息委）		2007. 5. 30	浦东新区科技发展基金研发投入补贴资金操作细则
32	区政府		2007. 9. 1	浦东新区科技发展基金管理办法
33	科经委（信息委）		2008. 9. 27	浦东新区科技发展基金知识产权质押融资专项资金操作细则
34	科经委（信息委）		2008. 10. 17	浦东新区科技发展基金科技中小企业股份制改造资助专项资金操作细则
35	科经委（信息委）		2008. 10. 17	浦东新区科技发展基金科技重大项目配套资金操作细则
36	科经委（信息委）		2008. 10. 17	浦东新区科技发展基金企业家创新领导力发展计划专项资金操作细则
37	科经委（信息委）		2009. 4. 17	浦东新区科技发展基金知识产权资助资金操作细则
38	科经委（信息委）		2011. 8. 19	浦东新区科技发展基金创新资金操作细则
39	科经委（信息委）		2011. 8. 25	浦东新区科技发展基金研发投入补贴资金操作细则
40	科经委（信息委）		2011. 9. 22	浦东新区科技发展基金孵化器资助资金操作细则
41	科经委（信息委）		2011. 10. 9	浦东新区科技发展基金知识产权资助资金操作细则
42	科经委（信息委）		2013. 1. 23	浦东新区科技发展基金知识产权资助资金操作细则

续表

编号	制定机关		实施日期	名称
43	区政府	科技发展基金	2016. 9. 14	浦东新区科技发展基金管理办法
44	科经委（信息委）		2008. 4. 10	浦东新区科技发展基金孵化器资助资金操作细则
45	科经委（信息委）		2004. 11. 5	浦东新区技术改造项目专项贴息管理办法
46	区政府		2018. 9. 9	浦东新区科学技术奖励办法
47	区政府	人才支持发展	2006. 7. 10	浦东新区激励自主创新科技人才的扶持意见
48	人社局（医保局）		2008. 6. 12	浦东新区人才户籍引进实施办法
49	区政府		2008. 6. 26	浦东新区支持鼓励人才若干意见
50	财政局		2008. 7. 4	浦东新区扶持创新人才实施办法
51	区政府		2011. 8. 23	浦东新区引进海外高层次人才意见
52	科经委（信息委）	中小企业发展	2007. 5. 22	浦东新区中小企业发展基金　中小企业信用担保体系建设专项资金实施细则
53	区政府		2016. 7. 16	浦东新区关于促进中小企业上市挂牌的若干意见
54	科经委（信息委）		2019. 7. 11	浦东新区小微企业创新创业财政扶持办法实施细则
55	区政府	财政扶持	2011. 8. 29	浦东新区促进商贸业发展财政扶持办法
56	区政府		2011. 11. 26	浦东新区促进新兴服务业发展的财政扶持办法
57	区政府		2011. 12. 2	浦东新区促进高新技术产业发展财政扶持办法
58	科经委（信息委）		2012. 6. 20	浦东新区自主创新人才财政扶持办法
59	科经委（信息委）		2012. 6. 20	浦东新区自主创新人才财政扶持办法实施细则
60	区政府		2012. 7. 26	浦东新区促进金融业发展财政扶持办法

续表

编号	制定机关		实施日期	名称
61	区政府		2014.5.26	浦东新区进一步鼓励软件和信息服务业发展的若干财政扶持措施
62	区政府		2017.8.12	浦东新区“十三五”期间促进战略性新兴产业发展财政扶持办法
63	区政府	财政扶持	2017.8.12	浦东新区“十三五”期间创新型人才财政扶持办法
64	区政府		2017.8.12	浦东新区“十三五”期间促进总部经济发展财政扶持办法
65	区政府		2017.8.12	浦东新区“十三五”期间促进商贸服务业发展财政扶持办法
66	区政府		2017.8.12	浦东新区“十三五”期间促进金融业发展财政扶持办法

数据来源：根据上海市浦东新区人民政府官网，http：//www.pudong.gov.cn/shpd/整理。

三、浦东新区创新发展方面可借鉴的成功经验

（一）争当创新“排头兵”

上海浦东的改革是综合性、系统性的改革。既有引领国家战略的先行先试，又有提升自身功能的自主探索。浦东在全国率先创造了多项“全国第一”。从成立第一个金融贸易区、第一家证券交易所、第一家合资企业、第一家合作办学项目，到成立第一个自贸试验区、试点第一个开展“证照分离”改革、建设第一个综合性国家科学中心等，浦东积极承接重大改革开放任务，着力把各项改革任务落到实处。尤其是在探索改革新路径方面，面对资金匮乏的问题，浦东率先破除思想禁锢，探索出“土地空转”模式，为城市的快速开发提供全新思路。进入21世纪后，浦东积极争取成为首批国家综合配套改革试点，率先提出“一不要政策，二不要项目，三不要资金”的三不原则，通过区域性的体制机制创新推动面上的改革。党的十八大以来，浦东率先建设自贸试验区，率先探索与国际投资贸易通行规则相衔接的制度

体系和开放型经济新体制，形成一批可复制可推广的制度性成果①。

（二）对标全球最高标准，推动改革创新

浦东对标国际标准，坚持高起点与高水平规划，在吸纳世界资金和技术的同时，不断吸纳世界智慧。首开我国城市规划国际招标的先河，并借鉴国际上大城市的经验，采用了多心组团式格局推进布局，打造“一轴三带五个综合分区”的空间结构②。浦东率先建立起土地市场运行机制，以市场化开发模式推动高效率、高质量的开发建设，加快土地资本向货币资本的转换。党的十八大以来，浦东更是走在新一轮开放的前沿，以建设开放度最高的自由贸易园区为目标，从投资贸易制度、金融开放、政府职能转变等方面大胆尝试，探索建设最高标准开放格局。

（三）主动融入全球产业链，推动产业升级发展

开放是发展的催化剂，浦东始终坚持全球视野，全面谋划对外开放大战略，以积极姿态走向世界。20 世纪 90 年代，国际产业格局发生较大变化，尤其是制造业开始大规模向发展中国家转移，浦东以开放姿态迎接外资进入，大力发展先进制造业和高新技术产业，浦东成为跨国公司全球生产分工体系的一部分，参与价值链中上游环节的国际分工。浦东深入推进产业深加工配套体系，围绕跨国公司“总部经济”提升扩展城市现代服务业。采用发行债券、举借外债或 BOT 方式等措施来组建股份公司，多渠道筹措开发资金，打破浦东与浦西的物理隔离，实现上海东西一体联动发展③。

第三节　金融支持雄安新区创新发展政策建议

《国家创新驱动发展战略纲要》中提出把创新驱动发展作为国家的优先战略，以科技创新为核心带动全面创新，以体制机制改革激发创新活力，以高效率的创新体系支撑高水平的创新型国家建设，推动经济社会发展动力根

---

①②③　李锋．浦东开发开放三十年回顾、总结与展望［J］．科学发展，2020（3）：34－43.

本转换，为实现中华民族伟大复兴提供强大动力。创新是实现经济由高速增长阶段向高质量发展阶段转换的重要途径。深圳经济特区和上海浦东新区作为改革开放的先驱，率先进行全面创新实践的“前线阵地”，经过三四十年的发展，积累了丰富的创新经验，通过对两地创新相关政策及经验的梳理和总结，以期为雄安新区的发展带来更多的创新实践经验和政策借鉴。

一、强化政府政策扶持，构建雄安新区创新生态系统

创新生态系统是以生物学的演化规律来揭示创新的过程，把创新视为创新物种、种群乃至群落对环境变迁、扰动形成的应答过程。创新基本要素主要包括政府、企业、高校、金融部门、中介机构等。创新物种集合形成种群，种群共生形成群落，群落在动态演化过程中形成生态系统[①]。当前许多国家和地区探索运用“创新生态系统”的理念审视自身的创新状态，并使用其方法以提升区域的创新能力。雄安新区具备了打造创新生态系统的现实基础，但同时也存在着制度、科技、创业环境等制约因素。雄安新区承担北京非首都功能疏解集中承载地、新发展理念创新示范区的历史使命，发挥体制、机制和政策的优势，创新是其实现突围和完成历史使命的唯一路径。

（一）政府必须提供激励创新的政策和制度安排，吸引更多资源集聚和流动

发挥政府在创新薄弱环节和共性关键技术领域提供政策支持的作用，构建普惠性的以需求侧为主的创新支持政策体系，破除束缚创新和成果转化的制度障碍，完善科技成果转化的激励机制和收益分配机制，促进创新成果高效转化和创新收益合理分配，促进京津研发成果在雄安新区转化应用和产业化，吸引京津冀和国内外高层次人才聚集是雄安新区创新发展的首要任务[②]。

---

① 田学斌．创新是雄安新区的根本定位［J］．领导之友，2017（8）：1.

② 田学斌，柳天恩，武星．雄安新区构建创新生态系统的思考［J］．行政管理改革，2017（7）：17－22.

其实现途径是：

一是培育适合创新的生态机制。良好的生态机制促进各创新要素迅速集聚，市场化、竞争、信息就是这个生态系统中最重要的组成部分。雄安新区在早期建设中，政府最重要的职责是培育创新环境，关键是建立人才培育机制、资金投入机制、知识产权保护制度和诚信机制，完善税收制度，提供公平的竞争环境、透明的规则以及开放的市场，降低交易成本，促进要素自由流动。

二是完善基础设施，建立灵活高效的政府科技管理机制。重点进行交通路网、通信设施和提供高质量服务的科教文卫等部门的引入和建设，吸引全球创新人才集聚。构建覆盖科技创新企业全生命周期的支撑体系，以市场化选择机制为前提，探索建立“投贷保奖补”五位一体的财政科技投入体系。充分发挥财政资金的引导作用和杠杆效应，带动各类社会资本投入。加大对科技创新的基础投入力度，聚焦支持国内外创新创业人才、科研机构、公共服务平台、创新服务组织和重大科技创新产业布局。建立健全区政府层面统一高效的科技创新管理体制机制，对重大科技规划、重大改革举措、重大创新项目、科技创新资源整合进行顶层设计、综合协调和统一决策①。

三是构建功能完备的科技综合服务体系。规划打造一批专业化、社会化、国际化的孵化创业空间。鼓励发展创新型、专业型孵化器。规划打造一批创业服务资源集聚、生活配套完善的众创空间。争取在数字科技、电子信息、生物医药、新材料等领域，布局和推进建设一批重大研发公共服务平台。加大对科技中介服务机构的支持和引导，打造开放协作、功能完备、高效运行的科技中介服务体系。鼓励企业、机构和个人设立科技中介服务机构，支持社会化企业信用评定。实行更加严格的知识产权保护，加快建设知识产权综合服务平台等交易运营服务体系，深化知识产权领域改革。

（二）建立功能齐全、层次多样的风险投资体系

建设和完善多层次资本市场体系，发挥金融对创新和技术成果转化的促进作用，推进资本链与创新链和产业链的有效对接，形成从实验研究、中

---

① 浦东新区国民经济和社会发展第十三个五年规划纲要［J］. 浦东开发，2016（2）：8.

试、生产、上市全过程科技产业创新融资模式①。发挥天使投资对初创企业的扶持作用，支持风险投资和股权投资，促进产业、创新和创投三环联动。完善对创业投资企业和机构的税收激励政策，鼓励各种资金投向种子期、初创期的创新活动，培育壮大创业投资规模。按市场化原则设立国有资本创业投资基金、战略性新兴产业投资引导基金。发挥中小板、创业板和新三板对科技创新企业的融资功能②。建立区域性股权交易市场，明确其法律定位，推进其与其他金融机构合作，为企业提供股权融资、债券融资和信贷融资，满足不同发展阶段的企业融资需求。

（三）培育鼓励创新创业的文化氛围

营造宽松的科研氛围，建立科研成果转化和面向市场需求研发的正向激励机制，培育崇尚创新、开放合作、多元发展的创新文化，营造崇尚创新、尊重创新的良好社会氛围。激发创新主体的内在动力，培养企业家精神。弘扬创客文化和极客精神，推进创客空间建设，为创新创业提供平台，激活全社会的创新活力和激情。构建良好的社会信用生态，加大对诚实守信者的支持和失信行为的惩戒。

（四）借力“京津冀协同发展”和“一带一路”倡议，整合全球和全国创新资源，不断提高国际化水平

雄安新区要进行前瞻性的创新生态布局，充分利用北京疏解非首都功能的机遇和京津冀城市群现有产业基础，重点打造自己的长板，与其他城市或地区以开放协作的方式实现累积式创新，促进创新产业的横向和纵向布局。通过借力经济全球化与“一带一路”沿线国家合作，通过自贸区向外产生强劲的辐射力，成为联通国际国内科技创新的枢纽，成为中国参与世界经济发展的主力军③。

---

① 孟维福，杨兆廷．雄安新区资本市场支持体系与金融科技创新［J］．开发研究，2019（4）：20.

② 田学斌，柳天恩，武星．雄安新区构建创新生态系统的思考［J］．行政管理改革，2017（7）：17－22.

③ 薛楠，齐严．雄安新区创新生态系统构建［J］．中国流通经济，2019（7）：116－126.

二、构建雄安新区创新发展的财税环境

（一）实行优惠的财税政策，吸引创新主体

1. 完善公共服务体系，吸引优秀创新创业人才

在个人所得税、住房、医疗、教育、养老等多方面给予引进人才保障和优惠。第一，对个人所得税划分不同等级，制定不同标准税收优惠，吸引人才流入。如对专新特精人才划分等级，制定不同等级的所得税费用扣除标准甚至免征所得税的方式。第二，妥善解决引进人才的基本住房问题。通过租售并举，给予流入人才住房补贴。第三，组织建设雄安新区大型综合医养机构，提升整体医疗水平。引进高水平医疗人才，通过进修培训提升原有医疗人员水平。第三，在子女教育方面，为引进人才子女提供和北京、天津学生相同的教育权利，以解决其后顾之忧。

2. 制定企业所得税优惠政策，吸引科研机构和创新企业入驻

一是对落户的科研机构在一定时间内免征企业所得税或给予税收优惠。给予创新型企业和高新技术企业鼓励性的税收优惠政策，参照目前高新技术企业5%的企业所得税率，雄安新区可适当降低2~3个百分点；适当提高现有的研发费用加计扣除比例政策，实行固定资产加速折旧优惠政策。二是制定亏损弥补政策，以降低新老企业新建和转型风险。三是对于跨地区经营的企业，也应给予相应的优惠政策，以吸引外地优质企业在本地设立分支机构。

（二）创建科技创新平台，促进科技创新成果转化

整合跨地区、跨部门的资源，将科技创新平台建设成为集信息服务、科学研究、技术开发与应用于一体的公共科技服务平台，为科技成果的转化提供便利的平台条件。在具体操作中，可采取政府提供、企业生产的外包模式，通过公开竞标的方式，将创新平台的建设和运营交由中标企业管理，允许企业从平台提供的服务中收取一定比例的手续费。此外，要建立“产学研”相结合的科技项目运行体制，建立科研机构与企业合作沟通机制，促进

科技成果的顺利转化。

（三）拓宽资金渠道，确保创新政策落地

从财政资金支持方面来看，一方面，雄安新区地处河北，其经济发展必然对河北地区形成辐射作用，因此地方政府财政应出资促进新区建设。另一方面，新区的建设作为一项国家级战略，其政治地位与深圳、浦东新区等同，因此中央财政出资比例应当高于地方财政。中央政府可设立科技创新专项基金，用于新区创新基础设施的建设。此外，新区还应建立财政资金的引导机制，充分发挥财政资金的杠杆作用，通过建立政府风险投资引导资金，将资金投入支持科技研发项目，形成风险投资的引导效应，吸引社会资金流入科技创新主体①。

三、构建支持雄安新区创新发展的现代金融产业体系

（一）加快发展雄安新区基金产业

基金业务主要针对产业投资基金和创业投资引导基金。通过引进行业内优秀的人才组建基金管理团队，做大基金公司。同时通过公司募集、政府划拨资金等形式，筹措资金支持基金有序运行。基金管理方可以通过成立不同业务板块对工业园区、行业种类进行投资，提高效率，减少风险。

1. 政府组织牵头建立投资雄安新区的专项基金

建议国家、河北省、雄安新区管委会等出资设立专项建设基金，根据新区基础设施建设和相关产业发展的需要，分期分批投入。在保持政府债务风险总体可控、坚决遏制地方政府隐性债务增量的前提下，加大对地方政府债券发行的支持力度，单独核定雄安新区债券额度，支持发行10年期及以上的雄安新区建设基金债②。

---

① 庆祝浦东开发开放30周年专栏——引领浦东开发开放的四大开发区（四）［J］．上海党史与党建，2020（04）：2.

② 中共中央 国务院关于支持河北雄安新区全面深化改革和扩大开放的指导意见［Z］.《中华人民共和国国务院公报》，2019－02－20.

2. 鼓励银行、保险、证券等金融机构设立支持雄安新区专项基金

争取中国人民银行支持，组织相关银行在雄安新区开展金融创新试点，通过投贷联动、银团贷款和无抵押信用贷款等方式，拓宽融资渠道，降低信贷门槛，支持新区基础设施建设、生态治理和高端高新产业创新发展。参照国家开发银行、中国农业发展银行设立专项基金的形式，争取现有全国各商业银行总行设立雄安新区建设专项基金，投入新区基础设施和相关产业建设。同时，尽快成立雄安新区银行、雄安新区信托公司、雄安新区金融资产管理公司、雄安新区证券公司、雄安新区保险公司等一系列“雄安新区”品牌金融机构。

3. 设立创业投资基金

建议设立雄安新区创业投资引导基金，建立与完善政府创业投资引导基金的管理架构，制定引导基金管理办法和委托管理协议，引导基金投入规范运作。研究制定组建中国雄安新区创业资本投资基金的方案，包括目标、规模、期限、发起人、投资范围、运作框架、管理公司和退出渠道等，按要求履行相关报批程序，适时启动基金运作。

4. 制定完善股权投资的制度环境

第一，优化市场准入制度。完善私募股权投资、创业投资、私募天使投资等私募机构的商事登记流程。建立完善市场监管、金融监管等部门私募基金登记注册信息互联互通机制。建立私募基金分级分类监管和信息披露机制，完善私募基金托管制度，穿透识别实际控制人和最终受益人。

第二，健全行业治理机制。新区地方金融监管部门会同河北省银保监局建立私募投资企业监管和信息服务平台，采取“举手”机制指导辖区各类私募投资机构接入平台，通过大数据分析、人工智能等技术，对辖区私募基金风险监测分析、实施“名单制”分类监管，并提供募、投、管、退一体化综合服务。加强各部门数据对接，推动私募基金平台与市场监管工商登记系统、发改部门创业投资企业备案平台等互联互通。金融监管部门依照商事登记条例，建立常态化非正常经营投资企业公示机制，并会同市场监管局采取相关商事注销登记措施。支持私募投资机构委托区域股权交易中心进行股权托管。引导商业银行加强账户行为监管，确保客户资金

安全。

第三，出台吸引私募投资机构落户制度。对新设立或新迁入的股权投资、创业投资企业，按其当年实际投资雄安新区区域非上市企业的累计投资额给予奖励。

第四，引导股权投资投早投小投科技。支持股权投资机构加大对种子期、初创期科技创新企业的投资力度，对投资本市种子期、初创期创新企业2年以上的，按照实际投资额给予奖励。

第五，激发天使投资活力。支持公益性天使投资人联盟等平台、行业协会的发展，探索建立风险分担及让利机制，对其组织举办的符合产业导向且具备公益性质的活动、论坛等给予支持，对政府主办、合办、协办的活动实际产生的费用予以补贴。

第六，畅通创新产业投资渠道。建立联通创投机构与科技创新种子项目、金融机构及创业板等市场板块的信息对接机制，建立科技创新种子项目孵化与筛选服务、债权融资服务、股权融资服务、信息增值服务等全方位一体化金融服务体系。对股权投资企业投资培育的新兴产业领域创业企业所提供的新业态、新技术、新模式，鼓励区内各有关部门和国有企事业单位积极使用，探索建立行政免责机制。

第七，拓宽基金募资渠道。支持保险资金、财富公司等各类社会资本发起设立母基金。推动股权投资管理企业通过发行企业债券、并购重组、管理费和预期分红、资产证券化等方式做优做强。争取银行机构投贷联动试点，鼓励保险资金依规扩大股权投资比例。探索社保基金、年金依照国家有关规定开展权益类投资试点。鼓励金融机构与创投类企业开展投贷联动、投债联动，推广投、贷、保联动等多种创新模式。充分发挥政策性融资担保基金功能作用，解决初创型企业首投、首贷问题。①

（二）支持保险业务参与雄安新区创新发展

保险业是金融业和社会保障体系的重要组成部分，加快保险业创新发

---

① 深圳特区人民政府. 关于促进股权投资基金业发展的若干规定［Z］. 深圳特区人民政府官网，2021. http：//jr. sz. gov. cn/hdjlpt/yjzj/answer/9536.

展，对发展雄安新区金融产业，完善社会保障体系，建设和谐雄安新区具有非常重要的战略意义。积极引导和支持保险资金参与雄安新区建设，对于新区的交通基础设施、水利、生态、能源、公共服务等重大项目给予长期资金支持。

1. 推进保险资金运用改革在雄安新区先行试点

在符合法律法规、有效防范风险、满足资产配置需要的前提下，支持保险资金以债权或股权形式参与雄安新区基础设施项目和保障性住房投资，支持保险机构投资者积极参与资本市场、货币市场、外汇市场等金融市场工具和产品的投资交易，稳步开放保险资金投资不动产和未上市公司股权的试点工作①。

2. 鼓励保险机构为高新技术产业发展提供有力的资金支持

利用保险资金长期性和稳定性的特点，通过新三板市场吸引保险资金以投资股票基金等方式投资雄安新区高新技术企业。

3. 鼓励保险机构参与雄安新区公共服务平台建设

一是推进保险交易所建设，推进巨灾证券化建设。允许保险机构开展融资融券业务、参与境内及境外金融衍生品交易、拓宽保险资金境外投资品种和范围、拓宽境内股权和不动产投资范围。鼓励设立保险资产管理公司，并推动开展公募资产业务。

二是构建政府引导，财政支持，政府、保险、银行合作新机制，推进保险机构为银行、小额贷款公司发放的小额贷款提供保证保险。

三是推进银行、保险和外部中介评级机构共同构建小微企业评级数据共享平台，完善社会征信体系②。

（三）发展金融科技，支持雄安新区创新发展

金融科技是金融与科技融合衍生出的高端高新产业。近年来，金融科技快速发展，在提升金融服务质量和促进金融发展等方面发挥了积极

---

① 方立雄．关于保险业创新的策略研究——以深圳为例［J］．开放导报，2012－10－08．

② 中国保监会．中国保监会关于保险业支持实体经济发展的指导意见［Z］．中国保监会官网，2017．http：//www. cbirc. gov. cn/cn/view/pages/ItemDetail. html？docId＝344642&itemId＝928&generaltype＝0．

作用。

1. 促进大数据在雄安新区金融产业的应用

第一，完善数据仓库，打造大数据平台。雄安新区金融产业应以服务大数据挖掘和分析为目标，建设完善数据仓库项目。并在构建数据仓库的基础上，搭建更为广泛的大数据分析平台，使移动通信、云计算等新兴业态与互联网数据纵向整合、横向渗透，促进信息集中、整合、共享与挖掘。

第二，以大数据提升金融产品核心竞争力。提升大数据整合能力，在基于产业内部数据的同时，对大数据链条上的社会化数据充分利用，通过制订完备的规划，在制度上对金融数据的使用进行规范。对分散的数据信息，以客户、渠道、产品为依据进行整合与储存，建立多维度的数据仓库，进而使得数据格式在全行范围内统一，提升数据的利用效率。筹建大数据主管部门，对金融数据进行集中管理。

第三，利用大数据思维，完善金融风险管理水平。雄安新区金融业在面临不断提高的风险管理要求时，应积极引入大数据思维，树立新型风险管理理念，即“用数据，防风险”。将大数据全面纳入风险管理体系中，提升自我监督能力，与各类企业和机构共同完成数据安全标准的制定工作，促使数据安全质量整体提升。此外，为进一步提高客户的数据安全意识，规范数据来源以确保其安全，金融部门应逐步加强与客户之间的交流与沟通①。

2. 借助监管沙盒，发展金融科技

监管沙盒（Regulatory Sandbox）是英国政府于 2015 年 3 月提出的制度创新。按照英国金融行为监管局的定义，监管沙盒是一个安全空间，金融科技企业在其中可以测试其创新的金融模式、业务、流程和产品②。可以分业分段式解决企业跨界混业经营、市场穿透不易、业态模式众多、风险复杂多样的金融监管难题。

一是设立工作小组，统筹试点工作。建议设立雄安新区试点金融科技监

---

① 孟维福，杨兆廷．雄安新区资本市场支持体系与金融科技创新［J］．区域经济，2019（2）：41－45.

② 德勤中国市场发展中心合伙人马立．雄安新区可借助“监管沙盒”发展金融科技［J］．中国证券报，2017（12）：6.

管沙盒工作小组，明确工作职责，确立工作机制，负责监管沙盒的顶层设计、实施管理和改进完善。二是适时推出监管沙盒，逐步健全完善。适时推出监管沙盒，逐步完善，借鉴限制性授权、监管豁免、免强制执行函等措施，对金融科技创新，先发展后规范，逐步构建完整的监管沙盒。

3. 促进金融与科技融合，服务实体经济

推动金融科技产业聚焦经济转型升级与结构调整，促进金融与科技的深度融合、业务与场景的广泛结合、技术与流程的有机整合，有效增加金融服务供给规模、效率和质量，提高金融科技供给对实体经济需求变化的适应性和灵活性①。利用金融科技在降低金融交易成本、提高金融资源配置效率、扩大金融服务辐射半径等方面优势，实现实体经济快速发展。金融科技基于虚拟网络平台进行交易，个人信息保护难度加大，可以多层次、有针对性地开展投资者教育，完善投诉处理、纠纷调处、损害赔偿等机制，加强金融科技消费者权益保护。要引导金融科技企业充分认识金融业务风险与技术风险可能产生的叠加效应和扩散效应，遵循金融基本规律，建立有效的内控制度和风险管理系统，使金融科技创新可能带来的风险处于可管、可控、可承受范围。②

（四）构建科技金融体系支持雄安新区创新发展

科技金融是国家科技创新体系和金融体系的重要组成部分，是促进科技开发、成果转化和高新技术产业发展的一系列金融工具、金融制度、金融政策与金融服务的系统性、创新性安排，是由政府、企业、市场、社会中介机构等各种主体及其在科技创新融资过程中的行为活动共同组成的一个体系。因此，要支持各类金融机构在雄安新区开展业务，鼓励全国性和区域性金融机构在雄安新区设立包括支付、清算、结算、资金运营、市场营销、产品设计、金融信息等在内的各类功能性业务总部，促进新区金融核心功能建设。政府要不断完善金融发展环境，为金融机构提供良好的服务，支持金融机构

---

① 高钟庭．金融服务实体经济 促进京津冀协同发展——“新时代金融服务实体经济研讨会”专家发言摘编［J］．经济与管理，2018（04）．

② 孙天琦．G20 数字普惠金融高级原则：背景、框架和展望［J］．清华金融评论，2016（12）：29－33．

在雄安新区长期发展。按照“功能优先、能级优先”的原则，强化服务意识，协助金融机构解决工商登记、税务征管、机构选址、办公场所建设、场所装修等问题。另外，加速科技金融类的基础设施建设，将计算与网络技术应用于相关的金融服务类企业，搭建信息共享平台，让科技型企业可以轻松地在平台上完成项目融资。打造一套能分析、能控制和可量化的征信体制，从而间接地提高科技型企业的融资效率。建立多层次征信担保与风险分担机制，制定与科技型企业相符合的评估制度，避免提供金融服务类企业出现评估错误而产生风险。

四、实施金融支持知识产权保护计划，促进科技金融政策的导向作用。

雄安新区创新发展离不开知识产权的保护，离不开法制完善的社会环境。当前，我国知识产权工作正在从追求数量向提高质量转变，知识产权保护工作关系既关系国家治理体系和治理能力现代化，又关系高质量发展。加强金融对知识产权保护和管理，要建立多元化融资渠道，针对科技企业实际情况，提供“知识产权质押融资”等专属信贷产品。利用大型金融机构都设立海外分支机构的便利条件，支持拥有自主知识产权的企业，走出去参与全球竞争，在跨境结算、全球现金管理、海外项目融资、国际贸易融资、汇率风险管理、流动性管理、海外平台运营、海外政策咨询、跨境撮合、跨境科技项目及人才发展等方面提供全方位金融支持。

对具备“专精特新”企业在知识产权的拥有、运用、管理和保护等方面，给予不同力度的资金支持和资助。在支持高新技术领域的发明专利申请、专利技术转化和产业化方面，设计“创新积分贷”专属产品，精准支持创新能力突出的科技企业，形成支持积分企业的专属政策、专项信贷、专业服务体系。对高新发明专利技术拥有人成果转化或产业化，积极探索运用“贷款+直接投资”或“贷款+远期权益”等联动新模式，设立支持科技领军人才的专属金融产品。

建议雄安新区管委会建立《雄安新区高新技术产业和产品目录》，对中小企业申请符合文件要求的发明专利，经专利授权后，给予相应费用补贴；

对中小企业向国外申请高新技术的发明专利，给予相应申请费资助。对中小企业自行研发或购买发明专利并在雄安新区实施产业化的，视其所产生的经济和社会效益，对专利产品、技术开发费用或专利购买费用给予一定比例的资助①。金融机构也应该建立常态化对接服务机制，对入库企业优先提供股权投资、普惠贷款、项目融资、设备租赁、个人金融等综合服务。

加快雄安新区专利信息服务平台建设。针对重大工程、重点产业，建设一批共享的专业化专利信息数据库，使之成为企事业单位专利查询、检索、分析等服务的专业平台。金融机构也相应建立雄安新区科技金融服务团，为科技企业提供政策宣讲、政策咨询、产业对接、财务顾问和人才公寓等增值服务。

① 上海市浦东新区人民政府印发《关于加强专利工作的若干意见》的通知［Z］. 2005-01-05.

| 第六章 |

金融支持雄安新区协调发展政策建议

第一节　深圳协调发展政策梳理

改革开放以来，深圳特区作为改革开放的先行者、排头兵，不断解放思想，勇往直前，以锐意进取的精神创造了一系列市场化的改革，并将经验在全国范围内推广。率先建立起一整套社会主义市场经济体制框架，并从立法、政府、市场等角度不断完善市场化程度和市场体系。深圳特区利用毗邻港澳的区位优势，抓住国际产业转移和要素重组的历史机遇，率先建立开放型经济体系，成为我国外向度最高的经济区域和对外开放的重要窗口①；新时期，习近平总书记提出建设粤港澳大湾区的国家重大发展战略，而深圳则担当大湾区建设的重要引擎。研究粤港澳大湾区协调发展的成功政策和经验及深圳特区的重要引擎作用，对实现京津冀协同发展提供十分必要的经验及政策依据。

一、深圳特区协调发展历程

（一）区域非均衡发展及局部协调推进阶段（1978～2009 年）

区域非均衡发展理论认为，经济增长应以一个一个的“增长中心”传导

① 国家发展和改革委员会．珠江三角洲地区改革发展规划纲要（2008～2020 年）[Z]．国家发展和改革委员会网站，2008.

到其他区域。以部分占有区位、产业优势的地区作为增长极，带动整个国家或其他部门的经济繁荣。深圳位于珠三角地区，毗邻香港，交通便利，凭借得天独厚的区位优势，深圳与珠海、汕头、厦门一起成为我国最早的一批经济特区。1978 年邓小平同志提出建立深圳经济特区，经过近 40 多年的发展，深圳坚定走中国特色社会主义道路，坚持改革开放，充分发挥特区“窗口”“试验田”作用，不断增强自主创新能力，营造文明法治和谐发展环境，打造高素质干部和人才队伍，创造了世界工业化、城市化和现代化发展史上的奇迹，为中国的改革开放和现代化建设作出历史性的探索和贡献。数据显示，2009 年深圳市地区生产总值达到 8200 亿元人民币，超过 1978 年中国经济国内生产总值的两倍；从 1979 年到 2009 年，深圳市地区生产总值增长 979 倍。综合经济实力进入中国城市的前 4 名，人均 GDP 和人均可支配收入居首位，已初步成为一个经济繁荣、法制健全、环境优美、生态优良、文明和谐的现代化城市。这一时期，深圳金融充分发挥经济特区的新时期“带头”作用，在金融体制、机制、组织结构、技术和产品创新方面取得重大突破，保持在规范化、市场化、国际化方面的全国领先地位，使深圳金融成为全国最有创新能力、市场化水准最高、开放度最大的市场。

（二）全面区域协调发展新阶段（2010 年至今）

2010 年 7 月 1 日，深圳扩容正式实施，总面积为原来的 5 倍，深圳从此进入“大特区时代”。2010 年 8 月，国务院批复同意《前海深港现代服务业合作区总体发展规划》，明确把前海建设成为粤港现代服务业创新合作示范区。2011 年 5 月，广东省委省政府在汕尾市海丰县圈定 468.3 平方公里，设立深汕特别合作区，开启以“飞地经济”带动“区域协调发展”的改革试验。2015 年 4 月，广东自贸区前海蛇口片区正式挂牌，前海蛇口自贸片区管委会同时成立。该片区把自贸区体制机制创新、前海国家服务业开放发展战略平台功能、蛇口发达的港口航运产业基础更好地结合起来，营造国际化、市场化、法治化营商环境，重点发展金融、现代物流、信息服务、科技服务等战略性新兴服务业。2019 年 2 月，国务院印发《粤港澳大湾区发展规划纲要》（以下简称《纲要》）。大湾区建设将作为推动区域协调发展战略的关键举措之一。不仅对涉及湾区内协调发展产生推进效果，还为全国其他地区的协调发展起到了示范作用。深圳作为湾区的核心引擎之一，要发挥作为经济特区、全国性经济中心城市和国家创新型城市的引领作用，加快建成现代化国际化城市，努力成为具有世界影响力的创新创意之都①。《纲要》提出深圳的任务是继续强化同香港、澳门之间的多方面合作，提升与湾区其他城市的协同配合水平，要在湾区建设中勇挑重担、做好示范。2019 年 8 月，《中共中央、国务院关于支持深圳建设中国特色社会主义先行示范区的意见》（以下简称《意见》）发布。这是习近平总书记亲自谋划、亲自部署、亲自推动的重大决策，是中国特色社会主义又一伟大实践的重大时代性开启，是继兴办经济特区后深圳迎来的又一重大历史性机遇，是深圳发展进程中具有划时代重要里程碑意义的大事，对深化粤港澳大湾区建设，推动深圳开放再出发、创建社会主义现代化强国的城市范例影响深远、意义重大。《意见》明确了深圳建设先行示范区的“五个战略定位”“三个阶段目标”和“五个方面率先”。《意见》的制定出台，是继 2018 年 12 月 26 日习近平总书记对深圳工作作出重要批示之后，中央立足新时代中国特色社会主义建设大局对深圳经济特区的最新战略定位，标志着支持深圳建设中国特色社会主义先行示范区已上升为国家层面的一项重大战略部署，也标志着深圳发展进入了全新的历史阶段。2020 年 10 月，中共中央办公厅、国务院办公厅对外发布《深圳建设中国特色社会主义先行示范区综合改革试点实施方案（2020 ~ 2025 年）》，赋予深圳在重点领域和关键环节改革上更多自主权，支持深圳在更高起点、更高层次、更高目标上推进改革开放。这是新时代推动深圳改革开放再出发的又一重大举措，是建设中国特色社会主义先行示范区的关键一招，也是创新改革方式方法的全新探索。②

改革开放 40 多年来，深圳解放和发展社会生产力，大力推进科技创新，经济总量位居亚洲城市第五位，实现了由一座落后的边陲小镇到具有全球影响力的国际化大都市的历史性跨越。党的十九大以来，深圳坚持解放思想、与时俱进，率先进行政治经济体制改革，首创多项改革举措，实现了由经济

---

① 中共中央、国务院．粤港澳大湾区发展规划纲要［Z］，中国政府网，2019.

② 深圳经济特区 40 年大事记，人民网，2020 - 12 - 01，https：//baike. baidu. com/item/% E6% B7% B1% E5% 9C% B3% E7% BB% 8F% E6% B5% 8E% E7% 89% B9% E5% 8C% BA% E5% BB% BA% E7% AB% 8B40% E5% 91% A8% E5% B9% B4/54195425？fr = aladdin#4.

开发到统筹社会主义物质文明、政治文明、精神文明、社会文明、生态文明发展的历史性跨越。它在全国率先完成全面建成小康社会的目标，实现了由解决温饱到高质量全面小康的历史性跨越。

二、深圳协调发展方面政策文件梳理

2006 年 4 月，深圳市政府发布《关于实施自主创新战略建设国家创新型城市的决定》，其中提出要汇集整合国内、国际创新要素与资源，由政府搭建交流平台，打造“创新圈”，推动深圳—香港科技融合协同体系建设，构建创新要素合理流动，实现区域科技资源共享①。2008 年 4 月，深圳通过《深圳经济特区金融发展促进条例》，提出以多层次资本市场为核心，以深港金融合作为纽带，巩固提升深圳金融中心城市地位，使深圳成为港深大都会国际金融中心有机组成部分②。在金融协同方面，探求与香港、澳门金融市场，金融机构开展合作对接的新方式③。2008 年 9 月深圳印发的《深圳国家创新型城市总体规》中有一次提及“深港创新圈”，提出要共建高水平公共技术平台和创新型产业项目，吸引香港的科研成果、专利技术到深圳孵化。继续推进深圳香港两地金融协同配合，其中提出要完善深港两地资金交易、汇兑、清算的金融基础设施建设，以促进异地资金融通高效化、便捷化。深化两地银行、保险业务合作范围。加强国内区域合作。通过合理调配和协同共建，深化与周边城市在产业转移、城市功能互补中的合作关系。在区域产业协作和战略联盟的大背景下，寻求区域的差异化资源和技术的共同研发，发挥协同效应④。

2008 年 12 月，广东省政府发布《珠江三角洲地区改革发展规划纲要》⑤，提出以省内的广州、深圳、珠海、佛山等 9 地作为核心城市，加强与

① 深圳市人民政府．关于实施自主创新战略建设国家创新型城市的决定［Z］．中国政府网，2016.

② 深圳市人民政府．深圳经济特区金融发展促进条例［Z］．深圳市地方金融监督管理局网站，2009.

③ 陈平．以功能开发推动广州区域金融中心建设［D］．中山大学，2010.

④ 深圳市人民政府．深圳国家创新型城市总体规划实施方案［Z］．深圳政府在线，2009.

⑤ 广东省人民政府办公厅．珠江三角洲地区改革发展规划纲要［Z］．广东省人民政府门户网站，2009.

港澳协同配合，带动珠江三角洲地带整体经济协同发展。规划提出：在现代产业体系方面，协同发展现代服务业，在金融、信息服务、物流等行业中实现优势互补，相互促进。以建立优化开放性区域创新体系为目标，做好谋划布局，加强科技创新合作、政府、高校、科研机构，共建联合创新平台，共享科技资源和创新成果，合力打造创新共同体。在基础设施方面，统筹规划、合理推进基础设施现代化，实现区域内基础设施互联互通、综合一体。建设网络完善的综合交通运输体系、清洁安全的能源保障体系、便捷高效的信息网络体系。在区域协调发展方面，将珠江口作为分界点进行空间布局，设立三个主体功能区，分别为中心城市广州、东岸核心城市深圳、西岸核心城市珠海，以三个城市作为核心、重点，辐射带动各自功能区内节点城市的产业发展，优化不同功能区的功能布局，实现优势互补，实现地区协同快速发展。在开放合作方面，继续提高与港澳的协调合作水平，提升优势互补能力，在一些关系民生的基础设施（如交通、通信、能源、供水等）要做好协同安排，提升产业协同能力，促进工贸企业转型升级，促进现代服务业和先进制造业。在教、科、文以及知识产权保护等领域进行广泛合作，满足香港、澳门居民进入内地工作生活的便利化需求，打造优质生活圈。继续深化合作，促进东中西部地区优势互补、良性互动、协调发展，促进资金、技术、人才、信息、资源等要素的便捷流动，推进产业区域合作①。

2009 年 5 月，《深圳市综合配套改革总体方案》发布，其中提出要全面深入推进深港在金融、航运、科教文等领域协同配合。充分发挥深圳作为全国经济中心城市的辐射带动作用，积极推进“深惠莞”紧密合作，全面提升珠江口东案地区整体竞争能力②。发挥政策优势，研究区域城市群协同发展的新举措。统筹安排周边地区的综合交通运输体系。协调与区域内地市间的合理分工，发挥各自优势。在国内开拓新市场，积极参与与内地省市在更高水平更广领域的协作发展。

2009 年 6 月，广州、深圳、珠海、佛山、东莞、中山等 9 座城市签订《珠江三角洲地区人才工作联盟合作框架协议》，协议提出，要打破地区封

---

① 国家发展和改革委员会．珠江三角洲地区改革发展规划纲要（2008～2020 年）［Z］．国家发展和改革委员会网站，2008.

② 深圳市人民政府．深圳市综合配套改革总体方案［Z］．深圳市人民政府网站，2009.

锁，逐步形成统一、公平、开放的区域人才市场体系，进一步规范人才中介服务机构的设立，鼓励人才中介机构在本区域内跨城市设立分支机构和开展业务，创建区域人才资源信息共享联合发布机制，联合发布区域城市群年度人才市场报告①。协议商定，珠三角9市将加强党校、高校、科研机构、职业院校之间的科教资源协同合作水平；研究适龄干部异地交流培训协作机制；协调开展产业、行业急需紧缺人才培养，相互开放和共建人才培养平台，加快推进科技资源的网络共享。

2019年2月，中共中央、国务院印发《粤港澳大湾区发展规划纲要》。规划范围涵盖香港、澳门以及广州、深圳、珠海、佛山等广东9地市。纲要将湾区定位于：充满活力的世界级城市群、具有全球影响力的国际科技创新中心、“一带一路”建设的重要支持、内地与港澳深度合作示范区、宜居宜业宜游的优质生活圈②。空间布局上，提出极点、轴带对协同融合发展的重要性，通过强强联合、深度合作、同城建设增强湾区城市群整体竞争力，建设快捷便利的路、港、空枢纽形成轴带的支撑作用。促进不同规模的城市错位分工、实现互利互补，以此增强区域协同发展水平。

表6-1　　粤港澳大湾区发展规划纲要主要任务与措施

主要任务	主要措施
建设国际科技创新中心	1. 加强科技创新合作。加大核心城市科技创新走廊建设，政策上加强对创新要素自由流动和融通整合的支持 2. 加强创新基础能力建设。对于广东投入的重大科研设施、仪器对港澳相关科研机构有序开放，提供条件支持其投入到国家科技计划 3. 加强产学研深度融合。以科技成果转化为导向，促进粤港澳校企合作，共同搭建优质协同创新平台 4. 强化知识产权保护和运用
加快基础设施互联互通	1. 构建现代化的综合交通运输体系 2. 优化提升信息基础设施 3. 建设能源安全保障体系

① 广州日报．珠江三角洲地区人才工作联盟合作框架协议［Z］．大洋网，2009.

② 中共中央国务院．粤港澳大湾区发展规划纲要［Z］．中国政府网，2019.

续表

主要任务	主要措施
构建具有国际竞争力的现代产业体系	1. 加快发展先进制造业。推动制造业结构调整升级，增强制造业核心竞争力 2. 培育壮大战略性新兴产业。依托港、澳、广、深等中心城市的科研优势和高新技术产业基础，联合打造具有国际竞争力的战略性新兴产业集群① 3. 加快发展现代服务业。探索特色金融、金融市场联动机制 4. 大力发展海洋经济
建设宜居宜业宜游的优质生活圈	1. 打造教育和人才高地 2. 共建共享人文、休闲、健康湾区 3. 拓展就业创业空间 4. 促进社会保障和社会治理合作
共建粤港澳合作发展平台	1. 加强前海合作区功能，拓展合作发展空间 2. 打造南沙、横琴合作示范区

三、深圳特区协调发展方面可借鉴的成功经验

（一）坚持生产要素的市场化改革，坚持市场的资源配置的决定作用

深圳特区建立 40 多年来，最成功的经验就是让市场在资源配置中起决定性作用，让市场决定各种生产要素的配置。土地要素配置上，深圳首次尝试国有土地所有权分离，公开拍卖国有土地使用权，开启了我国土地使用权的市场化改革；劳动力要素配置上，深圳在建立之初就打破“大锅饭”用工制度，实行企业市场化的用工招聘制度，通过招商引资吸引外资以及各地的农民工，促进了农村劳动力流动，同时改革干部任用管理制度，实行市场化招聘，颁布一系列非户籍劳动者保护法规，保护非户籍居民合法权益，通过“孔雀计划”等项目，引进海外高层次人才；资本要素配上，深圳建立了多层次资本市场和产权交易市场，1990 年深交所正式敲钟，1999 年，成立国资背景的深圳市创新投资集团有限公司，开始了风投市场的深耕。2004 年中

① 中共中央国务院．粤港澳大湾区发展规划纲要［Z］．中国政府网，2019.

小板于深交所设立，2009 年创业板设立，中小规模以及高科技企业通过资本市场得到更多的融资机会，多层次资本市场结构日趋成熟，其服务实体经济发展和转变增长方式的功能日益显现。深圳特区要素配置市场化改革过程中的成功经验对京津冀协同发展，特别是为雄安新区健全要素市场体系及相关制度建设，促进要素自由流动有着重要的借鉴。

（二）明晰定位发挥优势，突出核心作用

深圳最初的城市性质定位是区域中心城市①，在《深圳市城市总体规划（2010～2020 年）》② 颁布后，转为全国经济中心城市，“十三五”规划纲要中，首次将深圳定位为国际科技、产业创新中心。经过十几年的发展，现如今深圳已作为国际化都市，成为参与全球竞争的重要一份子。在构筑粤港澳大湾区这一国家战略的重要契机下，深圳特再次明确其经济特区、全国性经济中心城市的定位，以及新时代被赋予的国家创新性城市、现代化国际化城市、创新创意之都的新的城市定位。近年来，深圳产业持续升级，一方面，以主板、创业板、区域性股权市场构成为代表的多层次资本体系不断完善，拥有平安、招商等综合产融结合的巨头；另一方面，产业内生性不断加强，截至 2020 年，深圳民营企业达 197 万户，深圳本地上市公司中，民企占比达 90%，创新和创业的气氛较强，聚集了硬件导向和金融科技的“独角兽”。深圳充分利用粤港澳大湾区这个区域协调平台，从过去被动的功能外溢转向积极主动的协同共建，利用区位优势，进一步从深港、深莞惠、深汕多个层面推进高水平的区域协作，发挥深圳在大湾区建设中的核心引擎作用，为湾区协调共建增添了新动能。

第二节　浦东新区协调发展政策梳理

长三角地区是“一带一路”和长江经济带的重要交汇点，在国家现代化

---

① 1998 年 5 月，广东省第八次党代会上，省委书记李长春对深圳发展进行了定位，要求深圳加快经济中心城市建设，在金融、科技、信息、商贸等方面成为区域中心.

② 深圳市规划和自然资源局. 深圳市城市总体规划（2010～2020 年）[Z]. 深圳政府在线，2010.

建设大局和全方位开放格局中具有举足轻重的战略地位[①]。长三角一体化发展是党中央长期以来的一项重大发展战略，也是习总书记区域协调发展战略思想的重要谋划布局。研究改革开放以来上海浦东开发以及长三角区域协调发展的成功政策经验对雄安新区的协调发展有着积极意义。

一、浦东新区协调发展历程

（一）区域非均衡发展及局部协调推进阶段（1990～2017年）

20世纪90年代初，我国面临着区域内发展不平衡、跨区域实现共同建设共同治理的机制尚有欠缺、基础设施、公共服务共建共享水平不足、特色资源利用及区域产业协同发展的水平不高、统一开放的区域市场体系尚未建立的矛盾，为破解难题，1990年，中央宣布开发开放上海浦东，当时提出的发展定位是开发浦东，振兴上海，服务全国，面向世界。主要任务是在先行先试中构建起高起点、宽领域、全方位的开放格局，成为上海服务长三角、服务长江流域、服务全国的重要载体。习近平同志2010年考察浦东时强调，“浦东开发开放的意义在于发挥窗口作用、示范意义，在于发扬敢闯敢试、先行先试的精神，在于发挥排头兵、试验田的作用”，当时的上海有巨大的经济结构转型负担，需要借浦东的开发开放带动整体发展。可以说，这是一座工业城市催生新经济、推动产业升级的重要契机，也是一座有工商贸易辉煌历史的国际化都市恢复荣光、深化改革开放的时代机遇。因此，浦东开发开放的过程，实际上也是上海经济和城市脱胎换骨的重要阶段。党的十四大、十五大、十六大、十七大都对浦东开发开放提出明确要求，强调要以浦东开发开放为龙头，带动长江三角洲和整个长江流域地区经济的新飞跃，发挥对全国的示范、辐射、带动作用。这一时期，浦东聚焦政府职能转变、到经济运行方式转变、城乡二元经济与社会结构转变三项重点改革任务，率先实现土地、资金、技术、劳动力等要素的市场化，按照法规先行的开发思路，形成较为稳定、可预期的市场环境，率先探索行政审批和政府服务“零收费”等改革；试出了不少值得复制推广的

① 胡宗元．协同建设长三角一体化立体交通网［J］．唯实，2020（01）．

“浦东经验”。

（二）全面区域协调发展新阶段（2017 年至今）

当今世界正面临百年未有之大变局，我国发展外部环境发生明显变化，全球化遭遇重大波折，我国经济已由高速增长阶段转向高质量发展阶段，发展不平衡不充分问题和各种周期性、结构性、体制性因素交织叠加在一起，人民群众对美好生活的需要更加强烈，发展进入新时代。如何打破既得利益的藩篱，进一步激发发展活力，推进国家治理现代化，新时代新形势赋予上海浦东新的重大使命和任务。在此背景下，把长江三角洲一体化战略实施好、发展好也成为了解决内外复杂局势的一把钥匙，也对长三角一体化如何发展、怎么实现发展提出了新的标准和期望。2018 年 11 月，习近平总书记视察上海时要求，“把上海未来发展放在中央对上海发展的战略定位上，放在经济全球化的大趋势下，放在全国发展的大格局中，放在国家对长江三角洲区域发展的总体部署中来思考和谋划”，要求浦东主动担当起探路尖兵角色，率先在国内试点综合配套改革，要为全国的改革开放探索新路、积累经验、提供示范。2019 年 12 月，国务院印发了《长江三角洲区域一体化发展规划纲要》①，以上海、南京、杭州、宁波等城市为中心区，目的是利用好中心区内城市各自的特色资源和基础，使长三角地区的综合竞争能力更上一层，实现长三角地区一体化向纵深发展，在全国层面上为其他地区区域一体化拿出优质可行方案。浦东新区作为长三角一体化的起点和“一带一路”的重要连接点，在金融资源调配、贸易纽带、航运高端服务、科技创新等能力上对提升上海服务功能，强化区域联动协同发展。2020 年中央决定增设中国上海自由贸易试验区新片区，在上海证券交易所设立科创板并试点注册制，支持长江三角洲区域一体化发展并上升为国家战略。截至目前，上海浦东新区外商投资负面清单、国际贸易“单一窗口”、自由贸易账户体系、“证照分离”改革、“一业一证”“六个双”政府综合监管等一大批制度创立，50 个扩大开放全国首创性项目在浦东落地，315 项制度创新成果向全市、全国复制推广。

① 国务院．长江三角洲区域一体化发展规划纲要［Z］．中国政府网，2019.

二、浦东新区协调发展方面政策文件梳理

1982 年 12 月，国务院正式确立打造上海经济区，以上海为中心，涵盖苏州、无锡、常州等 9 个城市。基本思路是以上海作为经济区和核心，建立长三角经济圈。1990 年 4 月，党中央正式决定开发开放上海浦东，这也意味着长三角区域一体化发展开始进入全新的阶段。1992 年 10 月中共十四大召开，会上把建设上海、开放浦东上升到国家战略地位，提出“以上海浦东开发开放为龙头，进一步开放长江沿岸城市，尽快把上海建成国际经济、金融、贸易中心之一，带动长江三角洲和整个长江流域地区经济的新飞跃”①。2008 年 9 月，国务院发布《国务院关于进一步推进长江三角洲地区改革开放和经济社会发展的指导意见》②，提出实现长江三角洲区域一体化发展的要求。总结起来为，转变服务结构，面向生产、面向民生，优化行业环境，推动多方联动；促进工业升级，立足优势，优化布局，科技赋能，强化竞争力；共谋城乡发展，改造传统农业，优化产销服务，深化体制改革，推进一体建设；加强区域创新，构建创新体系，实现创新突破，落实创新环境，鼓励人才引进；培育国际城市群，城镇体系网络化，完善服务功能，提高管理水平；抓好基础设施建设，完善综合交通运输，优化能源结构，统筹水利建设，推动信息、网络一体化；节能减排，保护环境，共建共治，推动可持续发展；推进社会协调发展，弘扬和谐文化、加强社会保障，维护外来人口权益。

2009 年 4 月，国务院发布《国务院关于推进上海加快发展现代服务业和先进制造业建设国际金融中心和国际航运中心的意见》，其中，国际金融中心建设上提出：第一，加强金融市场体系建设，形成比较发达的多功能、多层次的金融市场体系，研究探索推进上海服务长三角地区非上市公众公司股份转让的有效途径③。第二，布局完善金融机构及业务体系，鼓励金

---

① 江泽民．在中国共产党第十八次全国代表大会上的报告［Z］．中国政府网，2008.

② 国务院．国务院关于进一步推进长江三角洲地区改革开放和经济社会发展的指导意见［Z］．中国政府网，2008.

③ 中共中央国务院．关于推进上海加快发展现代服务业和先进制造业建设国际金融中心和国际航运中心的意见［Z］．中国政府网，2009.

融企业业务及服务创新，提高开放水平。第三，提升金融服务水平。加强金融服务相关设施和布局建设，完善金融全市场服务支持体系，优化金融市场效率。第四，改善金融发展环境，完善法律制度，构筑统一信用体系，创新监管平台。

2010 年 5 月，国家发展改革委发布《长江三角洲地区区域规划》①，剖析了长三角地区在区位、资源、经济基础、体制、城镇体系等方面的优势和基础，面临国内国外、产业发展社会治理等方面的机遇与挑战，明确了发展定位与中长期的战略目标。在促进区域协调发展方面，提出以上海为龙头，与南京、杭州形成高端制造业和现代服务业集聚的核心推动区，构建世界级城市群。以苏北、浙西南为例，立足当地资源条件，发挥产业基础优势，合理承接核心区产业转移，共同促进发展，完善基础设施建设与布局。

2018 年 6 月，上海、江苏、浙江、安徽共同发布《长三角地区一体化发展三年行动计划》②，计划覆盖 12 个合作专题，汇集 7 个重点领域，在交通、能源、产业创新、信息建设、环境治理、公共服务等方面部署可目标清晰的工作任务，长三角地区继续作为国家新一轮的改革开放的引领者，构筑和谐有序的区域协调发展新机制，逐渐成为贯彻落实新发展理念的示范区和“领头羊”。

2019 年 6 月，上海市政府发布《关于支持浦东新区改革开放再出发实现新时代高质量发展的若干意见》③，《意见》提出浦东新区更好发挥排头兵和试验田的作用，在“一带一路”“长三角一体化”建设积极作为，用于担当，进一步提高新区资本市场服务基地的功能，以浦东新区为抓手，加速一体化改革创新项目落户。

2019 年 12 月，国务院印发了《长江三角洲区域一体化发展规划纲要》④其中纳入规划的中心区域城市为江苏省南京等 9 市，浙江省杭州等 9 市，安徽

---

① 国家发展改革委. 长江三角洲地区区域规划［Z］. 中国政府网，2010.

② 长三角区域合作办公室. 长三角地区一体化发展三年行动计划［Z］. 新华网，2018.

③ 上海市政府. 关于支持浦东新区改革开放再出发实现新时代高质量发展的若干意见［Z］. 上海市人民政府网站，2019.

④ 国务院. 长江三角洲区域一体化发展规划纲要［Z］. 中国政府网，2019.

省合肥等 8 市以及核心城市上海共 27 个城市，同时将青浦等三地打造成为生态绿色一体化发展示范区，引领长三角一体化建设新高度。赋予上海临港以自贸区新片区的新功能，接轨国际标准、提升国际影响、增强国际竞争力。

表 6－2　《长江三角洲区域一体化发展规划纲要》主要任务与措施

主要任务	主要措施
推动形成区域协调发展新格局	1. 强化区域联动发展。发挥上海龙头模范效应，三省优势互补，增进区域间互通有无 2. 加快都市圈一体化发展。推动基础设施一体化，加强城市之间互通互联，构筑有影响力的长三角世界级城市群 3. 促进城乡融合发展
加强协同创新产业体系建设	1. 构建区域创新共同体。以科创中心建设为引领，协同推进科技成果转移转化，加大政策支持力度，共建多层次产业创新大平台 2. 加强产业分工协作。制定实施长三角制造业协同发展规划，共同推动制造业高质量发展，合力发展高端服务经济，引导资源合理布局，强化具有全球竞争力的产业创新水平 3. 推动产业与创新深度融合。研究探索创新链和产业链在一体化中的协同效应，促生新技术新业态新模式
提升基础设施互联互通水平	1. 交通系统完成一体化建设。完善现代轨道交通和省级公路提高运输能力，协同建设世界级机场群以及港口航道 2. 共同打造数字长三角。协同建设新一代信息基础设施，共同推动重点领域智慧应用，加速互联网与先进制造业的融合，促进工业互联网发展 3. 建设一批跨区域的能源、水利基础设施建设，提升协同建设能力
加快公共服务便利共享	1. 公共服务标准化建设，提升便利化水平 2. 共享高品质教育医疗资源 3. 推动文化旅游合作发展 4. 共建公平包容的社会环境
创新一体化发展体制机制	1. 建立规则统一的制度体系。以建设全国统一大市场作为标准，健全政策制定协同机制，建立标准统一管理制度 2. 促进要素市场一体化。统筹建设人力资源市场，实现区域间各类资本市场分工协作、有序流动，完善区域间股权市场、产权交易市场的差别化发展和协同发展 3. 实现多层次多领域合作。建立健全地方立法、政务服务等重点领域合作机制，建立各类市场主体协同联动机制，建立区域间成本共担利益共享机制

续表

主要任务	主要措施
高标准建设上海自由贸易试验区新片区	1. 打造更高水平自由贸易试验区。强化开放型经济集聚功能，进一步制定相关开放政策和制度，提升国际竞争力 2. 推进投资贸易自由化便利化，实行投资自由，进一步减少投资限制，实行贸易自由，取消不必要的贸易监管、许可，实行资金自由。推动跨境金融服务便利化，放宽人员从业流动限制，适当降低高端服务业人才从业门槛 3. 完善配套制度和监管体系。优化税收制度，提高风险监管体系建设

三、浦东新区协调发展方面可借鉴的成功经验

（一）经济社会协调共建才能实现高质量的发展

我国城市发展过程中存在的一个共性问题，是保障和改善民生的社会建设显著落后于经济建设，这在城市经济发展到一定阶段后，落后的社会建设反而影响经济稳定持续发展。而浦东新区开放开发的长期实践表明，经济发展与社会建设要协调并举，浦东新区发展信息技术、高端装备制造、新能源等高端产业，引进高端人才，从政策、机制上充分保障高端人才和外来人口的生产生活需求，不断提高教育、卫生、文化、社保、住房保障等公共事业的支出，通过打造公平包容的社会环境和良好的创业环境，促进人力资源高效配置，以优质的公共服务资源，为实现高质量发展提供了必要的社会保障。同时，浦东新区在文化设施、旅游市场和服务、生态环保、智慧城市等方面也走出了特色之路。

（二）区划整合、协同创新，激发内在活力

纵观浦东开放开发过程，区划整合、功能区设置等制度改革创新，推动了政府职能转变，放大了政策效应，激发了内在活力。1992 年 10 月，原川沙县撤销，整体并入浦东新区，1990 年 3 月设立陆家嘴金融贸易区，同年 6 月设立外高桥保税区，9 月设立金桥出口加工区。1992 年 7 月设立张江高科技园区，2003 年 12 月设立外高桥保税物流园区，为全国首个保税物流园区，

2005 年 6 月正式成立全国首个保税港区，2005 年 6 月获批成为首批综合配套改革实验区。2009 年 5 月，上海市申请将南汇区整体并入浦东新区获批，调整后，677 平方公里面积纳入新区。2013 年设立我国第一个自由贸易实验区，2014 年 12 月自贸区申请扩区通过审批，规模布局进一步深延。区划的不断整合、功能区的设置革新既增强了城市功能的整体性、协同性，放大了政策效应，也促进了制度改革的创新和配套作用。浦东新区功能区定位清晰，重点突出，协同联动，形成区域协同创新共同体。浦东新区在区划整合、各类实验区创建中引入各项创新举措转变政府职能，优化审批服务机制改革，转变经济发展方式，营造良好营商环境，探索与国际贸易衔接的制度体系等方面提供了新的模式和经验。

第三节　金融支持雄安新区协调发展的若干建议

一、多渠道融资，支持建设雄安新区现代化综合交通系统

在区域一体化构筑的过程中，交通是否高效便利是基础与前提，必须交通先行，实现升级突破。统筹推进现代化综合交通系统，有助于提升内部联通水平，为京津冀经济社会协同发展提供有力支撑。在协同建设长江三角洲区域一体化及粤港澳大湾区的各项措施中，都可以看到对提升基础设施互联互通水平做的重点部署。《京津冀协同发展规划纲要》强调构建以轨道交通为骨干的多节点、网格状、全覆盖的交通网络，建立统一开放的区域运输市场格局[①]。为此，2017 年河北省交通厅提出在规划期内，要建成以城市轨道交通为核心的城市道路系统，同时与区域内建造中的多条的高铁、城际、高速等实现连通，打造更加优质便利的雄安新区综合交通系统。基础设施的建设由于资金占用量大，投资回收期长，离不开金融的支持，在建设雄安新区综合交通系统方面，更需要金融服务能力、金融协同合作方面有新的突破和创新。为此提出以下三点建议。

① 陈婷婷，邓炜．服务业产业联动与京津冀协同发展效率研究［J］．现代商业，2017（8）．

（一）优先发行雄安新区建设债，多形式吸引社会资本参与建设开发

地方债由于筹资灵活、期限较长、筹资成本较低等优点，已成为地方政府普遍使用的重要融资工具①。为推进雄安新区建设，河北省政府招标发行2018年雄安新区建设一般债券两期共150亿元，专项债券三期共150亿元，主要用于新区启动区建设投入以及新区容东片区的征拆和周边配套设施的建设。但由于目前地方债发行受财政部债务限额分配的约束，为如期完成京津冀核心区域1小时交通圈，相邻城市间1小时交通圈的要求，以及实现规划中提出的打造现代化综合交通运输体系，必须继续加强金融创新，多种形式引入社会资本参与建设。

首先，积极采取措施，调动银行、证券等金融企业的积极性，参与地方债承销工作。当前地方债承销商仍多以商业及政策性银行为主，如2018年11月国家开发银行独立主承销的京雄城际铁路项目6亿元“雄安新区债”。一般来说，由于银行理财和自营资金相对较多，承销地方债对日后换取地方政府存款以及后续的其他项目合作较为有利。从与政府部门的和谐关系出发，商业银行对参与地方政府债券承销往往较为积极。但是，由于地方政府债券的收益率相比国债并不明显，而且还可能要计提风险准备，再加上商业银行资本充足率压力存在，其作为投资主体，投资地方债仍有着资金和流动性的压力。而证券公司在承销方面，相对于银行有着其特有的优势，其机构客户的覆盖范围更为广泛，对二级市场的交易流通更为熟稔，因此对于今后雄安新区债券的发行，我们建议应出台政策提高证券公司参与地方债承销的比例。

其次，提高市场化在发行地方债中的积极作用，增强地方债二级市场流动性，形成合理定价机制，解决二级市场广度深度不够等问题。根据中央国债登记结算有限责任公司发布的《2018年地方政府债区域分析报告》，2018年各地地方债一至四季度换手率分别为1%、2%、6%、9%。整体而言换手率偏低，市场关注度不足，市场流动性不强。商业银行、政策性银行等机构对地方债多以持有到期为主。由于债券ETF独特的结构，相比普通债券更具

① 王亚娣．我国地方政府发行公债问题研究［D］．湖南大学，2007．

流动性，建议雄安新区地方债可考虑在公募基金市场运作发行雄安新区债ETF产品，增强产品流动性。地方债与国债相比，风险适中但回报率更具吸引力，是厌恶风险的投资群体较为适合的投资标的，同时也是公众参与投资地方专项债的有效渠道。因此，引入多元化投资者有广阔的市场空间，有利于提升地方债发行定价的市场化程度。

再次，从政策激励、制度设计、定价机制等方面鼓励引导个人投资者与海外投资者参与投资雄安新区债。目前银行是中国地方政府债券的最大投资来源，但在西方发达国家地方政府债券市场，个人一般也是市政债券的最大持有者。目前国内个人投资者通过柜台购买地方政府债整体量仍比较小，对地方政府债、地方政府债ETF的认识有待提高。因此，雄安新区应支持金融交易所、银行、证券公司加强对个人投资者的宣传普及，让大众进一步了解地方政府债及地方政府债ETF产品特征、风险特征等，使大众更多地参与到雄安新区债发行中来。

最后，支持境外投资者参与雄安新区债券的发行。2019年以来，境内外国债利差明显扩大，预计未来人民币债券有望被纳入更多全球指数中，因此境外资金对境内债券及债券相关工具型产品配置需求都将提升。外资进入境内债券市场的投资限制目前逐步放宽，投资便利程度得到显著提高，但雄安新区仍须进一步完善相关配套措施，比如丰富风险对冲工具、进一步完善法律法规等，以吸引更多的境外客户。

（二）采取多种形式设立专项基金，支持新区轨道交通等基础设施建设

为推动雄安新区轨道交通建设保障轨道交通项目资金需求，河北省政府、雄安新区管委会应科学运用多元化的融资手段，深化金融企业合作，创新融资业务模式，拓宽融资渠道，促进轨道交通高质量建设。如安排雄安新区专项建设基金、交通轨道建设基金，形式上可以在结合自身特点的基础上，按照国家发改委、国开行、农发行等专项基金设立模式，以降低轨道交通融资成本。

第一，充分发挥开发建设资金的引导作用，广泛吸纳社会资金投入，放大资金规模和效应。根据新区基础设施建设和相关产业发展的需要，采取政府参与直接投资或者政府进行贷款贴息补助的方式，分期分批投入；组织商

业银行总行设立专项基金，根据新区产业发展重点，设立新区产业引导基金，按谁出资谁负责的原则，市场化方式运作，引导社会资本设立产业投资基金，投资新区经济社会发展重点产业。重点领域要放在新一代信息技术、现代生命科学和生物技术、新材料、高端现代服务业、绿色生态农业等方面。新区管委会要提供服务，对产业基金及其部分符合条件的高管予以一定程度税收优惠倾斜。

第二，还可以选择PPP模式、设立股权投资基金、政策性金融资金、探索打通保险资金投入轨道交通项目渠道等方式支持轨道交通建设。同时还应探索设立京津冀区域合作基金，对跨区域的轨道交通等重大基础设施进行投资。

（三）鼓励保险资金参与基础设施投入，支持雄安新区经济建设

首先，创新保险机构的体制机制，积极引入保险资金，参与重大基础设施建设。要持续加强保险市场建设，鼓励支持各类保险公司在雄安新区设立机构，支持保险机构创新形式投资新区轨道交通、地铁等重点项目。

其次，深化保险资金和业务改革，鼓励保险机构尝试区域间开展业务，提高京津冀地区保险市场资源的合理、自由调配。

再次，拓展创新性的，特别是具有金融科技属性的保险产品与服务。在政府、企业、保险公司三者中构筑行之有效的风险分担体系，为科技型、中小型、战略性新兴产业发展提供信用保险和贷款保证保险。

最后，探索保险机构投资或发起新区固定资产类资产证券化产品。探索发展雄安新区债券信用保险。积极打造有影响力的京津冀区域性再保险中心，提高再保险产品研发和科技创新能力，大力发展新区再保险市场①。

二、打造金融行业“雄安新区”品牌，优化金融产业结构

深圳特区、浦东新区成立至今，能够实现经济高速发展，离不开背后完

① 2014年8月13日，国务院发布《关于加快发展现代保险服务业的若干意见》（“新国十条”），明确提出加快发展再保险市场，增加再保险市场主体，发展区域性再保险中心。

善的金融体系的支持。雄安新区作为高质量发展的示范区，更应该打造成北京金融机构疏解的集中承载地和海外金融业开放的重要平台。

（一）积极引进全球金融机构，实现资本要素市场的互联互通

按照新区发展定位，新区在承接北京非首都功能疏解的任务下，北京金融机构或金融创新业务、金融人才将陆续入驻，未来，新区将成为全球重要的金融资源聚集区。因此，当前，新区管委会必须向有关部门争取有利政策，积极引导银行、证券、保险等机构落户雄安新区。积极争取央行、银保监会、证监会、证券登记结算公司及其他直属机构迁入新区。支持具有新产品、新业务、新模式金融机构、研发中心等落户雄安新区。

首先，在政策上要完善金融支持政策体系、优化金融政策环境。借鉴浦东新区在建设国际金融中心过程中对引进及落户浦东的各类金融机构、金融人才的财政补贴政策，借鉴上海自贸区临港新片区支持金融业创新的政策中对金融机构按照类型、规模给予相应落户奖励做法，对符合条件的金融机构购地按照所缴地价款不超过30%的比例进行奖励。引进金融人才方面，对满足一定要求的金融机构的高级管理者、特殊高端人才，给予安家奖励。在新区购置住房的，给予住房补贴等。

其次，坚持服务导向，完善配套条件，营造优良承接环境。借鉴深圳特区在行政审批制度改革、社会医疗保险制度构建、财政基础教育投入等方面的相关经验，简化办事程序，为金融企业提供优质高效的政府服务，建议符合条件的金融企业可享受便利直通车服务，同时，拟定金融人才专项配套政策，完善人才发展所需的合理社会环境与公平的竞争环境。

（二）设立雄安新区银行，打响金融“雄安新区”品牌

我国目前各类金融机构中处于支配地位的仍然是商业银行。要打响“雄安新区”品牌，雄安新区银行是关键。设立雄安新区银行可以先通过整合区域内三家农村信用社，由雄安新区金控集团牵头，引进优质战略投资者组建，之后，再逐步扩大为具备金融特色和竞争优势的全国性股份制商业银行。在筹建雄安新区银行的过程中，引入的机构投资者对雄安新区银行合理设置资本机构、提升运营管理水平、综合竞争力有着重要意义。首先，建

议积极引入北京民生银行、天津渤海银行作为机构投资者。一方面是考虑京津冀协同发展战略的需要，另一方面是民生银行、渤海银行作为区域品牌，资金优势、渠道优势将对雄安新区银行的运营产生积极作用。其次，新区作为世界一流、国际标准的定位，应引入优质境外战略投资者。一方面有利于强化雄安新区银行世界品牌形象，另一方面有助于提升其在风险控制、产品开发、市场营销等方面的管理理念和管理水平。

三、完善统一的要素市场体系，集聚各类要素资源

健全要素市场体系，创新要素市场制度建设，才能真正贯彻协调发展理念。《河北雄安新区规划纲要》中对创新要素资源的重要性给予了明确的肯定，提出不仅要吸收凝聚北京、天津的创新要素，还需要具备全球视野，打造要素区域内有序自由流动。

（一）建立统一的跨区域产权交易交易平台，推动要素自由流动

雄安新区金融业要形成核心竞争力，需要以金融创新为第一动力，打造完备的金融市场体系，提升金融业硬实力。以上海浦东为例，1990 年浦东开放开发以来，上海已经从中国最大传统工业城市蜕变为全球排名靠前的金融之城。上海浦东已汇集了中国最齐全的金融要素市场，自 1990 年上海证券交易所成立以来，上海陆续建立了中国外汇交易中心、全国银行间同业拆借中心、上海期货交易所、上海黄金交易所、中国金融期货交易所、上海清算所、上海国际能源交易中心、上海黄金交易所国际版、上海保险交易所等。《河北雄安新区规划纲要》中提出，新区应结合自身特点，试点探索有助于服务实体经济的金融创新，并提供必要的支持，建立国家级交易平台。在 2019 年 1 月通过的《中共中央、国务院关于支持河北雄安新区全面深化改革和扩大开放的指导意见》中提出，“有序推动金融资源集聚，研究建立金融资产交易平台等金融基础设施，筹建雄安新区股权交易所，支持股权众筹融资等创新业务先行先试”。同时还提出支持设立雄安新区绿色金融产品交易中心等具体政策措施。据此，雄安新区应建立高标准的、创新性的、更广视野的证券交易所。打造排污权、知识产权、用能权、碳排放权等新型跨区域

交易场所以及配套制度，实现党中央“碳达峰”“碳中和”的战略目标。

（二）推动金融数字资源整合与协同，实现高质量发展

根据《雄安新区规划纲要》的要求，新区要推进以科技创新为核心的全面创新，吸收凝聚北京、天津的创新要素，发展新一代信息技术等“两高”产业。金融方面则要依法合规推进金融创新，一方面要优化内部流程，支持金融科技机制建设，推广应用先进金融科技；另一方面要加强外部合作，推进金融科技产品创新，吸引优质人才、资本、信息、技术等金融要素资源集聚。公开资料查询，截至2020年7月，雄安新区已接纳40余家金融机构入驻，新区具备的区位、产业、科技优势正逐渐吸引更多的金融机构和人才的入驻，这反过来也成为雄安新区在金融科技应用方面的基础。因此，需要鼓励支持有实力的金融企业在雄安新区布局开展金融创新试点，提高业务拓展能力。对隶属于大型金融企业总部且独立运作、具有一定金融创新能力的全国性产品研发中心、创新实验室等机构落户给予一定的配套金融支持政策。深圳特区在这方面提供了一定政策参考。

2018年深圳政府提出扶持金融业发展的措施中就设立了“金融创新奖和金融科技专项奖”，对那些在将金融创新融入金融产品服务卓有成效的金融企业、监管部门和个人采取一定奖励；对于符合条件的全国性产品研发中心、创新实验室、非金融支付服务机构创新型网络金融机构等给予一次性奖励或相关优惠政策。监管部门在对辖内金融机构监管评级中，适当提高金融科技成果分值占比，对完成情况较差的机构进行适当鞭策措施。努力实现金融科技在区块链技术、人工智能、物联网等领域实现商业化应用的成果转化。所以，雄安新区应抓住“国家数字经济创新发展试验区”“数字货币DC/EP的首批试点城市”的契机，以新区战略需求及信息化建设为引导，鼓励在数字金融领域先行先试，采用诸如与商业银行总行共建“数字金融科技实验室”、鼓励吸引商业银行在雄安新区建立金融科技类子公司、研究所，共同推进前沿科技在金融领域的研发应用，持续开展创新技术创新产品研究孵化、泛金融服务模式优化。将新区打造成全国乃至全球数字经济发展与数字金融发展的示范地。鼓励与阿里、腾讯、京东、字节跳动等大型互联网新经济企业开展深度合作，探索互联网金融创新发展，推进普惠、信用、绿色

金融服务落地，将雄安新区打造成为全球数字金融生活示范城市。

（三）构建互联互通的金融大数据服务平台

大数据技术在对政府治理、民生服务、数据安全、产业升级、未来生活等方面给社会带来了巨大的改变和影响。京津冀地区要实现金融一体化，在金融数据上必须实现区域内标准统一，开放共享。当前，金融大数据主要还存在于各类金融机构内部的数据库中，并没有真正实现数据资源的互联共享，由于金融数据的敏感性和各金融机构保护客户信息的需要以及目前商业银行等金融机构运营上业务条块属地分割的现状，要真正实现统一、标准化的金融数据平台，必须有政府的参与协调，做好跨地区联动机制。建议可以在雄安新区建立统一的金融数据平台，加快金融领域大数据基础设施建设，支持雄安新区开展金融大数据拓展应用，通过统一的金融大数据，推动京津冀大数据协同创新，促进区域社会公共服务、金融业务服务的互联互通，解决京津冀异地之间居住用工、社会保险、资金往来、支付清算的种种痛点，从而进一步实现区域内要素资源的自由流动，促进区域企业、居民信用体系的建立。建议建立健全大数据交易制度和大数据交易平台，推动形成京津冀一体化的数据资产交易市场，共同推进数据资源资产化①。利用雄安新区的金融大数据平台，建立覆盖整个京津冀区域的协调统一的监管体系，依托对金融数据的实时预警、协同监管，及时发现金融体系中的潜在风险，提高监管的前瞻性、主动性。

---

① 计算机与网络编辑部．京津冀初步建立大数据服务新体系［J］．计算机与网络，2017（1）．

第七章

金融支持雄安新区绿色发展政策建议

绿色发展是在社会实践中不断总结出来的经验，是由工业文明向生态文明转型，实现人与自然和谐共处的必经之路，也是雄安新区高质量发展的主基调。中共中央、国务院批复的《河北雄安新区规划纲要》《中共中央国务院关于河北雄安新区总体规划（2018—2035 年）的批复》和《中共中央国务院关于支持河北雄安新区全面深化改革和扩大开放的指导意见》中高频率提到“绿色”，根据《总体规划》中提出的将雄安新区建设成“绿色生态宜居新城区”功能定位，雄安新区的绿色发展必须从顶层设计上设定标准与发展路径。

雄安新区绿色发展是建立在雄安新区当地的自然资源和经济基础之上，单靠雄安新区的财政投入是根本无法保证的，必然需要大规模的资金支持。绿色金融是伴随绿色发展所衍生出的金融创新，其目的就是为绿色发展提供资金保障，进而推动实现区域绿色发展。因此，设立科学合理的绿色金融体系，能够为加快雄安新区实现高质量的绿色发展提供保障。

第一节　绿色金融在中国的发展

绿色金融的概念出现于 20 世纪末，是人们为了协调环境和经济社会的可持续发展而对金融体系的创新，是将环境保护作为金融服务的重要考察因素，通过金融产品的创新促进生态环境保护和治理。1998 年国内开始使用“绿色金融”的概念，经过 20 多年的发展，我国绿色金融工作取得了较大的进展，已经由早期的“概念学习”阶段进入了纵深发展的新阶段，初步形成一批可复制、可推广的经验，通过绿色金融领域的创新，提高了中国在国际绿色金融领域的话语权，在推动建立全球的绿色金融标准和政策制定中发挥了中国力量。

一、绿色金融体系的顶层设计基本确立

党的十八大以来生态文明建设已经成为我国经济发展的主基调，在国家战略的指引下，我国以负责任的大国的姿态，积极参与节能减排、生态环境改善的各项工作。建立了绿色金融的顶层设计，发布了全国性的绿色金融指导意见，是全球首个拥有较为完善的绿色金融政策体系的国家。①

表 7－1　　我国绿色金融发展的主要国家级政策文件

发布时间	发布机构	政策名称	相关内容
2015. 9	中共中央、国务院	《生态文明体制改革总体方案》	首次明确建立我国绿色金融体系的战略 设立各类绿色发展基金，实现市场化管理
2015. 11	国务院	《中共中央制定国民经济和社会发展第十三个五年规划的建议》	提出要发展绿色金融
2015	中国人民银行	《绿色债券支持项目目录》	更新了绿色金融的支持领域，扩大了绿色金融产品和服务品种
2016	国家发展改革委员会	《绿色债券发行指引》	为推进生态文明建设，明确了绿色债券的含义，重点支持范围

① 《中国绿色金融发展报告（2018）》摘要［EB/OL］. http：//www. gov. cn/xinwen/2019－11/20/5453843/files/b61d608674b04494b3ae1aef76dd7b13. pdf.

续表

发布时间	发布机构	政策名称	相关内容
2016.8	中国人民银行、财政部、国家发展和改革委员会、环境保护部、中国银行业监督管理委员会、中国证券监督管理委员会、中国保险监督管理委员会	《关于构建绿色金融体系的指导意见》	明确了绿色金融的概念，建立了绿色金融的顶层设计
2017.1	国务院	《"十三五"节能减排综合工作方案》	方案中第（三十三）条"健全绿色金融体系"，对绿色信贷、绿色证券、绿色发展基金和绿色金融国际合作都做出了指导性意见并明确了牵头部门
2018.6	中共中央、国务院	《关于全面加强生态环境保护坚决打好污染防治攻坚战的意见》	大力发展绿色信贷、绿色债券等金融产品，设立国家绿色发展基金
2018.7	人民银行	《关于开展银行业存款类金融机构绿色信贷业绩评价的通知》，《银行业存款类金融机构绿色信贷业绩评价方案（试行）》	将绿色信贷业绩评价范围推广至全部银行业存款类金融机构，将评价结果正式纳入 MPA

从表 7-1 中梳理的国家级文件可以看出，2015 年出台的《生态文明体制改革总体方案》和《中共中央制定国民经济和社会发展第十三个五年规划的建议》标志着绿色金融被纳入生态文明建设纲领性文件和国民经济和社会发展五年规划。2016 年，我国发布的《关于构建绿色金融体系的指导意见》（以下简称《指导意见》）明确了绿色金融的概念，也标志着从 2016 年开始绿色金融由理念上升为国家战略，我国绿色金融进入了加快发展的阶段。绿色金融是促进环境治理和生态环境改善的一系列金融工具，包括绿色信贷、绿色债券、绿色基金、绿色保险等一系列的金融创新产品。

《指导意见》是全球首个政府主导绿色金融政策框架，是我国绿色金融的顶层设计①。

二、绿色金融体系建设不断深化

当前，我国进入了经济结构调整和发展方式转变的关键时期，传统产业绿色改造和绿色产业的发展对金融的需求日益强劲。② 各级政府对绿色金融的引导能力不断加强，加快了我国绿色金融体系建设的速度。

由于资本具有逐利天性，再加上环境保护具有外部性，单纯依靠市场机制的作用来发展绿色金融，很有可能造成企业在投资时更多关注项目的经济效益，而漠视项目社会效益。因此，就需要政府调节引导资金投入绿色、低碳和环保的项目上去。从 2006 年开始，中央和地方性银行就开始对绿色信贷、绿色债券等做出规范。但从早期的项目来看，绿色信贷的内生化程度不足，主要表现在大部分金融机构对绿色金融持观望态度，新增信贷总额占总信贷量的比例偏低。③ 2017 年以后，证监会和中国人民银行分别颁布了对绿色债券和绿色信贷的指导性文件，2018 年将绿色信贷评价结果纳入 MPA④。

表 7－2　银监会和人民银行对绿色债券和绿色信贷的政策文件

发布时间	发布机构	政策名称	相关内容
2017.3	证监会	关于支持绿色债券发展的指导意见	对证券交易所发展绿色公司债券的有关事项给出指导意见

① 《指导意见》指出绿色金融是指为支持环境改善、应对气候变化和资源节约高效利用的经济活动，即对环保、节能、清洁能源、绿色交通、绿色建筑等领域的项目投融资、项目运营、风险管理等所提供的金融服务。绿色金融体系是为支持经济向绿色化转型的制度安排，不仅包括传统意义上的绿色信贷，还包括将环境保护与新型的融资工具结合起来的绿色债券、绿色股票指数和相关产品、绿色发展基金、碳金融等金融工具和相关政策。

②③ 薛淑玲，孙宏．绿色金融支持低碳经济发展的模式与措施［J］．经济导刊，2011（10）：36－37.

④ 《中国绿色金融发展报告（2018）》：顶层推动基层探索两条路径　推动绿色金融发展，监管动态。

续表

发布时间	发布机构	政策名称	相关内容
2018.7	人民银行	《关于开展银行业存款类金融机构绿色信贷业绩评价的通知》，《银行业存款类金融机构绿色信贷业绩评价方案（试行）》	将绿色信贷业绩评价范围推广至全部银行业存款类金融机构，人民银行将评价结果正式纳入 MPA 宏观审慎评估体系（Macro Prudential Assessment，MPA）

2019 年 11 月，中国人民银行发布了《中国绿色金融发展报告（2018）》。[①] 报告指出"中国国内绿色金融市场规模不断扩大，产品服务创新不断涌现，社会和环境效益也进一步显现"，在国际上"绿色金融多边和双边合作不断深化，中国的影响力和话语权不断提升"。[⑤]

表 7-3　2018 年中国绿色金融的主要成就

项目名称	取得的成绩
绿色债券	发行绿色债券超过 2 800 亿元，绿色债券存量规模接近 6 000 亿元，位居全球前列
绿色信贷	全国银行业金融机构绿色信贷余额为 8.23 万亿元，同比增长 16%；全年新增 1.13 万亿元，占同期企业和其他单位贷款增量的 14.2%
绿色企业上市融资和再融资	合计 224.2 亿元
绿色金融产品创新	绿色基金、绿色保险、绿色信托、绿色 PPP、绿色租赁等新产品、新服务和新业态不断涌现，有效拓宽了绿色项目的融资渠道，降低了融资成本和项目风险
国际绿色金融	2018 年，人民银行牵头的 G20 可持续金融研究小组将发展以绿色金融为核心内容的可持续金融的相关建议写入《G20 布宜诺斯艾利斯峰会公报》，继续在全球范围内推广绿色金融共识。由中国等 8 个国家共同发起成立的央行与监管机构绿色金融网络（NGFS）成员进一步增加，影响力逐步提升

① 《中国绿色金融发展报告（2018）》摘要［EB/OL］. http：//www.gov.cn/xinwen/2019-11/20/5453843/files/b61d608674b04494b3ae1aef76dd7b13.pdf.

续表

项目名称	取得的成绩
社会和环境效益	一是为绿色发展和转型升级提供了综合性金融服务，有力推进了新旧动能转换和高质量发展；二是对清洁取暖、畜禽养殖废弃物处置和资源化利用等污染防治攻坚战领域和重点民生工程的专项支持力度不断增强；三是通过支持绿色项目建设，有效提升了能源利用效率和节能减排效果，对环境质量改善起到了积极的推动作用

注：表格内容根据《中国绿色金融发展报告（2018）》摘要[①] 整理。

第二节　深圳绿色金融发展的经验

《中共中央国务院关于支持深圳建设中国特色社会主义先行示范区的意见》赋予深圳“可持续发展先锋”的战略定位，要求深圳“在美丽湾区建设中走在前列，为落实联合国2030年可持续发展议程提供中国经验”，提出“大力发展绿色产业，促进绿色消费，发展绿色金融”。[②] 深圳特区作为经济强市和人口大市，在城市空间和资源有限的情况下，破解了经济社会发展和环境承载力之间的矛盾，在经济效益快速提高的同时也实现了生态效益的快速提高，经过40多年的发展，从一个小渔村蜕变成一座创新之城，绿色发展走在全国城市的前列。

一、政策法规为绿色金融发展保驾护航

深圳市结合本地实际情况，建立了独具特色的环保政策体系，出台了多项特区生态环保类法规，实施最严厉的生态环境责任追究机制。

1. 环保政策独具特色

深圳的环保政策具有实施时间早、范围广、条目多、要求严等特点。从

① 《中国绿色金融发展报告（2018）》摘要［EB/OL］. http：//www. gov. cn/xinwen/2019 - 11/20/5453843/files/b61d608674b04494b3ae1aef76dd7b13. pdf.

② 深圳市地方金融监督管理局.《深圳经济特区绿色金融条例》解读［EB/OL］. http：//jr. sz. gov. cn/sjrb/xxgk/zcfg/zcjd/zjjd/content/post_8279882. html. 2020 - 11 - 18.

20 世纪 80 年代开始，到国家正式提出“绿色金融”之前，深圳市就从国土规划、环境保护、资源开发和利用、产业发展、金融支持和环境治理等多个层次先后出台了环保条例、噪声防治条例、饮用水源保护条例等 20 余部生态环保类法规和 40 余部地方标准、技术规范，环境保护和治理工作位居全国领先地位，形成了独具特色的生态环保法规标准体系。

1980 年以来，深圳在建设初期就对城市的生态基本线、城市空间布局和产业发展有明确的规定，例如在 20 世纪 80 年代大力发展“三来一补”经济时，深圳就明确提出“重污染项目原则上不引进，倡导发展科技含量高、无污染或污染小的项目”。① 在 90 年代经济转型发展的关键时期，深圳旗帜鲜明地加强新建项目环保管理，发布环保限制发展项目清单，为产业绿色发展奠定坚实基础。在获得特区立法权第一时间，开始筹备并在 1994 年 9 月 16 日通过《深圳经济特区环境保护条例》，成为当时体系最为完整、处罚最严厉的环保地方法规。② 2000 年 3 月 3 日对该条例进行修正，并增加了第三十七条“实行排污权交易制度”，为深圳排放权交易所的成立奠定政策基础。

2005 年，深圳在全国第一个提出基本生态控制线概念，出台《深圳市基本生态控制线管理规定》，将 49% 的土地划入基本生态控制线，把需要保护的生态空间固化下来，布设起有法律效力的生态资源保护安全网。③ 为促进循环经济发展，建设资源节约型和环境友好型城市，实现经济、社会和环境的全面协调可持续发展，2006 年深圳市人民代表大会常务委员会发布《深圳经济特区循环经济促进条例》。④ 2007 年，深圳市人民政府印发《深圳生态市建设规划》，规定自 2006 年起到 2020 年止，划分为调整转型期、优化提升期和巩固完善期三个时期，设置 23 项建设指标，成为指导深圳生态市建设的纲领性文件。⑤ 2007 年出台《关于加强环境保护建设生态市的决定》等一系列文件和方案，生态环境质量明显加快。

---

① 中国环境报霍桃，邓玥．深圳对标一流先行先试［EB/OL］．https：//www.cenews.com.cn/news/201911/t20191114_916804.html. 2019 年 11 月 14 日．

②③④ 深圳市人民代表大会常务委员会．深圳经济特区循环经济促进条例［EB/OL］．http：//www.sz.gov.cn/zfgb/2006/gb485/content/post_5001693.html. 2006－03－30.

⑤ 深圳市人民政府．深圳市人民政府关于印发《深圳生态市建设规划》的通知［EB/OL］．http：//www.sz.gov.cn/zwgk/zfxxgk/zfwj/szfwj/content/post_6577266.html. 2007－02－01.

党的十八大以来，深圳特区将“在生态文明建设上先行示范”作为城市发展战略路径，全面打响污染防治攻坚战，对水和大气污染进行全面整治，打造“深圳蓝”和“深圳绿”，成为全国绿色发展的典范。① 2015年3月深圳市出台《关于推进生态文明、建设美丽深圳的实施方案》，强调生态优先，绿色低碳发展，加强生态红线管控，落实最严格的生态环境保护制度。健全生态环境投融资机制。从2015年起，在全国率先建立生活垃圾大分流处理体系，入选“无废城市”建设试点。② “2015年9月出台《深圳市治水提质工作计划（2015—2020年）》，安排治水提质项目1181项，总投资816.5亿元，提出“治水十策”制定“十大行动”，加强水质治理，建设海绵城市，依靠科技创新，创新投融资方式，以实现治水跨越式发展，形成“碧水蓝天”的城市生态环境。2016年出台《深圳市国家森林城市建设总体规划》，2018年编制《深圳市划定生态保护红线工作方案》，探索基本生态控制线内土地分级分类管理制度，编制完善耕地、湿地、海洋、矿山资源、再生资源回收等保护和利用规划。出台《深圳市大气环境质量提升计划（2017—2020年）》，涵盖7大领域30项具体措施，以持续改善深圳大气环境质量，进一步提升深圳绿色发展形象。

2. 实施最严厉的生态环境责任追究机制

早在2007年，深圳就开展了对领导干部的环境绩效考核工作，经过十几年的不断探索，深圳特区的生态环境责任追究机制已日趋完善，为深圳特区实现持续的高质量的绿色发展提供了机制保障。

自2007年起，深圳领先全国9年时间开始实行党政领导班子和领导干部环保实绩考核制度，从2013年起，市委市政府将环保实绩考核升格为“生态文明建设考核”，在全国率先开展生态文明建设考核工作，考核结果作为领导干部政绩评价、年度考核和选拔任用的重要依据之一。③ 2015年，深圳以大鹏新区为试点在全国率先启动自然资源资产负债表编制工

① 深圳特区报．绿水青山就是金山银山——从敢闯敢试到先行示范的深圳实践［EB/OL］．http：//sz. people. com. cn/n2/2020/0821/c202846 - 34241873. html. 2020 - 8 - 21.

② 丁宁，刘琪．无废城市“11 +5”试点固废管理现状［J］．城乡建设，2019（14）：12.

③ 深圳特区报．绿水青山就是金山银山——从敢闯敢试到先行示范的深圳实践［EB/OL］．http：//sz. people. com. cn/n2/2020/0821/c202846 - 34241873. html. 2020 - 8 - 21.

作，形成《深圳市自然资源资产负债表编制技术规范》，负债表作为重要的离任审计内容，与离任审计制度紧密结合。2015 年《深圳市国家可持续发展议程创新示范区建设方案（2017—2020 年）》推出，在盐田区、大鹏新区率先建立生态系统生产总值（GEP）核算体系和 GEP、GDP 双轨运行机制，并适时扩大试点范围，首次尝试为城市生态系统“定价”。[①] 2020 年 6 月，深圳首家环境资源法庭——龙岗区人民法院环境资源法庭挂牌成立，全市环境资源案件实行集中管辖，为全国环境资源司法实践贡献“深圳智慧”。

深圳在全国率先启动全市层面生态系统服务价值（GEP）核算研究工作，初步构建了指标体系和核算方法，开展了数据采集和试算工作。目前，已形成《深圳市生态系统服务价值核算技术规范（初稿）》，上线全国首个生态服务价值（GEP）核算系统。

二、多措并举打造绿色金融体系

当前，发展绿色金融已成为全球共识，前景广阔，但由于仍处于初期探索阶段，存在绿色金融标准不统一、产品服务不完善、服务和监管措施不健全等问题。[②] 深圳市委、市政府和人民银行深圳中支，结合深圳特区自身优势，充分利用毗邻港澳的区位优势，开展粤港澳绿色金融合作；大胆探索、先行先试，从制度设计、标准研究、产品创新等方面完善了绿色金融体系，不断完善绿色金融的组织建立和顶层设计，着力打造绿色金融深圳样本。

1. 出台支持绿色金融发展的政策法规

2016 年我国绿色金融顶层设计初步完成，为深圳市设立地方性的绿色金融政策体系提供了借鉴意义和推动作用。2018 ~2021 年，深圳出台了一系列关于绿色金融的政策支持和法律法规，从制度设计和标准制定方面完善了绿

---

① 深圳特区报．绿水青山就是金山银山——从敢闯敢试到先行示范的深圳实践［EB/OL］. http：//sz. people. com. cn/n2/2020/0821/c202846 – 34241873. html. 2020 – 8 – 21.

② 深圳市地方金融监督管理局．《深圳经济特区绿色金融条例》解读［EB/OL］. http：//jr. sz. gov. cn/sjrb/xxgk/zcfg/zcjd/zjjd/content/post_8279882. html. 2020 – 11 – 18.

色金融体系。2018 年率先在全国启动环境污染强制责任保险试点，并发布《深圳市人民政府关于构建绿色金融体系的实施意见》，提出 21 条绿色金融支持政策。深圳市政府联合中国人民银行深圳中心支行推出“绿票通”业务，通过再贴现资金支持缓解绿色企业的融资难问题，增加绿色金融的商业可持续性。2021 年 3 月 1 日深圳市正式实施全球首部绿色金融领域的法律法规——《深圳经济特区绿色金融条例》，《条例》明确了金融机构的社会责任，建立完善绿色金融制度体系，制定绿色金融相关标准，创新了绿色金融产品与服务，建立环境污染强制责任保险制度，创设金融机构绿色投资评估制度，明确环境信息披露责任，强化绿色金融的促进与保障，加强绿色金融产业发展的监督与管理，明确相关法律责任。

中国人民银行深圳中心支行于 2018 年在国内率先推出绿色金融支持政策工具“绿票通”，为商业银行开展绿色企业、绿色项目票据贴现业务提供再贴现资金支持。再贴现政策解决了绿色企业融资难、融资贵的问题，增加了绿色金融的商业可持续性，有助于引导更多企业向绿色转型。此外，深圳人民银行还开展了银行业存款类金融机构绿色信贷业务专项评价，将评价结果纳入 MPA 考核。

全国首部绿色金融领域的法律法规《深圳经济特区绿色金融条例》于 2020 年 10 月 29 日经深圳市人大常委会会议表决通过。该条例将于 2021 年 3 月 1 日起正式实施。条例中明确金融机构的社会责任，建立完善绿色金融制度体系，制定绿色金融相关标准，创新绿色金融产品与服务，建立环境污染强制责任保险制度，创设金融机构绿色投资评估制度，明确环境信息披露责任，强化绿色金融的促进与保障，加强绿色金融产业发展的监督与管理，明确相关法律责任。

2. 推动金融机构进行绿色金融产品创新

在严格的环境保护政策体系下，深圳市内的高污染高能耗的企业逐渐被市场淘汰，自 2011 年起互联网、新能源、生物、新材料、新一代信息技术和文化创意等高附加价值、低污染低能耗的产业成为深圳市的战略新兴产业。深圳的金融机构抓住绿色发展的历史性机遇，主要以绿色信贷和绿色债券的形式对新兴产业开展了资金支持。表 7 - 4 是部分金融机构推出的绿色金融产品。

表7－4　　　　深圳部分金融机构的绿色金融产品

金融机构	绿色金融产品
兴业银行	在债券市场投资了专门从事废物管理的东江环保发行的公司债①
中国银行深圳市分行	光伏发电收益权的资产证券化②
国银金融租赁有限公司	与深圳市东部公共交通有限公司、深圳巴士集团股份有限公司等多家公交企业开展新能源大巴租赁业务，为其提供融资支持，目前累计授信达43.6亿元
农业银行	全方位参与境内外绿色债券市场，加快发展绿色债券、绿色资产证券化、绿色产业基金、绿色担保基金、绿色租赁等创新型业务。2017年，农业银行深圳分行建立了《绿色金融项目库》
华夏银行	成立了专营部门——绿色金融中心，聚焦绿色金融改革创新五大试验区，打造绿色金融品牌，深化绿色金融创新驱动，形成“绿色华夏”特色品牌。③
光大银行	支持各新能源汽车企业的销售
广东南粤银行深圳分行	业务资源优先向新能源产业、污水处理产业、绿色建筑和绿色景观行业倾斜，联合深圳排放权交易所，实现了深圳首笔碳资产质押融资业务

注：根据互联网资料整理。

3. 深圳排放权交易所推进绿色金融创新

深圳排放权交易所成立于2010年，作为我国首批温室气体自愿减排交易机构，是深圳市内的区域性排放权交易平台。自成立起，深圳排放权交易中心就以推进“深圳市建设低碳试点城市和碳排放权交易试点城市”为主要中心任务，积极推进低碳经济和低碳金融创新。近年来，该机构积极参与绿色金融创新，广泛开展绿色金融合作，全面参与构建独具深圳特色的绿色金融体系。2016年3月，成为国家发改委授权的全国首个全国碳市场能力建设中心。2017年6月，推动成立深圳绿金委，担任委秘书处。与兴业银行共同

① 深圳市人民代表大会常务委员会．深圳经济特区循环经济促进条例［EB/OL］．http://www.sz.gov.cn/zfgb/2006/gb485/content/post_5001693.html.2006－03－30.

② 南方日报．深圳企业打好蓝天保卫战_第BT05版：深圳特刊［EB/OL］．http://epaper.southcn.com/nfdaily/html/2018－04/27/content_7719547.htm.2018－04－27.

③ 邵守愚．华夏银行25周年：不忘初心回归本源勠力同心续写华章［J］．中华儿女，2017（12）：93.

搭建“深圳危险废物处置交易平台”，为产废企业与处废企业提供绿色金融服务。2019 年 5 月，深圳排放权交易所参与国家绿色金融标准化工程之一的“中国绿色基金标准”研究，完成了绿色私募股权投资基金标准的核心准则——《中国绿色基金标准研究》，被全国绿色金融标准工作组确定为近期重点推动的六大标准之一。

4. 绿金委推动绿色金融合作

深圳经济特区金融学会绿色金融专业委员会（简称“深圳绿金委”）成立于 2017 年 6 月 27 日，是全国第四个地方性绿色金融专业委员会。委员会的组织机构负责人由深圳市政府部门、金融监管部门主要领导担任，体现了深圳市政府和业界对绿色金融的高度重视，对加快绿色金融在深圳切实落地提供了制度保障。深圳绿金委从制度设计、机制安排等方面搭建起连接政府、市场与监管机构，推动深圳绿色金融事业发展的平台，旨在通过搭建政策研究与沟通协调平台，探索实现绿色金融的实务创新与跨境合作。① 2017 年 12 月 13 日，该委推动深圳加入“全球金融中心城市绿色金融联盟”，进一步提升深圳在绿色金融方面的国际知名度，推动深圳在全球范围探索绿色发展之路，并将进一步推动深圳在更高层次、更大范围开展绿色及可持续金融发展工作。② 2019 年 10 月，该委联合深圳排放权交易所与联合国环境规划署共同推动设立“绿色金融服务实体经济实验室”，以提升绿色金融服务实体经济的示范作用。绿金委利用深圳金融资源和区位优势，搭建政府和企业沟通的桥梁，联合深圳市主要金融机构开展绿色金融座谈会，发布绿色认证数字化课题，推广绿色金融的理念、工具与方法，创新绿色金融产品和激励机制，辐射并带动粤港澳大湾区绿色金融的发展。

第三节　浦东新区绿色金融发展的经验

在 20 世纪 90 年代，浦东新区建立之初，浦东新区地表水污染严重、城

① 中国金融信息网．深圳绿金委成立 深圳绿色金融发展翻开新篇章［EB/OL］．http：//greenfinance. xinhua08. com/a/20170628/1712668. shtml. 2017－6－28.

② 金融时报－中国金融新闻网．深圳加入“全球金融中心城市绿色金融联盟”［EB/OL］．https：//www. financialnews. com. cn/qy/dfjr/201712/t20171225_130269. html. 2017－12－25.

市发展空间有限，产业结构以农业为主，经过 30 年的发展，浦东新区的生态环境建设取得了巨大的成效。浦东新区的绿色发展不仅是生态文明建设的重要保证，而且是对外展示中国绿色发展的重要窗口。浦东新区围绕“四个中心”核心功能区建设，加快要素资源集聚，增强核心枢纽功能，不断提升全球资源配置能力，其不仅是上海经济发展的重要增长极，还是推动长江三角洲地区经济增长的排头兵，推动对全国的经济增长。浦东新区的绿色金融不仅仅是为了满足浦东地区生态文明建设的金融支持而衍生出来的，支持对象不局限于浦东或者上海地域，更多的是利用全国资源和全球资源，实现绿色金融产品创新，与国际金融组织开展合作，建立全球绿色金融创新中心。浦东新区绿色金融支持绿色发展经验主要表现为两个方面，一是顶层设计，按计划实施；二是利用国内外资源开展绿色金融创新。

一、顶层设计，计划实施，推动环保工作上水平

从浦东新区的绿色发展历程来看，浦东新区对当地的环境保护和生态文明建设建立了非常严格的制度保障，并在相关规定中指出要积极发挥金融支持对绿色发展的推动作用。实施七轮环保三年行动计划，实现了生态环境的持续改善。

浦东新区的生态环境建设可划分为三个阶段。第一个阶段是 1990 ~ 2000 年，这一阶段主要是环境总量控制阶段。浦东新区在创建初期，面对地表水污染严重、生态空间有限等问题负重前行，率先开展了生态环境优化提升和水环境治理工作，环境治理工作取得了一定成效，表现为地表水水质总体呈现逐步改善的趋势，污染物总量削减。第二阶段是 2001 ~ 2012 年，这一阶段是从强调环境总量控制转化为环境质量提升的过渡期。这是浦东新区重点治理城市环境问题，全力打好生态环境攻坚战的阶段。这一阶段也是浦东新区展开环境保护三年计划的起始阶段。第三个阶段是 2012 年以来至今，这一阶段是深化生态文建设的创新发展阶段。2012 年党的十八大提出大力推进生态文明建设之后，浦东新区的生态环境保护工作进入了系统化轨道，开始着力打造生态之城，正式迈向了绿色发展阶段。

“七轮三年行动计划”是推动浦东新区生态环境持续改善的重要保障。

“七轮三年行动计划”是自2000年开始，浦东新区按照上海市的统一部署，截至2020年一共实施了七轮环境保护三年行动计划，共完成项目近900个。经过第七轮环保三年行动计划之后，水污染治理和大气污染防治环境效益显著。截至2019年年底，全区劣V类水体占比降至6.4%，市、区、镇级水质控制断面达标率97%；城镇污水集中处理率94.32%，区属污水处理厂产泥处理处置率达100%，2020年地表水功能区达标率达到99.1%。在大气污染防治方面，2010年起浦东新区正式开展空气质量，日报工作，2013年起环境空气质量评价采用，环境空气质量指数。2013年，实施第一轮清洁空气行动计划；2018年，启动第二轮清洁空气行动计划；2019年年底，浦东空气质量指数（AQI）优良率达到86.2%，道路扬尘颗粒物浓度差不多0.1mg/m^3，仅高于崇明区；2020年9月，浦东新区道路扬尘颗粒物月均浓度0.144mg/m^3，PM2.5月均浓度25μg/m^3。

与此同时，上海市发布的“十二五”规划和“十三五”规划等规划性文件中绿色发展和绿色金融都做出了明确的规定的，推动了浦东新区经济高质量发展。“十二五”期间上海市在国内出台首份产业结构调整负面清单，限制高能耗高污染企业的生存空间。在“十三五”规划中，提出要按照绿色智能，金融创新的融合理念，搭建产业园区，建设绿色监控平台体系，提升园区能源资源效率和绿色化程度。

二、利用国内外资源开展绿色金融创新

浦东新区利用上海证券交易所、陆家嘴金融城以及上海能源交易中心广泛开展国内外绿色金融合作，持续开展绿色金融的前沿研究，制定绿色金融的“上海标准”，扩大上海在国际金融市场上的标准制定权和话语权。

绿色债券是目前绿色金融市场在开展最成熟，影响力最大的领域之一。在我国，绿色债券是我国发行规模最大的绿色金融产品。上海证券交易所将支持绿色可持续发展作为主要社会责任。早在2008年5月颁布了《上海证券交易所上市公司环境信息披露指引》，旨在引导金融机构进行环境信息披露。“十三五”期间，积极推进绿色金融创新，开展绿色公司债券试点，坚持国际合作，发布了《上海证券交易所服务绿色发展 推进绿色金融愿景与

行动计划（2018—2020年）》。支持绿色企业上市融资，大力发展绿色债券市场，加快绿色指数产品创新，加大绿色股票支持力度，持续完善ESG信息披露相关制度，宣传绿色理念。2017年6月，上交所与卢森堡证券交易所开展深入合作，聚焦加强绿色债券信息展示等领域的合作。2017年9月，上交所正式加入联合国可持续证券交易所倡议，进一步深化绿色金融领域国际合作，完善上交所绿色金融工作体系。上海证券交易所在推进绿色产业化，支持绿色企业上市融资和绿色债券产品创新工作上成绩突出。自2016年1月到2020年2月，在银行间债券交易市场和上海证券交易所上市交易的绿色债券共463支，累计发行规模8984亿元，在我国绿色债券总体发行数量和规模中分别占96%和91%，是国内最大的绿色证券交易场所。①

在绿色股权融资方面，上海证券交易所绿色环保产业上市公司股权融资占比逐年提升。2019年，A股市场绿色环保产业上市公司IPO、增发、配股、优先股、可转债与可交换债共融资2006亿元，其中在上海证券交易所上市的绿色环保产业公司融资占比为64%，达1288亿元。2016～2019年，上海证券交易所绿色环保产业上市公司股权融资占A股市场所有绿色环保产业上市公司股权融资的比例分别为28%、59%、61%和64%。② 2019年3月，上海证券交易所在科创板启动前夕发布了《上海证券交易所科创板股票上市规则》等10份配套规则与指引，要求上市公司应当在年度报告中披露履行社会责任的情况，并视情况编制和披露社会责任报告、可持续发展报告、环境责任报告等文件，推进上市企业ESG信息披露。③

此外，2017年3月成立的“陆家嘴金融城理事会绿色金融专业委员会”是陆家嘴金融城绿色金融发展专设机构和平台。陆家嘴绿专委通过和中国绿金委、浦东当地研究机构、企业协会展开合作，依托上海自贸区，设立绿色金融的“陆家嘴标准”，2017年10月联合相关市场主体共同发布了《陆家嘴金融城绿色信息自愿披露倡议》和《陆家嘴金融城绿色责任投资倡议》

---

① 鲁政委，方琦．上海亟待推进国际绿色金融中心建设［J］．中国金融，2020（3）：1.

② 中国金融信息网．深圳绿金委成立 深圳绿色金融发展翻开新篇章［EB/OL］．http：//greenfinance. xinhua08. com/a/20170628/1712668. shtml. 2017－6－28.

③ 中国金融杂志．绿色股权融资和绿色指数在上海发展迅速．http：//www. tanpaifang. com/tanguwen/2020/0306/68673_3. html. 2020－03－06.

推动绿色信息披露和责任投资，并积极开展国际合作，加入“全球绿色金融中心联盟”，与世界自然基金会、伦敦金融城、国际资本市场协会、英国国际贸易部在绿色标准、绿色投资、绿色信息、绿色产业、绿色人才、绿色金融产品创新等方面开展交流与合作，发挥在国际绿色金融体系构建中的“浦东力量”，推进浦东新区成为国际绿色金融中心。

第四节　雄安新区绿色金融创新的措施

雄安新区实现高质量绿色发展的高水平的社会主义现代化强市，需要绿色金融的支持。从深圳特区和浦东新区绿色发展和绿色金融的发展经验来看，两地绿色金融发展具有以下共同点，第一，政府出台严格的环境准入规则和明确的产业发展规划，为绿色发展精准导向；第二，具备良好的创新和金融高质量发展的基础，为绿色金融创新和发展提供了先天优势；第三，市场化体制机制和政府政策引领和导向相辅相成；第四，注重国内外交流与合作。通过绿色金融在雄安新区落地发展，除了借鉴深圳特区和浦东新区绿色发展的成功经验，还需要通过细化绿色发展目标，实现绿色金融跨越式发展之外，还应构建绿色金融政策体系，以市场为主导开展绿色金融创新，建立绿色金融体系的保障机制。

一、细化雄安新区绿色发展目标

发展绿色金融是为了实现特定的绿色发展目标，只有对雄安新区绿色发展目标的各项指标进行具体细化和规范，才能保证雄安新区实现绿色高质量发展，有序推动绿色金融创新。从深圳特区和浦东新区的发展经验来看，生态环境责任追究机制和分阶段制定环境保护行动计划是确保绿色发展可持续性的保障，严格的生态环境法规和绿色可持续的产业发展导向，是催化绿色金融产品创新的基础。

1. 加速雄安新区生态环保政策法规的出台

雄安新区的战略定位提出，到 2035 年将雄安新区打造成为生态环境优美、宜居宜业、绿色低碳的现代化之城。要实现这一目标，除了按照《纲要》和《指导意见》的文件要求，实现2035年绿色生态的17项指标外，还应该围绕这些指标出台一系列的政策措施，推动指标完成和各项工作真正落地。一方面，要制定严格的环境准入机制，全面的环境综合治理措施，例如国土空间格局规划、生态环境建设、生态环境修复、环境综合治理。另一方面，制订环境保护行动计划，两年一个周期进行多轮环境保护行动计划，加快对雄安新区大气环境、水环境、土壤环境等治理，实现环境改善的“雄安新区速度”，打造“雄安新区蓝”和“雄安新区绿”，加快成为全国生态文明之城，全国森林之城、国家湿地之城、无废之城，成为绿色发展的城市典范。

2. 明确绿色发展的产业支持体系

明确的绿色产业发展方向能够推动绿色金融的快速发展，建议在新区整体规划设计层面清晰产业发展方向，对绿色城市发展、绿色基础设施建设、低碳化产业结构升级等方面的具体标准和责任落实到具体单位，实施严格的产业准入标准，提高产业的绿色含量，推动高新技术产业的发展，形成特色鲜明的绿色产业链和产业集群，推动绿色设计、绿色生产和绿色消费，引导金融机构围绕产业的绿色发展开展绿色金融服务。

3. 实施严格的生态环境责任追究机制

建立领导干部政绩考核和生态文明建设相统一的生态环境责任追究机制。结合环境保护行动计划，分年度对雄安新区的党政领导班子和领导干部实施环保绩效考核机制，并将考核结果作为政绩评价、年度考核和选拔任用的重要标准。借鉴深圳的生态环境责任追究机制，设立雄安新区的生态环境保护工作责任清单和领导干部生态环境损害责任追究机制，建立“生态系统服务价值（GFP）核算”的技术规范。实行严格的环境监管执法模式，建立对破坏环境资源行为的监督管理、诉讼和法律追究机制，建立雄安新区新环境资源法庭，对环境案件实施集中管制。

二、利用外部资源实现绿色金融的跨越式发展

雄安新区建设尚处于起步期，一方面金融基础薄弱，新区的金融机构种类

缺、网点少；另一方面又要进行大规模的基础设施建设和产业结构快速转型，缺乏资金支持。在这种背景下，在起步区建设阶段，要利用外部资源实现绿色金融的跨越式发展，一方面要推动外部金融资源向雄安新区集聚，形成多元化的金融结构体系，另一方面要利用外部资源加快绿色金融的内生增长。

1. 加速形成多元化的金融结构体系

雄安新区金融结构单一，现有金融结构以国有银行县级支行和农村信用社为主，金融产品和业务种类匮乏。绿色发展是经济社会发展到一定阶段人类的必然选择，绿色金融是伴随绿色发展产生的，是金融业发展成熟的标志。通过梳理深圳和浦东绿色金融发展的经验可以发现，2018 年后，深圳的绿色金融快速发展依托于深圳市完善的金融基础，浦东新区则是依托于陆家嘴金融城和上海市国际金融中心的先天金融优势。因此，短期内推动雄安新区绿色金融的跨越式发展，就要推动外部金融资源向雄安新区集聚，支持在京的大型金融机构总部迁入雄安新区或者在雄安新区设立分支机构。组建地方金融机构，成立雄安新区银行，提高本土金融机构的区域服务能力和行业竞争力。支持特色金融企业、金融服务机构在雄安新区设置总部机构或者开设分支机构，加速金融主体向雄安新区集聚。

2. 利用国内外绿色金融产品支持雄安新区项目建设

起步期，雄安新区需要兴建大批绿色项目，当地的资金支持远远达不到需要。在这种背景下，需要通过加深区域化合作，引导北京、深圳和上海的绿色金融产品在雄安新区落地。雄安新区目前正在全力进行基础设施建设，根据新区的需要，选择适用性的金融产品非常关键。而绿色债券发行成本低、周期长、风险低和收益稳定的特点正好和绿色基础设施建设规模大、周期长和前期资源投入多的特点相契合，因此可以优先选择。此外，也可以使用绿色产业基金、绿色区域 PPP 基金，通过股权融资注入股本金，助推绿色产业顺利跨过起步期，渡过成长期，进入成熟期，培育出优质的绿色企业。

3. 成立雄安新区绿色金融委员会加强绿色金融合作

从深圳、浦东新区绿色金融委员会的筹建历程来看，当地政府都在筹备过程中发挥了主导作用。雄安新区政府应审时度势，与中国绿色金融委员会沟通合作，发挥政府优势，调动市场力量，尽快筹建雄安新区金融学会和绿色金融专业委员会。通过成立雄安新区绿色金融委员会，搭建绿色金融产学研交流合作平台，深化与国内外绿色金融的深度合作，推动绿色金融的产业合作、评价和监督体系，参与制定绿色金融标准。

三、构建雄安新区绿色金融发展的政策体系

（一）构建系统性的绿色金融政策

雄安新区绿色金融应在厘清国内外绿色金融政策的基础之上，深入调查摸清当地绿色金融的需求和供给，合理设定雄安新区在京津冀地区绿色金融发展过程中的角色定位，通过多部门的通力协作，从国土规划、产业发展、生态环境保护政策、资金支持等方面，统筹制定推动雄安新区绿色金融发展的政策支持体系，以绿色金融的跨越式发展推进当地绿色发展。要积极引导金融资源向雄安新区聚集，制定绿色产业发展规划、生态环境准入政策，引导绿色产业项目在新区落地，激励金融机构实施绿色金融产品的跨界创新，加强金融合作，推进绿色金融人才聚集和培养工作。

（二）参与绿色金融标准体系建设

要制定与国际接轨、清晰可执行的绿色金融标准体系，在国家绿色金融标准体系的指引下，加快京津冀地区跨区域的绿色金融标准的互通。要按照2018 年《绿色金融标准工作组章程》中所涉及的六大类绿色金融标准，通过和北京、天津的研究机构、企业协会开展合作，制定符合雄安新区实际情况的绿色信贷、绿色债券、绿色保险、绿色发展基金的投资范围、涉及行业，在建立完善的金融支持体系和绿色金融发展政策的引导下，在实现产业结构转型升级的进程中，集聚国内外绿色金融资源，推出新区绿色金融产品服务标准、绿色项目认定标准、绿色信用评级评估标准、绿色金融统计标准，探索建立涵盖绿色信贷、绿色证券、绿色保险等在内的金融统计指标体系，为绿色金融政策考核提供依据，从制度建设、产品服务、操作流程、风险防控等角度全面系统规范绿色金融发展，为促进国内绿色金融标准统一做出雄安新区贡献。

四、以市场为主导，开展绿色金融创新

鼓励金融机构根据市场需求对绿色金融产品进行自主性创新。鼓励建设绿色金融特色机构，支持设立雄安新区绿色产品交易中心，推动新区绿色信贷创新、绿色保险业务创新、积极发展绿色债券。

（一）推进绿色金融专营机构的设立

充分发挥市场机制的资源配置作用，通过政策引导鼓励各类市场主体参与绿色金融创新。一是扩大绿色金融市场参与主体。通过政策支持吸引全国性大型金融机构在雄安新区发展绿色金融服务，推动绿色项目在新区落地，支持特色性金融机构到新区设立分支机构，开展绿色金融服务，推动本地金融机构参与绿色金融创新工作，在新区组建绿色发展银行等金融专营机构。二是培育绿色金融中介机构。鉴于现阶段我国企业的环境信息纰漏制度不完善的背景下，应鼓励绿色项目风险评估机构和信息服务机构的设立，以降低和消除由于信息不对称而造成的金融风险。鼓励设立开展绿色金融的宣传和项目培训机构，推动绿色金融复合型人才的队伍建设，鼓励高校、科研院所和行业企业联合培养绿色金融的专业型人才。

（二）抓好绿色金融产品创新

充分发挥各级市场主体的主动性，积极推动各类绿色产品的创新，打造多层次高水平的绿色金融产品体系。除开展绿色信贷、绿色债券、绿色基金等绿色金融产品创新以外，还应支持绿色保险、绿色信托和碳金融等各类绿色金融产品，支持有条件的金融机构、企业发行绿色债券、设立政府绿色产业引导基金、产业投资基金，吸引社会资本进行绿色投资，开展和碳金融相关的碳资产抵押贷款、碳期货、碳普惠金融等相关产品创新。支持特色性金融业态例如普惠金融、科技金融和绿色金融联动发展。鼓励金融机构加大在绿色金融发展方面的科技投入力度，通过金融科技的技术创新功能，破解绿色金融发展过程中所遇到的技术难题。

（三）建设绿色资源交易体系

通过全国和国外碳交易市场，推动绿色金融项目落地雄安新区。设立雄安新区绿色金融产品交易中心，积极参与全国碳排放交易市场，支持雄安新区率先推出中国碳排放期货交易，积极开发生态环境类金融衍生品。支持交易中心对绿色资源、碳排放权等环境资源进行认证、估值、确权、流转、抵质押等，推动绿色资源的市场化交易，支持雄安新区建设中国碳排放期货交易中心，积极开发生态环境类金融衍生品。[①]

① 李丹. 以绿色金融和金融大数据支持雄安新区建设——访全国人大代表、人民银行石家庄中心支行行长陈建华［J］. 中国金融家，2020（6）：15.

| 第八章 |

金融支持雄安新区开放发展政策建议

扩大对内对外开放，构筑开放发展新高地，是雄安新区担负的重要使命。站在新一轮改革开放的关键历史节点，习近平总书记明确提出，要面向雄安新区推出一批改革开放新举措，展现我国深化改革发展成果。2019 年 1 月，《中共中央国务院关于支持河北雄安新区全面深化改革和扩大开放的指导意见》公布，提出“根据雄安新区实际情况和特点，推动各领域改革开放前沿政策措施和具有前瞻性的创新试点示范项目在雄安新区落地、先行先试，为全国提供可复制可推广的经验”。开放发展作为雄安新区高质量发展的必由之路，锚定“开放发展先行区”的发展定位，持续深化制度创新，着力发展贸易新业态新模式，加快培育合作和竞争新优势，努力打造层次更高、领域更广、辐射更强的开放型经济新高地。

新区设立 5 年来，以雄安新区为核心设立的中国（河北）自由贸易试验区已经正式运营，《河北雄安新区规划纲要》明确的改革试点任务，在雄安新区片区的总体实施率达 97.3%，“雄安新区 + 自贸试验区 + 跨境电子商务综合试验区 +综合保税区”四区叠加优势逐渐显现。在金融业开放方面，国家电网雄安新区综合能源服务有限公司完成首笔碳资产全球交易，中交雄安新区融资租赁有限公司完成雄安新区首笔“跨境融资 + 跨境投放”联动业务；推进金融科技创新监管，已试点 3 批 9 个金融创新应用；顺利启动合格境外有限合伙人业务试点；出台外商投资股权投资类企业试点暂行办法；中国人民银行数字人民币试点应用场景有序扩大，已探索出 14654 个业务场景，累计实现交易金额77亿元等创新成果。[①]

经过5年的发展，雄安新区在对外开放上取得了一些成果，但对外开放的广度和深度还不够，距离中央扩大对内对外开放，构筑开放发展新高地的要求还有差距。因此，作为继深圳经济特区和上海浦东新区之后又一具有全国意义的新区，雄安新区既要大胆试、大胆闯、自主改，更需要借鉴发达地区的开放开发经验，构建改革开放新高地。

第一节　深圳经济特区开放发展经验

一、深圳改革开放的发展历程

1. *初创奠基和改革开放局部推进阶段*（1978～1985年）

1980年8月，全国人大常委会通过《广东省经济特区条例》，批准在深圳、珠海、汕头、厦门设置经济特区，标志着深圳经济特区正式建立。按照中央和广东省的部署，先集中力量把深圳经济特区建设好。因此，在四个经济特区中，深圳经济特区起步最早，而深圳经济特区建设中蛇口工业区起步又最早。[②]

这一阶段主要是集中力量进行大规模的基础设施建设，创造一个较好的投资环境。以市场为目标，抓住基本建设管理体制和价格体制改革的主要矛盾，在全国率先在工资制度（1979）、价格体制（1982）、企业体制（1983）、土地使用和住房制度（1979）等方面进行改革。在对外开放方面，创办蛇口工业区（1979），开放沙头角（1983），打开对外开放的窗口。国务院先后批准开放文锦渡（1978）、蛇口码头（1981）等口岸；开放金融业，引进法国兴业银行、香港东亚银行、加拿大皇家银行、日本富士银行等

---

① 构筑开放新高地（走雄安新区，看高质量发展）[J]. 人民日报，2022（4）：5.

② 钟坚. 历史性跨越（上）——深圳经济特区改革开放和现代化建设回顾与思考 [J]. 特区实践与理论，2018（2）：21－30.

一批境外银行。①

这一时期的改革开放的主要特点是局部改革、单项突破，以开放促改革。改革开放举措冲破了传统计划经济体制的束缚，为经济特区对外开放和建设的发展扫除一定障碍，并对全国改革开放产生重要影响。

2. 经济转型发展和改革开放全面推进阶段（1986～1992 年）

1986 年初，国务院在深圳召开特区工作会议，要求深圳经济特区把工作重点放到"以工业为主、工贸技结合、综合发展"，努力发展一个以知识密集型、技术密集型工业为主的外向型经济特区。这一时期，深圳进一步完善投资环境，更集中更有效地搞好"外引内联"，建成以出口加工工业为主、农牧渔业、商业外贸、金融、旅游综合发展的外向型经济特区。

对外开放方面：首先，进一步完善基础设施建设和大力推进对外开放。进一步完善投资环境，建设一批新的工业区。建设福田保税区（1988），扩大招商引资力度，积极利用境外资本和技术积极发展"三来一补"企业和"三资"企业；积极开展同内地实行跨地区、跨行业、多层次、多形式的横向联合，建立一大批内联企业，弥补资金、技术、人才的不足；发展高新技术产业，创建沙头角（1987）、福田（1991）两个保税工业区，促进外向经济发展；组建一批外贸骨干企业，积极发展转口贸易和远洋贸易。初步形成以工业为主、工贸结合的外向型经济体系。

其次，全面推进市场取向的经济体制改革。一是率先进行国有企业股份制改革（1986）。二是改革金融体制，建立多层次、开放型的金融市场。引进一批外资银行，创办招商（1987）和深发展（1987）等区域性股份制银行，成立全国第一家外汇调节中心（1988）公开发行股票（1987），建立深圳证券交易所（1990）建立有色金属期货市场（1991）。1988 年 3 月，平安保险公司作为中国第一家股份制、地方性保险公司成立。一批本土企业诞生，如招商蛇口（1979）、长城科技（1985）、先科（1986）、华为（1987）等。②

这一阶段，深圳经济发展走出一条以工业为主，工贸技结合，综合发展

① 钟坚．历史性跨越（下）——深圳经济特区改革开放和现代化建设回顾与思考［J］．特区实践与理论，2018（2）：21－30.

② 钟坚．深圳经济特区改革开放的历史进程与经验启示［J］．深圳大学学报，2018.

的外向型经济发展之路，深圳经济发展开始腾飞。

3. 增创新优势与跨越式发展阶段（1993～2002年）

这个时期，深圳经济特区由过去依赖中央赋予经济特区的优惠政策，转变为主要依靠提高素质，增创新优势。在对外开放方面：一是注重引进外资的质量和产品技术含量，优先引进高技术和知识密集型企业。二是开始建设龙岗大工业区（1996）和深圳出口加工区（2001），建立外商投资服务中心（1995）和外商投诉中心（2001），率先对外商和外籍人实行国民待遇（1996），提高对外商的服务水平，不断提高利用外资水平。三是深化口岸体制改革。按国际惯例推进口岸体制重大改革，进一步简化查验手续（1992）。四是进一步扩大对外贸易，实施走出去战略，拓展国际市场，提高对外贸易质量和水平，促进对外贸易持续增长。五是积极推进深港投资与贸易合作，推进基础设施和口岸合作（盐田港扩建、深圳河治理等）、金融服务业合作（1997年深圳高速在香港上市，2002开通港币支票双向结算业务、外币即时支付）。[①]

这一时期，深圳经济实现跨越式发展。高新技术产业、现代物流业和现代金融业三大支柱产业军突起，城市功能不断完善，社会事业全面进步，人民生活大幅提升。

4. 深化改革开放和全面发展阶段（2003～2012年）

2008年12月，国家发改委批准实施《珠三角地区改革发展规划纲要（2008—2020年）》，提出要增强科技研发、高端服务功能，强化全国经济中心城市和国家创新型城市的地位，建设中国特色社会主义示范市和国际化城市。[②]

在对外开放方面：一是利用产业配套优势和优良的物流环境，吸引更多世界著名大公司、大项目和跨国公司的核心制造环节、研发中心、地区总部、采购中心等落户深圳，积极发展经济。二是引进高新技术产业链的高端项目，加大汽车及零部件、精细化工、装备制造业领域的招商力度，稳步推

① 钟坚．历史性跨越（上）——深圳经济特区改革开放和现代化建设回顾与思考［J］．特区实践与理论，2018（2）：21－30.

② 钟坚．深圳经济特区改革开放的历程、成就与启示［J］．中国经济特区研究，2008（12）：1.

进商贸、金融、物流、电信和专业服务等领域的对外开放。三是实施出口市场多元化和科技兴贸战略，在扩大美国、欧盟、日本市场的同时，加大俄罗斯、中东、南美、非洲等新兴市场的开拓力度。积极鼓励企业"走出去"，通过建立境外营销网络、开展境外加工贸易、从事工程承包、与国外跨国公司建立战略联盟等方式，推动企业国际化经营，培育本土跨国企业。四是继续推进深港合作，签订深港"1+8"合作协议（2004）、"深港创新圈"合作协议（2007）和深港"1+6"合作协议（2007），开放深圳湾和福田口岸（2007），加快在跨境大型基础设施建设、口岸通关合作、高新技术产业、金融业、现代服务业旅游、机场、教育科技等各个领域的合作与交流。积极融入珠三角、泛珠三角地区的区域合作，加快落实CEPA和"9+2"合作框架的有关内容，最大限度地扩大深圳发展的腹地和空间。五是打造新的对外开放桥头堡。2004年8月，国务院批准设立深圳盐田港保税物流园区，开展"区港联动"试点。2008年10月，国务院批准建立深圳前海湾保税港区。2008年，国家经贸部批准建设中国—越南（深圳—海防）经贸合作区。2009年，全面启动跨境贸易人民币结算试点。2010年8月，国务院批准建设国家级新区前海深港现代服务业合作区。2010年，批准建立深圳机场保税物流中心。①

这一时期，迅雷（2003）、兆驰股份（2005）、超多维（2006）、大疆创新科技（2006）等一批知名本土企业和民办研发诞生。

5. 全面深化改革开放和创新驱动发展阶段（2013年至今）

2014年1月，国务院批复同意建立深圳盐田综合保税区。2014年6月，国务院批准深圳建设国家自主创新示范区。2014年12月，国务院批准设立中国（广东）自由贸易试验区深圳前海蛇口片区。2016年3月，中央提出"加快深圳科技、产业创新中心建设"。2016年，深圳市委提出牢固树立创新、协调、绿色、开放、共享五大发展理念，以提高发展质量和效益为中心，加快形成引领经济发展新常态的体制机制和发展方式。②

---

① 钟坚．历史性跨越（上）——深圳经济特区改革开放和现代化建设回顾与思考［J］．特区实践与理论，2018（2）：21－30.

② 钟坚．深圳经济特区改革开放的历程、成就与启示，中国经济特区研究（2008年第1期），2008（12）：1

对外开放方面：启动深圳前海蛇口自贸片区建设，创新自贸片区和前海合作区管理体制机制，探索全面实行准入前国民待遇加负面清单管理制度，建立健全法治化、国际化、便利化营商环境。粤港澳大湾区纳入国家“一带一路”愿景与行动和国家发展规划，提出发展湾区经济，建设海上丝绸之路桥头堡。2016 年开通“深港通”。加快构建更高层次开放型经济体制，主动融入和服务粤港澳大湾区规划建设，突出抓好前海蛇口片区开发建设、区域合作等重点，率先打造粤港澳大湾区核心引擎。

二、深圳特区对外开放发展的成功经验

1. 坚持开放发展，主动从“引进来”到“走出去”

深圳经济特区紧紧抓住经济全球化机遇，充分利用中央给予的政策和毗邻香港的区位优势，坚持对外开放，有效实行“引进来”和“走出去”，积极利用国际国内两个市场、两种资源，成功运用国外境外资金、技术、人才和管理经验加快经济社会发展。深圳经济特区积极推进从以吸引港资为主到外资来源全球化，从引进资金到引进技术、人才和管理经验，从内向联合到外向合作，从利用“香港因素”到深港紧密合作，从全国服务深圳、支持深圳建设到深圳服务国家发展大局、支持内地发展，从积极“引进来”到主动“走出去”，从发展外向型经济到发展开放型经济的转变。特别是深圳非常成功地在发展外资企业的同时发展本土企业。开放、合作、共赢成为深圳经济特区经济发展的主旋律。一部深圳经济特区开发建设的历史，就是一部对内对外的开放史。开放成为深圳经济特区经济社会发展进步的活力之源，以开放促改革促发展也是深圳经济特区发展的成功实践和重要经验。①

2. 坚持内外源相结合，大力发展民营经济和本土企业

深圳发展外向型经济的同时积极发展以民营经济为主体的内源型经济，形成内外源型经济相互促进、协调发展的新态势。在深圳 500 多家总部企业中，深圳本地企业占 70%。90% 的创新型企业是本土企业，本土企业成

① 钟坚．历史性跨越（下）——深圳经济特区改革开放和现代化建设回顾与思考［J］．特区实践与理论，2018（2）：21－30.

为推动深圳经济快速发展和技术创新的重要力量。这是深圳经济特区经济发展的最成功之处和最大亮点，也是深圳经济特区傲视全国、走向世界的最大本钱。

3. 坚持产业转型升级，大力发展高新技术产业和现代服务业

深圳经济特区在国内产业转型升级方面开展得早，并且取得了不小的成就。深圳特区依托独特地缘优势，大规模引进外资带动对外经济合作，以外向型经济带动内源经济发展，以技术和品牌提升传统产业优势，以发展高新技术和现代服务业支撑产业结构优化升级，以推进自主创新提升产业竞争力，创造产业转型升级的深圳样本。深圳从发展“三来一补”加工业开始起步，到以华为、中兴通讯为龙头的高新技术产业，再到以高新技术产业、金融业、物流业、文化产业为支柱的现代产业体系，再到目前大力发展战略性新兴产业和未来产业，着力推进支柱产业高端化、新兴产业规模化、优势传统产业高级化，带动整体产业向价值链高端延伸，努力实现高新技术产业和现代服务业的“双轮驱动”。

三、深圳前海自贸区的金融开放创新的经验

前海自贸区包括前海与蛇口两个片区，蛇口片区重在借助招商局集团实力，服务海上丝绸之路，创新国际航运，打造现代物流业，而前海片区则主要通过与香港金融机构通力合作，发展现代金融业。①

表 8-1　　前海自贸区金融创新政策汇总

创新领域	创新举措
金融机构开拓创新	第一，成立了全国第一家民营互联网银行，前海微众银行 第二，成立了全国第一家外资法人银行，玉山银行有限公司 第三，成立了首家 CEPA 框架下的消费金融公司 第四，成立了全国首家 CEPA 框架下港资持股全牌照证券公司 第五，成立了前海再保险公司 第六，成立了首家民营小额再贷款公司

① 陈亮，王溪若，周睿. 前海自贸区与上海自贸区金融创新比较研究［J］. 上海金融，2017（09）.

续表

创新领域	创新举措
人民币跨境使用创新	第一，率先开展了跨境人民币贷款业务 第二，前海企业赴港发行人民币债券取得突破 第三，前海企业境外母公司首单“熊猫债”成功发行
金融交易平台创新	第一，成立了前海股权交易所 第二，成立了深圳排放权交易所 第三，成立了全国首个“保险创客平台” 第四，成立了前海金融资产交易所
金融业务操作创新	第一，深港合作与金融开放业务 第二，绿色金融创新业务 第三，普惠金融创新业务
金融科技融合创新	第一，借助互联网+创新，前海自贸区成立了数万家互联网金融公司 第二，区块链金融创新模式正在前海自贸区成长 第三，大数据、云计算为背最第三方支付平台创新
金融政策机制创新	第一，打造前海自贸区国际化金融营商环境 第二，践行“负面清单”管理模式，实施备案制事后金融监管体系 第三，提出金融风险监管“火眼”项目

资料来源：上海金融服务办公室与深圳金融发展服务办公室网站。

（1）前海自贸区金融机构创新来自六个方面：一是前海微众银行成为全国第一家民营互联网银行，它以“普惠金融”为目标，全力打造“个存小贷”特色品牌，推出了微粒贷、微车贷、微路贷等金融创新产品；二是成立玉山银行为进驻前海的第一家外资法人银行，也是深圳首家台资法人银行；三是前海招联消费金融有限公司成为首家获批开业的消费金融公司，推出了好期贷、零零花等金融创新产品；四是在前海设立了两家港资持股的全牌照证券公司；五是前海再保险公司采用国有、民营混合所有制形式，通过市场化运作，开展再保险产品和服务创新服务实体经济发展；六是成立的同心小额再贷款公司为同心基金的全资子公司是目前深圳市第一家、全国第二家小额再贷款公司，也是全国第一家民营小额再贷款公司。前海自贸区在金融机构创新方面直接指向民营银行、外资银行，除银行外，还涉及证券公司、保险公司、小额贷款公司与消费金融公司等，范围齐全、涵盖面广。

（2）前海自贸区人民币跨境使用创新主要来自三个方面：一是前海在全国率先开展跨境人民币贷款业务；二是前海企业赴港发行人民币债券取得突破；三是前海企业境外母公司首单“熊猫债”成功发行。①

（3）前海自贸区金融要素交易平台建设创新主要来自四个方面：一是新建前海股权交易所，它是全国唯一全方位服务中小企业的金融机构，首创了区域性股权交易中心的挂牌展示模式；二是深圳排放权交易所交易配额排在全国前列，流动性在七个试点省市中排名最高；三是前海保险交易中心推出全国首个“保险创客平台”，该平台对具有互联网销售资质的独立保险代理人或者有资质的保险销售代理方人员进行一系列培训、考核，进而开设“保险创客微门店”，对保险创业进行探索；四是新建前海金融资产交易所，它打造了国内重要的双向跨境投资平台和机构间非标金融资产交易平台。

（4）在金融业务创新方面：随着前海自贸区金融业务创新改革的推进，前海自贸区金融业务创新硕果累累，自贸区金融业务创新共计 21 个，具体如表 8 - 2 所示。

表 8 - 2　　前海自贸区 2015 ~ 2016 年度金融业务创新案例

编号	金融业务创新案例	案例所在企业
1	首创线上、自助式、小额循环贷款产品——“微粒贷”	前海微众银行
2	全国首创基于完全自主可控技术的银行分布式架构	前海微众银行
3	全国首创互联网在线便捷消费信用贷款产品	招联消费金融公司
4	全国首创银行信用卡反欺诈实时授权决策系统	平安银行信用卡公司
5	全国首家 CEPA 框架下港资控股公募基金公司	恒生前海基金公司
6	全国首家混合所有制的独立再保险公司	前海再保险公司
7	全国首批相互制保险机构	众惠财产相互保险社
8	全国唯一设在总行之外的总行级 CIPS 清算中心	农行前海分行

① 陈亮，王溪若，周睿．前海自贸区与上海自贸区金融创新比较研究［J］．上海金融，2017（09）．

续表

编号	金融业务创新案例	案例所在企业
9	全国首单外债宏观审慎管理试点业务	招行前海分行
10	全国首单合格境内投资者境外投资试点产品（QDIE）	鹏华资产管理公司
11	全国首创跨境碳资产回购融资业务	深圳碳排放权益交易所
12	全国首创“三农”金融服务平台——“农发贷”	深圳农金圈服务公司
13	全国首创房屋产权交易保险——“交易保”	前海大道金融公司
14	全国首创航运业大数据综合服务平台——“航付保”	前海航空航运中心
15	全国领先的自贸区金融创新综合服务平台	工行前海分行
16	广东自贸区首单离岸人民币债券	前海金控
17	广东自贸区首单银行同业熊猫债	工行前海分行
18	广东自贸区首单 NRA 人民币境外贷款业务	招行前海分行
19	广东自贸区首例基于大数据的金融风险评估预警系统	前海数据服务公司
20	广东自贸区首批租赁资产证券化产品	德润融资租赁公司
21	前海自贸区首单中资企业离岸账户开户及结算业务	交行前海分行①

资料来源：前海自贸区官网统计数据。

第二节　上海自由贸易试验区发展经验

一、上海自由贸易试验区的发展历程

1. 创建阶段

2013 年 9 月 29 日中国（上海）自由贸易试验区成立，根据 2013 年 9 月 26 日印发的《国家工商行政管理总局关于支持中国（上海）自由贸易试验区建设的若干意见》的通知，上海自贸试验区获得两个方面试点资格分别是

① 陈亮，王溪若，周睿．前海自贸区与上海自贸区金融创新比较研究［J］．上海金融，2017（09）．

工商登记制度改革和企业设立流程。据2013年12月2日中国人民银行发布的《关于金融支持中国（上海）自由贸易试验区建设的意见》（银发〔2013〕244号），上海自贸试验区被允许在推进人民币跨境使用、人民币资本项目可兑换、利率市场化和外汇管理等领域进行改革试点，这标志上海自贸试验区金融改革进入1.0时代。

2013年12月21日国务院发布《国务院关于在中国（上海）自由贸易试验区内暂时调整有关行政法规和国务院文件规定的行政审批或者准入特别管理措施的决定》，这为上海自贸试验区探索外商投资管理模式改革、扩大服务业开放等提供了政策支持。2014年6月28日国务院批准了《中国（上海）自由贸易试验区进一步扩大开放的措施》，涵盖服务业（14条）、制造业（14条）、采矿业（2条）和建筑业（1条），共计31条措施，这些措施为了进一步提升投资的开放度创造了条件①。

2. 上海自贸区的扩区阶段

2014年12月26日，十二届全国人大常委会第十二次会议批准了上海自贸试验区范围扩展。其范围从开始的包括上海外高桥保税区、上海外高桥保税物流园区、洋山保税港区和上海浦东机场综合保税区等四个海关特殊监管区域在内的28.78平方千米，拓展为之后的包括浦东的金桥片区、张江高科技片区和陆家嘴金融片区在内的七个区包括120.72平方千米，新增面积91.94平方千米。②

和扩区前相比，上海自贸试验区不仅实现了地域空间的扩展，同时实现了经济容量的扩张。仅从企业数量来看，扩区后的自贸试验区企业约为5.8万家，较原来的28平方千米区域的企业数增加3.8万家。至此次上海自由贸易试验区范围的扩展被视为2014年度以开放促改革促发展的重要工作内容，在2015年的《政府工作报告》中得以肯定。随着2015年4月8日《进一步深化中国（上海）自由贸易试验区改革开放方案》（国发〔2015〕21号）发布，上海自贸试验区建设开始进入2.0时代，也被称为上海自贸试验区发展方案2015版（表1）。表8－3是两个版本政策的对比：

①② 荆林波，袁平红．中国（上海）自由贸易试验区发展评价［J］．国际经济评论，2015（9）：27.

表 8 – 3　　　　中国（上海）自由贸易试验区发展方案

版本	2013 年版	2015 年版
方案名称	《中国（上海）自由贸易试验区总体方案的通知》（国发〔2013〕38 号）①	《进一步深化中国（上海）自由贸易试验区改革开放方案》（国发〔2015〕21 号）②
指导思想	建立符合国际化和法治化要求的跨境投资和贸易规则体系	建立符合国际化、市场化和法治化要求的投资和贸易规则体系
	打造中国经济升级版	推动"一带一路"倡议和长江经济带发展
目标	力争建设成为具有国际水准的投资贸易便利、货币兑换自由、监管高效便捷、法制环境规范的自由贸易试验区	力争建设成为开放度最高的投资贸易便利、货币兑换自由、监管高效便捷、法制环境规范的自由贸易园区
施围实范	涵盖上海外高桥保税区、上海外高桥保税物流园区、洋山保税港区和上海浦东机场综合保税区 4 个海关特殊监管区域，总计 28.78 平方千米	实施范围 120.72 平方公里，涵盖上海外高桥保税区、上海外高桥保税物流园区、洋山保税港区、上海浦东机场综合保税区 4 个海关特殊监管区域（28.78 平方千米）以及陆家嘴金融片区（34.26 平方千米）、金桥开发片区（20.48 平方千米）、张江高科技片区（37.2 平方千米）
主要任务和措施	加快政府职能转变：深化行政管理体制改革	加快政府职能转变： （1）完善负面清单管理模式 （2）加强社会信用体系应用 （3）加强信息共享和服务平台应用 （4）健全综合执法体系 （5）健全社会力量参与市场监督制度 （6）完善企业年度报告公示和经营异常名录制度 （7）健全国家安全审查和反垄断审查协助机制 （8）推动产业预警制度创新 （9）推动信息公开制度 （10）推动公平竞争制度创新 （11）推动权益保护制度创新 （12）深化科技创新体制机制创新

① 国务院关于印发中国（上海）自由贸易试验区总体方案的通知［Z］. 2013.

② 国务院关于印发进一步深化中国上海自由贸易试验区改革开放方案的通知［Z］. 2015.

续表

版本	2013年版	2015年版
主要任务和措施	扩大投资领域的开放： （1）扩大服务业开放 （2）探索建立负面清单管理模式 （3）构筑对外投资服务促进体系	深化与扩大开放相适应的投资管理制度创新： （1）进一步扩大服务业和制造业等领域开放 （2）推进外商投资和境外投资管理制度改革 （3）深化商事登记制度改革 （4）完善企业准入“单一窗口”制度
	推进贸易发展方式转变： （1）推动贸易转型升级 （2）提升国际航运服务能级	积极推进贸易监管制度创新： （1）在自贸试验区内的海关特殊监管区域深化“一线放开”“二线安全高效管住”贸易便利化改革 （2）推进国际贸易“单一窗口”建设 （3）统筹研究突进货物状态分类监管试点 （4）推动贸易转型升级 （5）完善具有国际竞争力的航运发展制度和运作模式
	深化金融领域的开放创新： （1）加快金融制度创新 （2）增强金融服务功能	深入推进金融制度创新： 加大金融创新力度，加强与上海国际金融中心建设的联动
	完善法制领域的制度保障：完善法制保障	加强法制和政策保障： （1）健全法制保障体系 （2）探索适应企业国际化发展需要的创新人才服务体系和国际人才流动通行制度 （3）研究完善促进投资和贸易的税收政策
营造相应的监管和税收制度环境	创新监管服务模式： 推进实施“一线放开” 坚决实施“二线安全高效管住” 进一步强化监管协作	
	探索与试验区相配套的税收政策： 实施促进投资的税收政策 实施促进贸易的税收政策	

资料来源：根据《中国（上海）自由贸易试验区总体方案的通知》《进一步深化中国（上海）自由贸易试验区改革开放方案》整理。

3. 上海自贸区与其他自贸区共建阶段

基于上海自贸试验区的良好发展势头，国务院常务会议于 2014 年 12 月中旬决定，在广东、天津、福建特定区域再设三个新的自由贸易园区。自此上海自贸试验区进入与广东、福建和天津自贸试验区共同建设的新时期。表 8－4 是四个试验区的对比：

表 8－4　　　　　　　中国四大自贸试验区情况一览表

名称	面积（平方千米）	涵盖范围	发展重点	管理机构
上海自贸试验区	120.72	涵盖上海市外高桥保税区、外高桥保税物流园区、洋山保税港区和上海浦东机场综合保税区、浦东的金桥片区、张江高科技片区和陆家嘴金融片区	承载更多改革空间金桥开发区片区定位于高端制造业和生产性服务业聚集区，张江高科技片区集中了大量高新技术企业，陆家嘴金融片区则以金融业、航运贸易、现代商贸为主	单层管理机构：新设一个自贸区管委会，计划下设八个内部机构，其中包括五个片区管理局，分别是陆家嘴、世博、金桥、张江片区管理局，以及保税区管理局。另三个分别是综合协调局、政策研究局和对外联络局
广东自贸试验区	116.2	包括广州南沙新区片区、深圳前海蛇口片区以及珠海横琴新区片区	主打港澳牌：（1）南沙新区的定位是粤港澳全面合作示范区，将重点发展航运业；（2）前海已获批“前海深港现代服务业合作区”，将主要集中发展现代服务业、金融业跨境服务，同时依托深港合作；被纳入范围的蛇口工业侧重在航运、邮轮经济、湾区经济上与前海互为补充；（3）横琴享有“比经济特区更加特殊的优惠政策”，是粤港澳紧密合作的新载体，依托生物医药、旅游等产业进行发展	多层管理体系：广东省政府将成立自贸区工作领导协调机构。广州、深圳和珠海依托现有管理架构设立自贸区，各片区管理机构多为市政府派出机构，负责属地范围的自贸区具体事务

续表

名称	面积（平方千米）	涵盖范围	发展重点	管理机构
天津自贸试验区	119.9	位于天津滨海新区内，涵盖天津港片区、天津机场片区、滨海新区中心商务片区	服务京津一体化：（1）天津港片区重点发展航运物流、国际贸易、融资租赁等现代服务业；（2）天津机场片区重点发展航空航天、装备制造、新一代信息技术等高端制造业和研发设计、航空物流等生产性服务业；（3）滨海新区中心商务区重点发展以金融创新为主的现代服务业	双层管理架构：包括天津自贸区推进工作领导小组和自贸区管委会。具体实施则由东疆港保税区管委会、中心商务区管委会、天津空港保税区管委会负责
福建自贸试验区	118.04	包括福州、厦门和平潭综合实验区	与台湾地区深度合作：（1）福州的功能定位包括三个方面：先进制造业基地、21 世纪海上丝绸之路重要平台、两岸服务贸易合作和金融合作示范区；（2）厦门经济特区把金融创新作为主攻方向；（3）平潭综合实验区要以建设自由港为目标，围绕对台交流主线，将培育高端服务业、旅游业、现代物流业、高新技术产业、海洋产业等五大产业	多层管理体系：福建省成立了福建自贸区工作领导小组，福州、厦门和平潭三个片区已成立管委会推进日常工作①

资料来源：根据“四大自贸区将这样改变你的生活”和“四大自贸区即将挂牌：共性与个性”“上海自贸区扩区即将挂牌新管理框架已基本敲定”资料整理。

二、上海自贸试验区发展的经验

（一）建立负面清单

上海市政府于 2013 年 10 月 1 日根据外商投资法律法规、《中国（上海）

① 周汉民．我国四大自贸区的共性分析战略定位和政策建议［J］．国际商务研究，2015（04）：36－46.

自由贸易试验区总体方案》和《外商投资产业指导目录（2011 年修订）》，公布了包含 190 项特别管理措施的《中国（上海）自由贸易试验区外商投资准入特别管理措施（负面清单）（2013 年）》。尽管这是由上海市发布的负面清单，但它却是中国首份负面清单，这标志着中国从“正面清单加准入后国民待遇”正逐步向“负面清单和准入前国民待遇”管理模式的转变，这一重大变革标志着中国投资贸易规则迈出了向世界投资贸易规则接轨的重要一步。2014 年 6 月 30 日，关于公布《中国（上海）自由贸易试验区外商投资准入特别管理措施（负面清单）（2014 年修订）》的公告在上海市人民政府发布，其中 2014 年负面清单中的特别管理措施为 139 项，减少了 51 项。通过取消对进出口商品认证公司的限制，取消对认证机构外方投资者的资质要求，取消投资国际海运货物装卸、国际海运集装箱站和堆场业务的股比限制以及取消投资航空运输销售代理业务的股比限制等方式，2014 年版负面清单继续推动服务业对外开放，通过加大开放度、提高透明度等方式，与国际规则的衔接程度得到不同程度的提高①。

表 8－5　　　　不同年份负面清单比较

版本	2013 年版	2014 年版	2015 年版
批准时间	2013 年 10 月 10 日	2014 年 6 月 28 日	2015 年 4 月 8 日
发布的政府部门	上海市政府制定，经过国家发改委认可，由上海市政府发布	上海市政府	国务院办公室
负面清单内容	18 个门类，89 个大类，419 个种类，1069 个小类，190 项特别管理措施	18 个门类，139 项特别管理措施	15 个门类，50 个条目，122 项特别管理措施
适用范围	适用于上海自由贸易试验区（28.78 平方千米）	适用于上海自由贸易试验区	适用于上海、广东、天津、福建四个自由贸易试验区，约 470 平方千米

上海自贸试验区在负面清单管理模式上的探索，为 2015 年中国首个全

① 荆林波，袁平红．中国（上海）自由贸易试验区发展评价［J］．国际经济评论，2015（9）：27.

国四大自贸试验区统一适用的负面清单出台奠定了基础。2015 年 4 月 8 日国务院办公厅印发《自由贸易试验区外商投资准特别管理措施（负面清单)》。[①] 纵观表 8 -5 三个版本的负面清单，在特别管理措施总数不断缩减的同时，针对制造业、金融业等不同行业的开放程度、透明度也在不断提高。从 2015 年 4 月开始，负面清单制度成为上海自贸试验区范围内市场准入管理的主要方式。

（二）为经济主体营造良好的营商环境

1. 外商投资项目从核准制改为备案制，投资更加便利化

截至 2014 年 6 月底，上海自贸试验区新设外商投资企业 1245 家，其中通过备案方式设立的企业有 1136 家，达到总体的 91.2%。负面清单之外的外资企业备案当场即可完成，比原先的平均 8 天时间大大缩短。[②]

2. 通过加强事中事后监管，减少通关时间，提高通关效率

上海自贸试验区将商品检验鉴定机构的审批权限下放，大幅度降低行业准入。随着 2014 年 10 月 1 日《中国（上海）自由贸易试验区进出口商品检验鉴定机构管理办法》实施，上海自贸试验区申请设立进出口商品检验鉴定机构的审批权限下放至上海检验检疫局。通过查验制度创新，提高上海自贸试验区船舶代理业务办理效率。从 2013 年 10 月开始，上海海事局在上海自贸试验区内，对国际航行船舶驶离洋山港口岸查验试点“先许可、后查验”制度，通过查验制度创新，单件出口岸许可办结时间由原先平均 20 分钟缩短至 2 分钟以内。[③] 据上海海关估计，上海自贸试验区进口平均通关时间较区外减少 41.3%，出口平均通关时间较区外减少 36.8%，降低企业的成本 10% 左右。[④]

（三）响应企业实际需要，适时推出金融创新服务

2014 年 5 月 28 日，上海自贸试验区正式推出融资租赁交易平台，这是

---

① 夏小雄．自贸区建设需要完善法制保障［N］．经济参考报，2015.

② 中国（上海）自由贸易试验区 2014 版负面清单情况说明会［N］．中国外资，2014（09）.

③ 先许可、后查验——上海海事局在自贸区创新国际航行船舶驶离洋山港口岸查验制度［N］．浦东时报，2014.

④ 上海自贸区一周年成绩单［N］．新华网，2014.

中国国内首个标准化、面向境内外的融资租赁产权交易平台，为中国探索境内外融资租赁资产的物权、债权和股权交易提供便利。2014 年 5 月，上海自贸试验区自由账户制度正式启动，为企业降低财务成本、提高企业资金汇划效率提供了极大的便利。① 2015 年 2 月正式开通上海自贸试验区信用信息综合查询服务，成为目前上海唯一一个可同时开展金融信用信息查询和公共信用信息查询的服务窗口。2014 年 11 月推出《中国（上海）自由贸易试验区大宗商品现货市场交易管理规定》。② 2015 年，由中铁物贸有限公司、宝钢资源、上海有色网、上海易通电商公司、上海钢联、上海华通钳银交易市场、南宁（中国—东盟）商品交易所和上海纺织集团等 8 家公司作为主发起人，成立大宗商品现货平台。鼓励百度、京东等互联网企业在上海自贸区设立小贷公司，开展互联网贷款经营，并获得跨区经营权。帮助交银金融租赁公司开展首单飞机和首单船舶租赁业务，并成立由江泰保险经纪股份有限公司和美国合资的江泰再保险经纪公司，成为我国保险史上第一家冠以“再保险”业务的公司。③ 具体金融创新如表 8 –6 所示。

表 8 –6　　上海自贸区金融业务创新一览表

创新领域	创新举措
金融机构开拓创新	第一，成立全国首家互联网小额贷款公司。增强金融服务能力 第二，金融租赁公司在自贸区首次设立子公司 第三，国内首家中外合资再保险经纪公司设立
人民币跨境使用创新	第一，率先开展境外银团人民币借款 第二，人民币跨境集中收付和轧差净额结算 第三，个人经常账户下人民跨境使用 第四，开展跨境电子商务人民币支付结算业务 第五，跨境人民币双向资金池业务
金融交易平台创新	第一，大宗商品现货交易市场一站式金融服务 第二，开通黄金“沪港通” 第三，中欧国际交易所开业

① 中国自贸区建设为外资走进来扫清障碍［N］. 中国新闻网，2015.

② 阮晓琴. 海自贸区八家电商平台获批电商国际化迎新机遇［N］. 新浪，2015.

③ 陈亮，王溪若，周睿. 前海自贸区与上海自贸区金融创新比较研究［J］. 上海金融，2017（09）.

续表

创新领域	创新举措
金融业务操作创新	第一，利率市场化业务 第二，外汇业务 第三，财务分账核算业务 第四，自由贸易账户
金融科技融合创新	第一，上海银行推出了成长型小企业“远期共赢利息”业务 第二，开发了“科创E保”科技企业创业保障保险 第三，“海王星”科创企业金融服务云方案
金融政策机制创新	第一，出台“负面清单”管理模式，并在其他自贸区推广 第二，推出银行业务创新监管互动机制 第三，试点保险专业中介机构股权信息监管改革 第四，推出外汇监管创新机制改革 第五，推出银行业市场准入相关报告事项清单 第六，实施保险机构和高级管理人员备案管理 第七，上海自贸区首次推出跨境金融服务“展业三原则”同业规范实施机制创新改革

资料来源：中华人民共和国上海海关网站，http：//shanghai. customs. gov. cn/.

以金融市场化为导向的上海自贸区，深化金融领域开放创新，加快金融制度创新，在风险可控的前提下，上海自贸区对人民币跨境使用、人民币资本项目可兑换、利率市场化进行试点。推动外汇管理、外债管理、跨国公司总部外汇资金集中运营管理试点。对符合条件的民营资本和外资金融机构全面开放，积极为跨境投资和贸易做好金融支持，并大力促进金融市场产品创新和离岸业务发展。对国务院、上海市政府、银监会、保监会、中国人民银行对上海自贸区的金融政策进行梳理，如表8－7所示。

表8－7　　支持上海自贸区金融改革的相关政策

时间	部门	名称
2013. 9. 18	国务院	《中国（上海）自由贸易试验区总体方案》
2013. 9. 29	上海市政府	《中国（上海）自由贸易试验区管理办法》
2013. 9. 29	银监会	《关于中国（上海）自由贸易试验区银行业监管有关问题的通知》

续表

时间	部门	名称
2013.9.29	证监会	《资本市场支持促进中国（上海）自由贸易试验区若干政策措施》
2013.9.29	保监会	《发挥保险功能作用，支持中国（上海）自由贸易试验区的有关批复》
2013.12.2	中国人民银行	《关于金融支持中国（上海）自由贸易试验区建设的意见》
2014.2.21	中国人民银行	《关于支持中国（上海）自由贸易试验区扩大人民币跨境使用的通知》
2015.4.8	国务院	《国务院关于印发进一步深化（上海）自由贸易试验区改革开放方案的通知》
2016.11.23	中国人民银行	《关于进一步拓展自贸区跨境金融服务功能支持科技创新和实体经济的通知》
2021.8.2	国务院	《关于推进自由贸易试验区贸易投资便利化改革创新的若干措施》

资料来源：《国务院关于推广中国（上海）自由贸易区可复制改革试点经验的通知》。

通过政策梳理和分析来看，目前上海自贸区金融改革的重点主要包括以下 3 个方面：

1. 推动人民币跨境使用

2009 年，我国正式在上海、广州、深圳等五个城市开展跨境贸易人民币结算试点，随后跨境贸易人民币结算范围逐步扩大到全国，结算金额快速上升。根据上海市政府出台的自贸区管理办法，自贸区内跨境人民币结算业务与前置核准环节脱钩，自贸区内企业可根据自身经营需求，开展跨境人民币创新，实现人民币跨境使用便利化。①此外，中国人民银行在支持上海自贸区建设意见中指出，上海地区银行业金融机构可凭借区内机构和个人提交的收付指令，直接办理经常项下、直接投资的人民币结算业务，同时与包括互联网支付在内的机构合作，为跨境电子商务（货物贸易或服务贸易）提供人民币结算服务；区域内的金融机构和企业则可从境外借用人民币资金投入除投

① 中国（上海）自由贸易试验区管理办法［Z］. 上海市政府，2013.

资有价证券、衍生产品和委托贷款外的用途。①

人民币跨境政策对于自贸区内的进出口企业而言，有利于规避汇率风险，缓解由持有美元、欧元等外币造成的货币错配，从而降低汇兑损失；使用跨境人民币结算避免了买入卖出过程中的结汇与购汇环节，减少汇兑成本与银行手续费，同时降低使用金融工具进行风险规避所产生的衍生品交易费用，提升企业工作效率与资金使用效率。对于自贸区内的金融机构而言，跨境人民币政策带来了全新的业务模式与市场空间，中间业务量增加，跨境金融产品呈现爆发式增长。频繁的人民币双向跨境流动，吸引了更多的境外市场参与者，使人民币在国际市场地位提升，推动了人民币国际化步伐。

2. 推动人民币资本项目可转化

目前我国资本项目尚未达到可兑换。根据 2011 年 IMF《汇兑安排与汇兑限制年报》，我国人民币资本账户的 40 个子项中，完全不可兑换的项目共有 4 项，主要集中于非居民参与的国内货币市场、基金信托市场工具交易以及买卖衍生工具交易，部分可兑换的项目共有 22 项，主要集中于债券市场交易、股票市场交易、房地产交易和个人资本交易，基本可兑换的项目及完全可兑换的项目有 14 项。② 上海自贸区金融改革是我国渐进式资本账户开放进程中一个里程碑式的跨越，在原有 QFII、RQFII 和 QDII 等开放机制的基础上，资本项下人民币跨境流动进一步放开，可兑换范围进一步扩大。根据相关政策，上海自贸区通过分账核算的方式，创新业务和管理模式，建立有利于管理的账户体系，通过设立居民自由贸易账户和非居民自由贸易账户，与境外账户、境内区外的非居民账户、非居民自由贸易账户以及其他居民自由贸易账户之间的资金自由划转，实现国内外资本的兑换。

3. 推动离岸金融中心建设

离岸金融业务是金融自由化、国际化的产物，它是基于金融创新理论和金融市场全球一体化理论产生的。目前，世界上已有 60 多个不同形式的离

---

① 关于金融支持中国（上海）自由贸易试验区建设的意见 [Z]. 中国人民银行，2013.

② 陈昊，王军. 上海自贸区发展进程中的金融改革与银行业发展策略研究 [J]. 南方金融，2016.

岸金融市场，按不同的类型可以分为内外混合型离岸金融市场、内外分离型离岸金融市场和避税港型离岸金融市场。离岸金融中心的出现为资本国际化流动以及保证资金、资源合理配置和有效利用发挥了积极作用。现阶段主要的国际金融离岸中心仍集中在经济基础雄厚的国家与地区，如纽约、伦敦、东京、香港特区、新加坡等。我国内地自 1989 年开展离岸金融业务，试点地区包括上海、深圳、天津、海南，但没有真正意义上的离岸金融中心。从政策层面上看，上海自贸区采取扩大跨国公司总部外汇资金集中管理试点企业范围，简化外币资金池管理，深化国际结算中心外汇管理，允许外资银行入区经营，支持中资银行在区内开展离岸银行业务，深化外汇管理改革等举措。按照“一线解禁，二线管理”的独特模式，也使上海自贸区逐渐成为我国第一家离岸金融中心。①

第三节　金融支持雄安新区开放发展的主要途径

雄安新区是京津冀的腹地，向外部世界开放是雄安新区高质量发展的唯一途径。通过开放促进发展，通过合作加强协同作用，注重发展新的商业模式，加速合作与竞争的新文化，为我国搭建新的对外经济合作平台。

一、深化金融制度创新，增强金融服务功能，扩大金融开放

金融开放首先必须以创新为基础，雄安新区要进一步深化金融体系改革，完善金融服务功能，在人民币跨境业务、金融交易平台、跨境投融资等领域取得更深入的体制突破。在大力引进境外资金和先进技术的同时，支持新区企业扩大对外投资，积极搭建金融服务平台，为国际贸易投资提供良好的金融服务。

雄安新区和深圳、浦东新区开放开放所处时代、地理位置、经济基础、战略定位等存在较为显著的差异，承担的使命也不同。深圳经济特区开发建

① 陈昊．上海自贸区发展进程中的金融改革与银行业发展策略研究［J］．南方金融，2016.

设初期，我国社会主义市场经济体制的目标尚未建立，所以深圳经济特区开发建设具有尝试性、探索性，深圳特区开发建设的每一个阶段都是由市场自下而上推动实现的；上海浦东新区已经有深圳经济特区开发建设的成熟经验做支撑，其开发建设在时间上虽然较晚，但开发建设成效突出，外高桥保税区、张江高科技园区、陆家嘴金融贸易区和金桥开发区逐步定型。新的时代，雄安新区的开放承担着民族振兴的使命，不同的是雄安新区除了承载发展任务外，还承担着“疏解北京非首都功能集中承载地”的重要战略定位，是盘活京津冀协同发展这盘大棋局的重中之重，是破解“大城市病”，寻求人口经济密集地区优化开发新模式的重要探索。

河北省2020年9月1日印发《中国（雄安新区）跨境电子商务综合试验区建设实施方案》。方案提出经过3～5年改革探索，力争建成以“跨境贸易+数字经济+产城融合”为基本特征的国内一流的跨境电子商务综合试验区，实现跨境电子商务信息流、资金流、货物流“三流合一”和“关、税、汇、商、物、融”一体化发展的目标。到2035年，建成具有全球影响力和竞争力的跨境电子商务领先区域，线上线下充分互动、贸易产业深度融合、资源配置合理有效、国内国际相互促进的发展格局全面形成。方案提出，鼓励跨境电子商务活动中使用人民币计价结算，探索数字货币跨境支付。支持符合相关资质的金融机构、支付机构、第三方跨境电子商务平台等大胆创新，为具有真实交易背景的跨境电子商务交易提供在线支付结算、在线融资、在线担保等风险可控的金融服务体系。加大政策性出口信用保险承保支持力度，扩大出口信用保险覆盖面。引导符合相关资质的非银行支付机构创新产品服务，加强与跨境电子商务企业合作，提供安全高效的本外币支付结算服务①。因此，当前雄安新区需要尽快启动中国人民银行数字人民币试点应用，开展合格境外有限合伙人业务试点，出台外商投资股权投资类企业试点暂行办法，放宽外汇资金进出管制，促进雄安新区投融资汇兑便利化，稳步推进人民币资本项目可兑换。拓宽中外金融市场合作领域，金融领域负面清单以外事项实行内外资统一管理。寻求人民银行总行支持，出台鼓励雄安

① 河北省人民政府办公厅，《中国（雄安新区）跨境电子商务综合试验区建设实施方案》（全文），2020年9月4日，http：//www.100ec.cn/detail—6569460.html.

新区设立人民币跨境贸易结算便利化制度，争取把雄安新区列入跨境贸易投资的高水平开放试点。与香港深度合作，开发“雄港通”，在直接投资和不动产、证券投资、对外债权与债务以及个人交易方面，实现资本项目开放，为境内外投资者提供畅通的投资渠道和丰富的投资产品，打通境内外双向投资参与的重要渠道。

二、建设统一开放，竞争有序的金融市场体系

雄安新区经过5年的建设，金融市场主体数量和类型不断增多，金融产品和服务日益丰富，金融体系制度建设和金融基础设施日趋完备。商业性金融、开发性金融、政策性金融和合作性金融机构陆续开展业务，各类型金融机构合理分工、功能补充的金融体系基本形成。金融市场对外开放程度和市场化水平持续提高，金融市场监管不断健全，防范和化解系统性金融风险的能力不断增强。但我们更应该看到，雄安新区金融市场体系基础薄弱，金融市场功能不健全，直接融资与间接融资不协调。金融服务实体经济的功能未充分得以发挥，支持和服务“三农”及中小微企业的能力不足。金融要素市场定价机制不灵活，市场化约束机制和违约风险承担机制不健全。金融市场自律机制、相关法规体系仍有待完善。双向开放程度不高，在参与机构、金融产品、经营理念、市场功能、相关制度等方面与成熟金融市场相比仍存在较大提升空间。

雄安新区目前已经进入高速发展时期，面临质量、效率、动力变革的迫切要求，对金融市场体系建设提出了更高的要求，只有打破市场分割和地方保护，建立全国一致的市场法律、竞争规则和标准体系，才能形成统一透明的金融对外开放原则、负面清单和监管规则。因此，要发挥市场化竞争性金融要素价格在优化资源配置中的决定性作用。加快培育“雄安新区特色”的市场化金融资产价格形成机制，培育市场基准利率和收益率曲线，健全市场化利率形成机制。进一步提高直接融资比重，鼓励新区企业上市融资。加大金融市场双向开放力度，积极构建高层次开放性金融市场体系。放宽境外金融机构市场准入限制，落实外资准入前国民待遇加负面清单制度。坚持防范系统性金融风险，提高金融机构和金融市场风险防御能力和风险处置能力。

积极推进金融体制改革，构建符合我国国情的现代金融市场体系。

三、加快雄安新区自贸区高标准、高水平建设

雄安新区自贸区产业重点发展方向是新一代信息技术、现代生命科学和生物技术、高端现代服务业等产业，金融支持自贸区高标准建设要对标对表深圳和上海的做法，一是精进围绕战略新兴产业开展金融服务。二是为自贸区基础设施建设提供金融服务。三是把推动贸易转型升级作为主攻方向，在数字金融、数字商务、平台建设方面提高贸易便利化水平。四是支持雄安新区片区综合保税区的建设，实现商品展示、出口加工、港航服务等功能，同时围绕扩展多式联运、保税区配送、地区采购、转口贸易等业务，将雄安新区保税区打造成为国内功能最全的海关保税区域。五是支持在物联网统一平台、感知设施系统上建设智慧物流，通过数据实时共享，实现可视化监管。六是支持培育贸易新型业态和功能作为雄安新区片区贸易转型的主要方向，打造以技术、服务、质量、品牌为核心的外贸竞争优势。七是鼓励金融机构在自贸区内建立贸易投资自由化服务机构，并形成贸易自由化水平评估机制。八是鼓励雄安新区自贸区内金融机构不断进行业务创新，放宽资本项目投资管制，提高外资持股比例。推进跨境人民币支付业务创新，出台政策鼓励自贸区内银行降低境外人民币贷款利率。

| 第九章 |

金融支持雄安新区共享发展政策建议

共享发展是实现中华民族千年理想的必然要求，是习近平新时代中国特色社会主义理论的实践要求，更是雄安新区高质量发展的内在要求。雄安新区实现共享发展仅仅依靠财政投入是远远不够的，还需要金融业的大力支持。金融作为现代经济的核心，金融支持将为共享发展提供重要保障，必然在雄安新区实现共享发展过程中发挥应有的核心作用。

金融支持共享发展不同于共享金融，共享金融是在科技进步过程中产生的一种新的金融模式，是共享社会的重要组成部分，此处的“共享”是一种方式和途径，“金融”是结果。而如何通过金融支持，助力实现共享发展，使人民共享政治、经济、社会、文化和生态发展成果，此处的“金融”是一种方式和途径，“共享”是结果。关于金融支持共享发展的研究成果很多，普惠金融被普遍认为是金融支持共享的有效途径。普惠金融是2005年联合国在宣传“国际小额信贷年”时首次提出的概念，呼吁在全球范围内建立普惠金融体系①，旨在解决金融排斥问题。目前对普惠金融的研究受到世界各国的广泛关注，但至今仍未形成被广泛认可的一致定义。普惠金融不是援助，更不是救助，而是一种具有商业可持续属性的金融模式，其本质仍然是金融，是商业。普惠金融是金融机构在可接受的成本范围内，将原本被金融

---

① 李建军，彭俞超，马思超．普惠金融与中国经济发展：多维度内涵与实证分析［J］．经济研究，2020（4）：37－52.

系统排斥在外的群体纳入金融服务范围以内，使其具有平等的机会获取金融服务，同时金融机构在发展普惠金融过程中获取商业利润。普惠金融的供需双方各取所需，互利共赢。当然，普惠金融只是金融支持共享发展服务体系的一部分，还需要发展互联网金融、绿色金融模式等。

人民平等地享受金融服务并不等于平等地享受发展成果，金融发展水平提高也不能简单等同于共享发展水平提高，关于两者间的关系学界也做了大量的研究，并形成了较为广泛的共识。普惠金融与共享发展具有相互促进的作用，两者间具有双向作用关系，但并不具有简单的线性关系特征，两者均具有多维属性，相互间作用机理和逻辑较为复杂，作用效果在不同地区间呈现出较大差异，在同一地区的不同阶段也有所不同，甚至同一者的不同维度在同一作用过程中也可能呈现出截然相反的变化趋势。因此发展普惠金融不存在最优解，既不能过度也不能欠缺，必须因地制宜、因时施策，使普惠金融和共享发展形成良性互动，相互作用，共同发展。基于以上原因，鉴于雄安新区的金融基础薄弱，普惠金融发展相对落后，发展空间较大，总体而言，在当下的雄安新区加强金融基础设施建设，完善金融机构体系，推动金融业快速发展，可以有效助推经济发展，带动文化、教育、医疗、交通等行业发展，提高民众共享发展成果指数。除了提高普惠金融覆盖广度，有利于合理配置金融资源，可以使更多受到金融排斥的群体享受到合理的金融服务，得到更多增加收入的机会，缩小地区间和不同群体间收入差距水平；还需要加强金融产品创新，提高金融服务质量，帮助低收入群体获取更多的投资或创业资金，帮助中小微企业发展，增加就业、投资、消费等机会，促进产业结构优化调整、转型升级，促进经济更好发展；此外，普惠金融的良性可持续发展，可以帮助金融机构抵御经营风险，取得更好的经营业绩，保证金融系统整体健康稳定发展，促进经济发展，从而实现更高水平的共享发展。

第一节　金融支持深圳共享发展的经验

一、构建科技普惠型金融体系，支持小微企业发展

小微企业是经济社会的重要组成部分，承担着若干家庭的就业、收入与

社会保障功能，小微企业发展质量直接关系经济高质量发展，关系共享发展的水平。深圳经济社会发展之所以取得辉煌成就，也离不开小微企业的贡献。据有关数据显示，2020 年一季度，深圳市中小微企业数量达到 210 万家，占比超过 99%，创造了 40% 以上的 GDP、60% 以上的纳税、70% 以上的出口和 80% 以上的就业，[①] 已经成为当地经济发展的重要支柱。而且深圳小微企业在跟随特区发展的几十年过程中，不断转型发展、迭代更新，从传统落后产业进军新兴朝阳产业，从低端制造业向高附加值制造业转型，走科技型发展道路已经成为当地小微企业发展的重要标签。深圳地区小微企业的发展壮大以及科技型的发展特征离不开政府的引导扶持，也离不开深圳金融的助力作用。

广东省是我国第一批开展科技和金融结合试点的地区之一，在科技与金融的结合、创新、发展方面一直走在全国前列，全省普惠金融的发展也与科技紧密相连。深圳作为引领创新发展的经济特区，得益于广东省鼓励推动科技与金融结合发展的政策大背景，结合本市实际，探索走出一条科技型普惠金融的成功发展模式。深圳市围绕建设国际科技产业创新中心的目标，着力打造科技“双创”普惠小微金融，构建起多层次小微企业金融服务体系，促进产业链和资金链有机融合。[②] 全市小微企业贷款余额快速增长，中小板、创业板上市企业数量和规模居国内城市首位。

深圳科技型普惠金融的发展模式具有如下成功经验：

1. 加强专业金融服务体系建设

深圳 2012 年制定出台了《关于促进科技和金融结合的若干措施》，围绕构建充满活力的科技创新生态体系目标，支持成立科技金融专营机构，协调引导各大银行依托高新区、企业孵化器开设科技支行，针对中小高新技术企业经营特点和贷款需求创新服务模式和业务品种，量身定制“孵化贷”“研发贷”等特色金融产品，提升供需契合度。鼓励成立专业担保公司和小贷公司，提高融资性担保机构的融资担保能力，探索开展信贷债权转股权试点，

---

① 陈传龙．深圳地区创新发展普惠金融的思考［J］．银行家，2020（10）：76－79.

② 刘建徽，周志波，陈习定．普惠小微金融发展研究——基于安徽、湖北、深圳模式的比较分析［J］．当代金融研究，2018（4）：89－96.

发展企业信托融资，持续完善金融服务体系建设，不断加强提升科技型小微企业支持力度和服务质量。在国内率先开展创投地方立法工作，出台政策措施规范促进股权投资基金行业发展，设立、成立、筹建了注册资本超百亿元的创投引导基金、中小企业发展基金、天使投资引导基金，推动规模超千亿元的国有资本风投基金落户深圳，有力引领推动了深圳风投、创投行业的快速发展，引导社会资本源源不断流向初创起步阶段的科技型企业，为科技型企业发展提供了强有力的资本保障基础。

2. 加强政府扶持引导

依靠财政贴息引导信贷资金投向科技型企业。对库内科技型中小企业信贷项目给予财政贴息，提高金融机构放贷积极性，把普惠性科技信贷引向深入。深圳市 2015 ~ 2017 年财政贴息 5600 多万元，撬动 50 多亿元银行贷款投向 300 多家科技型中小微企业。[①] 同时，建立专项资金助力企业开展科技研发。广东省财政厅 2015 年设立了研发补助专项资金，准入企业可按照研发投入经费的一定比例获得研发补助，最高补助金额达 500 万元，极大激发了科技型企业完善研发制度，加强科技创新的积极性。此外，2011 年以来，深圳还通过调整增值税和营业税起征点、免除行政事业性收费，减轻了小微企业负担。通过科技天使投资补贴、科技创新券、上市挂牌补贴、科技保险保费补贴等各种专项补贴，推动资本市场活力和企业科技创新。[②]

3. 完善风险补偿机制

完善的风险补偿机制是缓释投融资风险、提高各方主体向小微企业投融资积极性的重要保障，特别是对引导资金投向初创期和起步成长期的小微企业具有重要作用。根据广东省 2015 年出台的《关于科技企业孵化器创业投资及信贷风险补偿资金试行细则》，科技企业孵化器首贷项目如果出现坏账，省市两级财政信贷风险补偿资金承担 90% 的坏账项目贷款本金，合作银行只承担 10% 。建立了科技信贷风险准备金池，鼓励引导合作银行开发适用于科

① 刘建徽，周志波，陈习定．普惠小微金融发展研究——基于安徽、湖北、深圳模式的比较分析［J］．当代金融研究，2018（4）：89－96.

② 韦文求，王现兵，林雄，李大伟．普惠性科技金融发展的探索与实践——基于广东经验［J］．科技管理研究，2019（13）：59－64.

技型企业的产品，对备案的产品出现坏账给予合作银行可达90%的本金损失补偿。组建了专业为中小微企业融资提供担保的担保企业集团，强化担保业务的政策性和普惠性。成立了知识产权质押风险补偿基金，强化知识产权质押融资风险多方共担。持续加强科技保险服务，支持保险公司为高新技术企业从研发到成果转化全流程开发保险产品，支持保险公司为高新技术企业银行融资提供知识产权质押保险、信用贷保险等风险补偿，对库内企业购买创新科技保险产品在保费方面给予资助。以上风险补偿机制极大缓释了融资风险，有效提升了金融机构信贷积极性，为企业发展提供了便利条件。

4. 发挥多层次资本市场优势

深圳早在2004年就出台了《深圳市中小企业上市培育工程实施方案》，通过培训企业规范运行和上市知识，建立中小企业信息资源库，搭建中小企业与有关中介机构对话平台等方式，推动中小企业积极改制并通过上市融资寻求发展。随着资本市场的持续发展，深圳又陆续出台了新的上市培育政策。创业板推出后，深圳2009年出台了《关于扶持我市中小企业改制上市的若干措施》，明确了18条措施，建立健全工作机制，培育壮大后备资源，强化对中小企业上市的协调服务。随着多层次资本市场的持续完善，特别是新三板市场的发展，深圳2018年出台了《关于进一步推动我市中小企业改制上市和并购重组的若干措施》，从完善上市培育工作机制、建立上市后备资源队伍、优化上市培育政策环境、提高上市协调服务水平、加强对已上市企业后续服务、推动中小企业并购重组等六个方面进一步优化了企业上市政策环境。近些年来，深圳发挥多层次资本市场体系优势，支持符合条件的高新技术企业改制、挂牌、上市；发展深圳区域性交易市场，促进企业股权流动和股权融资；建立健全争取代办股份转让系统试点工作机制，支持高新区企业在代办股份转让系统挂牌；支持企业通过债券市场融资；加快建设知识产权交易市场，为知识产权或者科技成果所有者和投资者提供技术与资本对接通道，使深圳成为企业培育上市的沃土和高质量发展的高地。① 截至2019年年底，深圳境内外上市企业总数达到418家，总市值达到122092.96亿

① 深圳市人民政府．深圳市人民政府印发关于促进科技和金融结合若干措施的通知［EB/OL］．http：//www.sz.gov.cn/zfgb/2012_1/gb813/content/post_4945468.html.

元，其中信息技术行业和金融行业上市公司市值占比超过71.47%，充分反映了深圳经济“科技+金融”双轮驱动的显著特征。①

5. 完善综合服务平台建设

深圳为小微企业发展打造建立了便捷的“一站式”综合服务平台，通过大数据、云计算、AI等高新科技技术，畅通工商税务海关等政府机构、银行保险担保等金融机构与企业等各方主体间沟通联络和数据互通，整合产品服务资源，精准对接企业需求，高效率为小微企业解决政务服务、投资融资、咨询诊断、成果转化、管理培训等方面的问题。深圳还依托广东科技型企业数据省市共享机制，构建起科技型企业监控指标体系和诚信评价机制，便于市场各方了解掌握科技型企业相关信息，破解信息不对称困局，为企业科技成果转化提供便利条件，引导众多普惠金融资源流向科技型企业，促进金融与科技协同创新、融合发展，为小微企业发展营造了良好的生态环境。

二、发行地方政府债券支持公益项目建设

地方政府发行债券募得的资金主要用于基础设施建设和公益性项目，其中一般债为没有收益的公益项目发行，专项债为有一定收益的公益项目发行。地方政府发行债券为保障地方经济社会发展提供了重要的融资渠道。但地方债在我国的发展经历了曲折的过程，在20世纪80年代末地方债发行过程中产生了一系列问题，1993年被国务院叫停。1995年出台《预算法》对地方债发行进行了严格限制，除法律和国务院另有规定，地方政府不得发行地方政府债券，从而使地方政府在相当长一段时期内失去了发债这个融资渠道。随着国内外形势的变化，面对国际金融危机的冲击，为配合“4万亿”投资计划的顺利实施，整顿防范地方隐性债务风险，破解地方政府收支严重不平衡的困局，中央逐步放开了地方政府发债权限。

自2009年以来，关于地方政府发债相关制度陆续出台，地方政府发债大体经过三个阶段。第一个阶段由中央代发代还；第二个阶段是从财政部

① 深圳上市公司发展报告（2020）[EB/OL]. https://www.sohu.com/a/442441205_680938.

2011 年印发地方政府自行发债试点办法后，上海、浙江、广东、深圳等 4 个省市开启自发代还试点开始；第三个阶段是从 2015 年财政部出台《地方政府一般债券发行管理暂行办法》开始，对地方政府自主发行做出一系列详细要求后，地方政府真正获得了自主发债权的权限。经过近七年发展，全国地方政府债务余额从 2014 年的 1.2 万亿元迅速扩大至 2022 年突破 30 万亿元的规模。

地方政府债券受发行主体财力影响很大，东部发达地区政府收入水平高，偿债能力强，作为发行主体市场认可度相对较高，发行的债券市场较为欢迎；相对而言中西部欠发达地区政府收入水平低，偿债能力弱，其所发行的债券市场认可度较低。但深圳虽然作为东部发达地区的超一线城市，却并没有发行与其经济体量相当的债务规模，相较于国内很多地区粗放的发债扩张发展路径，深圳则是在创新发债机制和高效发债等方面探索出一些可以借鉴推广的成功经验。

表 9-1　深圳市政府债务余额表　单位：亿元

年份	2015	2016	2017	2018	2019
债务余额	159	129	117	146	430

表 9-2　全国直辖市、计划单列市 2019 年政府债务余额表　单位：亿元

	深圳	上海	北京	天津	重庆	大连	宁波	青岛	厦门
一般债余额	68	2788	2117	1504	2524	1340	1156	785	295
专项债余额	362	2934	2847	3455	3079	637	765	797	494
债务总额	430	5722	4964	4959	5603	1977	1921	1582	789

由表 9-1 和表 9-2 可知，深圳市政府举债规模十分有限，其债务余额自 2015 年以来一直保持在低位，2019 年以来快速增长，近两年深圳发债规模显著增加，一方面是因为经济下行大背景下的逆周期调节需要，另一方面是因为深圳当前全力推进中国特色社会主义先行示范区和粤港澳大湾区建设大背景下，一些基建和民生项目的融资需要。

横向对比显示，深圳目前政府债务余额绝对额远远低于其他城市，远低于北上广等同一档超一线城市，远低于直辖市重庆和天津，甚至远远低于大

连、青岛、宁波等计划单列市。在我国具备发债权力的地方政府中，深圳的债务率最低，2019 年深圳市政府债务率仅有 7%，而这一指标全国平均值是 83%。其主要特点如下：

（1）举债需求小、债务限额结构限制，深圳成为全国债务规模最小的主要城市。深圳得益于城市经济产业结构优越，财政收入水平高，且城市基础设施建设相对完善，大规模基建需求低，自身财政收入能够有效满足基础设施建设等需求，政府举债需求低，因此债务规模很小。另外，中央严格实施地方债限额管理以防控地方政府债务风险，这其中一般债限额相对有限，专项债限额相对较大，深圳同样面临这个债务限额结构问题，深圳看似强大的财力却因为财力结构与债务限额结构不匹配，面临发债难题。深圳债务限额中一般债限额很小，专项债占比很高，专项债只能使用政府基金预算偿还，而这其中土地出让收入是最主要成分，但深圳当前土地出让收入增长空间极其有限，严重制约了专项债的使用，财力结构与债务限额结构不匹配严重限制了深圳的举债空间。

（2）试点境外发行离岸人民币地方政府债券，创新政府举债机制。近两年，为配合先行示范区和粤港澳大湾区建设战略，深圳市不仅大幅增加了发债规模，而且 2020 年更是大胆创新了境外发行离岸人民币地方政府债券。2020 年 10 月 18 日，中央发布了《深圳建设中国特色社会主义先行示范区综合改革试点首批授权事项清单》，授权深圳市政府可以在中央核定的地方债额度内自主发行境外离岸人民币地方政府债券，创新了地方政府举债机制，深圳先行试点在境外发债，以后可能在国内得到大范围推广，其他地方政府债券或许也会在境外发行。

地方政府在境外市场发行人民币债券意义非凡：一是可以拓宽地方政府融资渠道，切实缓解地方财政压力。二是可以促进人民币债券深度融入全球金融市场，推动人民币国际化、全球化。高效流通的人民币债券市场是实现人民币国际化的重要推手，在金融业持续开放的大背景下，鼓励外资持有人民币债券是比鼓励其持有股权更为安全稳健的金融开放策略。三是有利于地方债市场体制机制的完善，促进地方债市场流动性的提高。地方债与国际金融市场接轨，将在一定程度上提高地方债的流动性和抗风险性，真实反映地区之间的偿债能力和信用差异，发挥评级体系对举债主体的约束和监督作用。①

第二节　金融支持上海浦东共享发展的经验

共享发展得好，首先蛋糕要做大。1991 年邓小平到上海视察时说："金融很重要，是现代经济的核心。金融搞好了，一着棋活，全盘皆活。"时至今日浦东已基本实现上海国际金融中心的建成目标，浦东 30 年开发开放的成功实践很大程度上得益于金融业的迅猛发展。浦东坚持"金融先行"，以金融贸易为突破口，先后在制度创新、金融、贸易等领域深化改革，经过 30 年的发展，浦东已经聚集了各类全球金融要素市场，汇聚了各业务领域的金融机构，正在成为真正意义的国际金融中心。

一、打造国际金融中心，支持经济社会共享发展

梳理考察浦东金融发展脉络，浦东金融业的快速发展得益于以下六方面政策的长期坚持：

（一）持续改善金融发展环境

浦东成立之初，金融业基础设施尚不完备。为此，浦东持续加快重点项目开发建设，完善陆家嘴金融城商业配套环境，实施商务楼宇商业配套达标工程，加快金融城商业配套大项目建设，到"十三五"末，陆家嘴商务楼宇总量已经与全球主要金融中心容量相当。同时期，浦东加快关键金融基础设施建设，为金融产品的研发、定价、交易、结算模式创新提供技术和数据支撑。相关基础设施的落地、推进和上线运营持续完善了上海金融基础设施体系，为服务上海国际金融中心建设打下基础。

---

① 恰逢其时！深圳可到境外发行离岸人民币地方政府债券［EB/OL］. https://baijiahao.baidu.com/s?id=1680934337801258903&wfr=spider&for=pc.

（二）持续提升政府专业化服务水平

出台金融“十二五”“十三五”专项规划，引领浦东金融核心功能区建设。出台《浦东新区促进金融业发展财政扶持办法》《浦东新区促进金融业发展财政扶持办法实施细则》，为金融核心功能区建设提供政策保障。改善优化金融法治、监管、信用、人才等软环境，“一行三会”和“一行三局”、上海金融仲裁院、浦东法院金融审判庭等均设立于浦东。制定实施融资租赁行业扶持政策，落实相关金融奖励措施；建立服务平台，对全区重点金融集聚区的楼宇和地块信息进行监测，及时发布商务楼宇和土地的供需状况信息，方便中小型金融机构进驻。

（三）持续推进金融人才高地建设

围绕金融行业群体在教育、医疗、安居等方面的现实需求，陆续推出了针对性的“金才优教”“金才优护”“金才安居”等系列服务，为金融人才就医、就学、安居等方面的需求提供优质服务，有效消除后顾之忧，持续提高本地人才吸引力。依托浦东国际金融研究交流中心大力引进海外顶尖金融教学资源，深入推进与美国麻省理工学院斯隆商学院等顶尖高校的合作，构建兼具开放、探究、研讨、互动等特色的新型金融培训模式，打造金融人才培养高地，为金融业发展奠定扎实的人才基础。

（四）持续提升金融机构集聚能级和水平

对标成熟的国际金融中心的金融机构体系，浦东持续加大政策支持力度，大力引进持牌监管类金融机构、非监管类金融机构、金融专业配套服务机构。截至目前，上海浦东的监管类机构、非监管类机构、金融专业服务机构分别达到1001家、6934家和2197家，还聚集了高盛、摩根士坦利等国内外金融各行业领跑企业，初步形成了完备的金融机构体系。

（五）持续推动金融业体制、机制、模式、产品创新发展

借鉴国内外先进经验，开展金融城管理体制改革，着力明晰金融城的四至边界、厘清体制框架与机构属性、增进政府统筹与业界自治的良性互动；

持续推进外汇管理体制改革创新，大力推进跨国公司资金运作便利化改革，稳步深化期货保税交割业务试点工作，探索推进跨境人民币结算再保险业务；大力推动“上股交”实质性运作，开展新型资产管理业务试点，搭建专业平台，组建各类功能性担保公司，优化整合功能性担保资源，依托市场机制扩大银行授信。2013 年上海自贸试验区设立后，浦东紧紧围绕主动服务自贸区发展，进一步加大了金融改革与创新的力度，不断拓展要素市场功能，推动金融产品创新，建设面向全球的金融交易平台，丰富自由贸易账户的功能，开启自由贸易账户外币业务，稳步推动创新试点投融资汇兑便利、人民币跨境使用、利率市场化、外汇管理改革等，持续拓展浦东的金融市场广度和深度，增强金融核心功能区的辐射力和国际影响力。

（六）持续推进金融服务实体经济发展，改善民生

浦东要发挥金融支持的核心作用，深入推动金融行业与科技、贸易、航运等产业融合发展，构建中小微企业融资服务平台，改进提升金融服务窗口工作，试点推动小微企业信用贷款业务，推动市担保中心建立担保申请审批绿色通道。持续深化“银政合作”，在银政合作项下为中小微企业提供贷款便利。依托多层次资本市场，对重点在审和辅导备案企业给予更多关注，推动帮助企业挂牌上市。创新探索科技企业批量化融资的新服务模式，促进金融支持服务新型城镇化和改善民生，推动开展小微“双创”增信基金暨银政合作项目，大力开设专业科技银行，引导金融资源精准对接服务科技创新型企业。推动金融服务“三农”与改善民生，鼓励小贷公司对“三农”和中小微企业开展授信业务。探索创新金融服务“三农”新模式，推动农村集体土地承包经营权流转，引导惠民银行对接开发流转土地抵质押的融资产品服务，推进金融机构批量化服务“三农”企业，推动金融服务深入街镇、社区一线服务，大力推动金融行业服务经济社会发展。

二、发展普惠金融，支持共享发展

近年来上海着力推进普惠金融发展，打造大都市型普惠金融上海模式，取得了显著成就，从政策支持体系、银行业小微金融服务、风险分担与信用

增进机制、多层次市场融资体系、民生金融服务体系、地方政府发行债券等6个方面开展工作。

（一）不断健全完善政策支持体系

1. 加强宏观顶层设计

2017年出台的《关于印发上海市推进普惠金融发展实施方案的通知》，从6个方面提出了20条具体措施，着力推进改善普惠金融发展环境，建设完善的多元化普惠金融机构体系，开发创新金融产品和服务，增强相关政策的引导和激励效果，构建完善的普惠金融教育、风险防范体系等，有效拓展了普惠金融服务的覆盖广度，提高了金融服务对象的产品服务可得性和满意度。2017年上海出台的2017~2020年银行业支持科创中心建设的行动方案，引导商业银行坚持“商业可持续、政策可托底、风险可控制、激励可相容”4个经营理念，实现经营模式从“房变钱”转为“纸变钱”，从“向后看”转为“向前看”，从“常规军”转为“特战队”，从“单干户”转为“合作社”的4个转变，并明确了6个方面的主要任务以及5个方面的保障措施，借此打造具有“4465”科技金融框架体系的上海特色；同时为了科技专营机构体现科技金融属性，首次制定了辖内科技支行的专业化标准指标，并制定了科技支行具体的考核评估体系，力促金融机构更好地服务科技创新企业。

2. 发挥财政资金杠杆作用

2014年制订了《上海市中小企业发展专项资金管理办法》，2016年安排落实1亿元中小企业发展专项资金，主要用于为在技术、业态、模式以及产业等方面较为先进的中小企业发展提供帮助。2019年上海市政府对该办法进行了修订，对资金用途进行了明确规范，主要在培育改制上市、信用担保、贴息、融资附加费的奖补等方面提出支持中小企业发展的明确要求。另外，市财政组织新型农村金融机构定向费用补贴资金的申报，落实地方配套的资金，对达到补贴标准的金融机构，以其当年度贷款平均余额的2%为上线给予补贴，推动完善农村地区金融服务体系建设，提高农村地区金融服务可获得性。针对农业保险，通过政策引导逐步培育农业保险发展。坚持政策扶持、市场化运作、专业化经营、以险养险新模式，推动农业保险覆盖率领跑全国省级行政区，在全国范围内首创小额信贷保证保险，推动农业信贷和农业保险机制有效联动，探索建立了“淡季”绿叶菜价格保险机制，推动农业保险从保障传统的自然风险拓展到保障市场风险。通过农业保险风险管理和保障补偿功能化解农业自然风险，保障农业效益和农民收入。在支持小微企业方面，制定免征贷款利息收入增值税等相关税收政策，扩大小微企业小额贷款利息减免增值税政策的覆盖面和额度。从 2019 年起，将免征贷款对象的范围从农户进一步扩大到小型企业、微型企业以及个体工商户，同时将免征增值税的贷款额度从 10 万元提高到 1000 万元，进一步强化了税收优惠作用，促进银行业整体为小型企业、微型企业和个体工商户的稳定健康发展提供更多金融支持。

3. 完善政策性风险分担机制

自 2010 年以来，上海通过政府、银行、保险联动，提高没有抵押和担保条件的中小企业、创新型企业的信贷可获得性，创新推出“科技履约贷”和“科技微贷通”等金融产品，专项服务科技中小企业，对科技中小微企业全生命周期的融资需求给予支持，由政府、银行、保险三方一同分担贷款损失风险。2016 年，上海成立了中小微企业政策性融资担保基金，该基金为科技型中小微企业信贷业务提供担保，主要通过批量和个案担保两种形式。该基金秉持“政策性、公益性、非营利性”原则，不断扩大担保服务覆盖面，至 2019 年末，已和 46 家银行建立合作关系，包括国有、股份制及重点商业银行，以及部分外资和村镇银行在内，初步形成了国家、省市、区三级层次明了、分工较为明确的政策性担保体系。该基金主要开展信用类担保，担保费率低，支持科技型企业的产业导向鲜明，有力激发了科技型中小微企业创新活力。截至 2019 年末，该基金规模已达百亿元，累计审批通过 1.9 万笔担保项目，在保余额 180 亿元，累计担保额 460 亿元。2016 年，上海还制定了《上海市 2016—2018 年科技型中小企业和小型微型企业信贷风险补偿办法》和《关于调整和完善上海市信贷风险补偿政策和信贷奖励政策有关问题的通知》，针对商业银行为符合条件标准的企业授信进而产生的超过一定比例的风险损失，安排信贷风险补偿财政专项资金给予相应补偿。该政策实施以来，上海已给予 40 多家次试点银行超过 1.2 亿元风险补偿，有力加强了商业银行对科技型中小微型企业的信贷支持力度。针对农业“融资难”“融资贵”难题，安排政策性农业信贷担保资金，专项为适度规模的小微农业企业、农业社会化服务组织、家庭农场、种养大户、农民合作社等农业经营主体给予担保支持，对于符合条件标准的贷款业务给予担保费以及贷款利息补贴支持，2018 年累计支持财政支农担保资金 339 笔，担保额超 3 亿元，有效降低了农业经营主体融资成本。

4. 强化财政奖励机制

出台小微企业信贷奖励考核办法等文件，对小微企业信贷工作表现优异的金融机构给予奖励。该政策实施以来获得该项奖励的银行达到 138 家次，获奖金额超 5 亿元。与市中小微企业政策性融资担保基金相配套，设立了浦东新区小微企业增信基金，出台《浦东新区小微企业增信基金管理办法》，给予企业担保费补贴，给予银行贷款创新产品奖励，以及不良贷款风险补偿和规模奖励等措施，促进小微企业信贷降成本、降风险。

（二）银行业小微金融服务体系持续健全完善

1. 组织体系持续健全完善

国有大型商业银行不断完善普惠金融内部组织架构，在市分行层面，工、农、中、建、交五大行都成立了普惠金融事业部；邮储银行成立了小微金融工作领导小组，全面负责小微、科创、扶贫等金融服务，普惠金融业务形成了总行领导下的三级管理架构。其中，农业银行把服务“三农”事业成熟的体制机制应用到普惠金融领域，形成了“三农”和“普惠”金融事业部“双轮驱动”，推动普惠金融服务向基层一线延伸，加强普惠条线营销队伍建设，强化营销力量，通过专项考核和督导等方式，推动普惠金融业务发展。地方法人银行机构不断提升服务覆盖面，也纷纷成立了普惠金融事业部，加强一线营业网点规划建设，大量投放自动柜员机和多媒体自助终端等设备，提升郊县地区金融服务的可获得性，基本实现了上海地区乡镇网点全覆盖的目标。此外，村镇银行的逐步增加，也促进了上海农村地区银行业金融服务体系投资多元化和种类多样化，有效提升了覆盖面、灵活性以及服务质效，在“三农”领域形成了金融与实业的良性互动。

2. 不断优化资源配置

浦发和兴业银行等金融机构持续完善信贷资源配置和动态调控机制，尤其是在配置普惠金融信贷计划时采取单列投放计划方式，全额满足普惠金融信贷投放需求。在客观体现资金成本以及信贷业务定价合理基础上，给予普惠贷款内部资金转移定价优惠，通过营业收入以及内部价格补贴途径，将外部政策红利让渡给一线业务机构，提升一线从业机构和员工发展普惠金融业务积极性。2019 年，上海中资银行普惠贷款内部资金转移优惠定价，较一般法人贷款下降 25 - 155BP（BP 即 Basis Point，1BP 等于 0.01%）。针对普惠金融业务户数多、单户金额小、收益少等普遍存在的问题，上海金融机构通过专项宣传费用或工资额配置，独立编制预算，采取整体提高绩效工资及费用奖励等措施，有效激发营业机构发展普惠金融业务动力。金融机构还独立设置普惠金融业务指标，开展专项差异化考核及营销竞赛活动，调动一线业务机构和员工动力。

3. 持续改进信贷管理机制

针对小微企业融资在期限、金额、频率等方面的特点，上海银行界采取针对性措施，在小微企业授信审批流程机制、信贷资金定价等方面持续改进优化，对信贷发放过程中的尽职免责条例持续完善，通过制度和机制方面的改进优化促进普惠金融深度发展。例如，招商银行等机构推进信贷审批决策关口前移，使信贷人员在贷前调查环节就可以深度了解客户，系统、有效评判客户，筛选优质客户，审批授信，提高业务效率。中国银行、光大银行等众多金融机构通过设立普惠金融信贷工厂、建立普惠金融绿色审批通道、设置普惠金融业务审批时效工作要求等方式精简业务办理及审批流程，提升审批效率。银行业金融机构还大力推进金融产品服务与前沿高新技术融合创新发展，推进线上金融产品服务创新，提高授信业务在线上渠道申请审批、数据模型化处理、自助化偿还贷款等方面的比重，提高对小微企业的金融服务效率水平。平安银行优化审批机制，实现了小微企业信贷审批平均时长不超 1 分钟的目标，工商银行推出的小微贷产品甚至实现了“秒贷”的目标。采取改善小微企业贷款定价机制，结合 LPR 发展趋势、市场竞争因素，对普惠金融产品进行有针对性的合理定价。

4. 不断优化科技金融服务体系

2015 年，上海市颁布关于提高专业化经营和风险管理水平进一步支持科技创新的指导意见，提出了倡导“六专机制”和新“三查”标准。“六专机制”指专营的组织架构体系、专业的经营管理团队、专用的风险管理制度和技术手段、专门的管理信息系统、专项激励考核机制和专属客户的信贷标准；新“三查”标准鼓励银行学习创投机构先进经验，推进银行内部的授信审批标准以及业务流程向“创投”看齐。“六专机制”实施以来取得了一定成效，截至2019年年末，科技支行和科技特色支行分别达到7家和91家。①

5. 信贷产品服务不断创新改进

针对小微企业融资特点，积极探索信用贷款的实践，开发符合普惠小微企业融资需求的信用贷款新产品，如上海银行的“银税保”、浦发银行的“科创融易贷”、光大银行的“广大E微贷”等。推进期限管理创新，根据不同规模的小微企业在贷款周转方面的不同需求，调整延长贷款期限，提高小微企业生产经营过程中对中长期贷款需求的满足度。如浦发银行将小微企业专项贷款产品期限提高至5~10年，农商银行开发的“经营贷”将贷款期限拉长至5年。推进无还本续贷产品的开发与应用，支持正常经营的小微企业在贷款到期周转，实现“无缝衔接”，其中针对担保方式涉及外部保证担保情况的小微贷款，与市中小微担保基金管理中心及科委密切协作、疏通业务流程，实现了与其关联的贷款业务无还本续贷时的业务贯通，大大提升了无还本续贷业务覆盖范围。与政府部门以及保险公司等金融机构深入合作，拓展抵（质）押物范围，例如浦发银行的“智汇贷”和中国银行的“海关保函担保”，分别以政府备案认可的知识产权和海关保函为拥有知识产权和海关保函的小微企业融资，缓解了小微企业在融资时面临的可用抵质押品范围狭窄、缺乏押品的问题，进一步拓展了区域内小微企业融资可用抵质押物范围，提升了小微金融覆盖率。

上海银保监局推动银行业金融机构对标科技创新型企业创新全链条，开发相应的金融服务产品，将发放授信与股权投资融为一体，以“债+股”的服务新模式推进投资和放贷联动发展，服务支持国家重点实验室和研究平台的科技成果转化，为初创起步阶段的科技创新型企业成长发展提供更多

---

① 上海银保监局．2019年度上海市普惠金融发展报告．

支持。①

“三农”产品方面，丰富了面向农业、农村、农民的授信产品服务种类，积极、稳步推动涉农授信业务中的农村土地经营权抵押以及集体经营性建设用地使用权担保试点工作，对涉农信贷业务给予优惠利率。创新“银保联合”贷款模式，如 2008 年安信农业保险公司创新开设小额贷款信用保证保险，向农民专业合作社金额不超过 100 万元的信贷业务提供担保服务，而且对此类贷款商业银行以基准利率放款，给予了较多利率优惠。至 2018 年，已为 1000 余家合作社累计提供了 4000 余笔贷款信用保证（担保），贷款总额 28.9 亿元，贷款余额 3.2 亿元，贷款不良率不足 0.5%，信贷质量总体较好。② 开创农业机械购置补贴贷款产品服务，为购买农业机械的农民专业合作社、家庭农场以及小微农户等群体提供融资服务。如邮储银行上海分行开展了农业机械购置补贴贷款试点工作，截至 2018 年年底，已提供了 67 笔近 1800 万元的贷款支持，有效帮助农民及时运用先进适用的农业机械装备农业，改善生产经营条件。③

三、风险分担与信用增进机制持续完善

上海通过融资担保机构、保险机构分担风险，健全完善公共信用体系建设等途径，构建“小微企业金融服务命运共同体”模式，引导金融资源助力小微企业发展。

1. 发挥融资担保机构风险分担作用

上海自 2011 年正式开展融资性担保行业规范发展和业务监管以来，经过不断的风险化解和处置工作，融资担保机构数从高峰时的近 80 家减少至 2019 年末的 30 家，机构质量得到明显提升。截至 2019 年年末，上海市共有融资担保持证机构 30 家，注册资本 174 亿元，融资担保余额 253 亿元，其中小微企业融资担保余额占比 77.28%。该行业的发展呈现出以下特征：一是行业结构持续优化，担保机构减量增质，行业整体实力和风控水平都在优胜劣汰中不断加强，减量增质效应较为明显。二是担保业务结构不断优化，机

①②③　上海银保监局. 2018 年度上海市普惠金融发展报告.

构更倾向于向科技类企业提供担保，单笔担保余额金额有所下降。反担保手段中，信用担保占比大幅上升。三是积极落实产业政策，积极服务中小微企业、服务“三农”、服务所在区经济转型发展。2019 年，上海市担保费继续下降，年化平均融资担保费率 1.23%，同比下降 17.45%，进一步降低了小微企业融资成本。①

2. 发挥政策性担保基金风险分担作用

上海在 2016 年成立了中小微企业政策性融资担保基金，在功能定位方面突出该基金的政策导向属性以及公益非营利属性，既开展批量担保也开展个案担保，通过这两种形式为科技型中小微企业信贷业务提供担保支持。浦东新区还制定了本区域的小微企业增信基金管理办法，对应上海市级层面基金设立了相应的浦东新区小微企业增信基金，对目标对象企业的担保费用给予补贴，对银行发放的中小微信贷业务给予规模奖励，对产生的不良信贷风险给予补偿，通过以上诸多措施推动中小微企业增进信用，降低资金成本，促进发展成长。

3. 发挥保险机构风险分担和增信作用

上海地区针对科技型中小微企业的保险业务创新工作在全国范围内处于先进行列，为科技型中小微企业量身打造开发了“科技贷”“微贷通”等贷款履约保证保险产品。该类产品在风险分担方面进行了拓展，保险公司为企业贷款提供履约保证保险，为企业融资提供增信支持，形成保险公司、政府会同银行共同对信贷风险进行分担的机制。保险公司开发了专利综合保险等产品，为企业开展创新活动提供保险保护。专利综合保险是面向中小微科技创新型企业试点开发的产品，专项用于对企业专利原始创新进行保护，该险种通过对企业投保专利险，给予补贴强化激励引导作用，投保企业可以获取高达保费金额一半的资助，理赔时最多可以获得高达 50 倍保费的赔偿。②

---

① 上海银保监局. 2019 年度上海市普惠金融发展报告.

② 上海银保监局：“科技贷”和“微贷通”支持小微企业贷款近百亿元［EB/OL］. https：//baijiahao. baidu. com/s? id = 1670622621497230004&wfr = spider&for = pc.

4. 大力推进完善公共信用体系建设

通过划定试验区试点开展信用体系建设等方式，大力推进为中小微企业融资提供支持的信用体系建设，加强服务于中小微企业融资的各类线上平台建设，打造渠道完善的企业融资政策性服务体系。上海人民银行在动产融资登记统一公示平台基础上，围绕更好服务于企业融资这一核心目标，大力推进系统应用领域拓展和推广工作，使动产融资统一登记平台与银行信贷业务实现了深度对接贯通，动产融资登记服务拓展到包括应收账款质押、保证金质押、涉农产权抵押等十多项，有效拓展了小微企业融资渠道，提高了便利性。强化大数据应用，破解信息不对称。上海于 2019 年制定了公共数据开放暂行办法，是全国范围内围绕数据开放出台的第一部政府规章。启动了全市大数据普惠金融应用建设工作，大数据中心在市级层面加强资源统筹协调，在电子政务云与公共数据开放平台基础上，与“一网通办”深度对接融合，开发载入普惠金融业务相关功能，将银行开展普惠金融业务时依赖关注的相关政务及公用事业数据信息向平台开放投送。银行业金融机构则可以在该系统平台上便捷获取有关数据信息，进而依靠大数据、云计算等高新科技手段分析数据，进而对目标企业进行相对准确合理的评价筛选，破解双方信息不对称的难题困境，提高银行业金融机构在信贷业务中的科学决策水平。

四、建设多层次资本市场体系

1. 发行小微企业专项金融债，拓展服务小微企业资金来源

商业银行通过发行小微企业专项金融债，从债券市场募集资金，专款专用，将资金投放到面向小微企业的信贷业务中，将债券市场和小微企业间接联系起来，架起双方资金联通的桥梁。上海从 2018 年开始，由交通银行会和浦发银行分别完成一笔小微企业金融债券的发行工作，两家商业银行通过两单金融债的成功发行，从债券市场募集了 600 亿元资金，大大提高了两家银行向小微企业发放信贷的资金实力，为当地小微企业从银行业金融机构获得低成本信贷资金提供了便利。

2. 股权市场融资功能持续增强

积极支持上市公司健康发展，引导证券公司提升金融网点覆盖面和服务能级，为科技创新型企业、中小微企业提供高效的金融服务。2019 年，上海共有 14 家民营企业实现 IPO，共融资 112.48 亿元。8 家民营上市公司股权再融资 47.65 亿元，10 家（次）民营上市公司债券融资 34 亿元。遵循证监会关于建设多层次资本市场体系的统一要求，成立了上海股权托管交易中心。“上股交”成立以来，立足本地成熟的金融环境和资本市场基础优势，建立了一套完整的制度体系，实现了探索非上市企业挂牌融资领域的突破。围绕发挥资本市场助推科创企业高质量发展目标，上海出台了专项工作实施意见，开展“浦江之光行动”，发挥上海科创中心在创新资源策划引领能力方面的优势，深度发掘科技创新型种子企业，积极培育引导其在科创板上市融资。

3. 鼓励天使投资和创业投资

上海在 2010 年成立的创投引导基金是我国各地设立的政府引导基金中最早的一批，基金成立以来参股对象包括创投、并购以及母基金等各类市场化基金，数量超过 70 多家，在当地创投基金管理团队建设方面发挥了举足轻重的作用，有效提高了当地创投基金管理水平，促进了创业投资及其相关产业的快速发展。截至 2019 年年末，上海创投引导基金参股基金总规模近 600 亿元，其中创投基金近 400 亿元，实现财政资金撬动 6 倍社会资本。参股子基金所投近 900 个项目，早期和早中期企业占比超过 90%，基本全部聚焦在战略新兴产业领域，孵化了找钢网、沪江网、挂号网、平安好医生等独角兽企业，培育了芯原电子、联芯科技、药明康德等一大批细分行业的龙头企业。此外，上海于 2014 年年底从上海市创业投资引导基金中专项安排 5 亿元，设立了上海市天使投资引导基金，截至 2019 年年末，天使引导基金总规模 25 亿元，参股各类天使基金近 60 家，参股基金总规模 75 亿元，实现财政资金撬动社会资本 5 倍。吸引集聚了 Inno Space 等民营和产业资本主导的早期基金，以及天使湾等外地知名基金。参股子基金目前累计投资 700 个项目，投资金额超过 30 亿元，其中初创期企业占比超过 70%，培育孵化了鹍远生物等一批细分领域明日之星企业。①

① 上海银保监局. 2019 年度上海市普惠金融发展报告.

五、民生金融服务体系初步构建

近年来，上海大力推进普惠金融业务拓展服务领域，强化对养老健康、家政幼托等民生领域的服务力度，引导银行业、保险业等金融机构根据民生领域需求特点，开发创新相应金融产品与服务，将更多金融资源引入薄弱环节，初步构建了民生金融服务体系。

1. 加强养老金融服务

2019 年出台了《上海市深化养老服务实施方案（2019—2022 年）》，对构建符合超大型城市特点的养老服务体系进行了全新、系统谋划，从信贷间接融资以及直接融资等角度，加强金融行业对养老服务行业的支持力度，丰富直接面向老年人个人的金融产品与服务，强化对老年人群体的金融服务。推动试点了住房反向抵押养老保险，梳理完善了业务全流程。截至 2019 年年末，累计承保客户 47 户 64 人，其中已发放养老保险金 45 户 62 人，共发放养老金约 1831 万元，每户月均领取养老金约 12149 元，大幅改善老年生活质量。开发面向老年人群体的责任险和意外险产品，针对居家养老群体和在养老机构的养老群体，分别推出了居家养老责任险和养老机构住养人员意外伤害险，开展了“银发无忧”老年人综合意外保障项目。鼓励支持保险行业以投资方式加强对养老行业支持力度，引导保险资金以股权投资等方式向医疗、养老以及健康产业流动。中国人寿于 2016 年在上海成立成达大健康产业基金，在大健康产业股权投资基金行业中处于引领地位；中国人寿出资入股健康相关行业领域企业，其中就包括华大基因、信达生物等一批龙头企业。此外，加大对养老机构融资支持力度，各大银行调整信贷政策，对社区养老服务领域，加大信贷支持力度。截至 2019 年年底，对社区养老贷款支持已超 20 亿元。政策性融资担保基金还协调推进了“养老企业白名单”制度，由政府推荐白名单优质企业，担保基金为其融资分担风险。在间接融资以外，上海还积极引导支持养老行业优质企业在“上股交”挂牌，通过直接融资方式获取更多发展资金。截至 2019 年年末，共有 22 家养老企业在上海股交中心挂牌或展示，累计获得融资 1.75 亿元①。

① 上海银保监局 . 2019 年度上海市普惠金融发展报告 .

2. 加强家政、托幼行业的金融服务

上海在2019年组织开展了家政服务业提质扩容“领跑者”行动试点工作，通过对家政“领跑者”企业、社区以及学校等的培育，推动家政服务业提质扩容。加大家政服务综合性保险保障及补贴。各大保险公司创新险种产品，为家政服务业雇主及从业人员提供一系列综合性保险保障及补贴，险种保障范围涵盖了雇主责任、员工意外伤害等情形，在家政雇用责任领域实现了保险经营的突破；推动商业银行针对家政行业特征和需求加强产品开发创新，健全服务体系，强化银行业对家政服务业资金需求支持力度，截至2019年年末，试点银行家政服务贷款余额1368万元，较上年同期增长164%。①

托幼方面，2018年以来就加强托幼机构管理，遵循“政府引导、家庭为主、多方参与”的思路，连续发文予以规范，从顶层设计层面完善托幼服务管理有关机制，支持引导全社会各领域资源规范进入托幼行业，丰富服务形式，推进托育服务体系化发展。

3. 加强“三农”金融服务

强化顶层设计规划，依托金融创新服务支持乡村振兴，出台了专项工作实施意见，鼓励引导金融机构紧紧围绕“三农”需求，引导更多金融资源和社会资本流向“三农”领域，提升对农业、农村和农民有关金融服务的覆盖比率和服务质效。银行业紧紧围绕农村承包土地的经营权和农民住房财产权，作为信贷业务的担保增信押品运行过程中存在的问题和风险点，完善业务流程设置和风险点防控措施，加强产品创新开发设计，积极稳健推进“两权”抵押贷款试点各项工作，补齐加强农村地区金融服务的短板薄弱环节和水平。

第三节　金融支持雄安新区共享发展政策建议

基于雄安新区当前经济社会发展现状和金融行业基础，借鉴浦东和深圳

① 上海银保监局. 2019年度上海市普惠金融发展报告。

先进经验，围绕共享发展目标，对雄安新区实现共享发展的金融创新举措提出如下政策建议：

一、大力加强金融行业基础设施建设

鉴于雄安新区金融行业发展相对落后，当务之急是对标对表深圳、上海金融发展，高起点、高标准、高质量打好金融行业发展的物质基础。借鉴浦东零基础发展经验，推进一批重点项目开发建设，配套商务楼宇，完善交通生活设施，打造好雄安新区的金融岛。瞄准雄安新区发展目标定位，打造与其相匹配的金融行业发展硬件基础。加强关键金融基础设施建设，为银行、保险、证券等各类金融产品的研发、定价、交易、结算和模式创新提供技术和数据支撑，为多层次资本市场的发展提供坚实的基础设施支撑条件。加大数字城市基础设施建设力度，完善互联网和数字设备基础体系建设，提升宽带网络和移动网络覆盖广度，强化网络信息安全保障，提高各类数字终端使用普及率，为数字金融发展奠定物质基础。

二、持续提升金融机构集聚能级和水平

针对当前雄安新区金融机构数量少，体系不健全，本土金融机构发展薄弱等现状，一方面加强外部引进力度，提高优惠政策支持力度，吸引各类金融机构尤其是国内外金融行业巨头进驻雄安新区，借助外部力量迅速提升当地金融行业发展水平；另一方面加快内部本土金融机构升级进度，改制重组现有农信社、村镇银行等机构，通过股权运作合并成立雄安新区银行，加快本地金融机构整合重组，持续改进提升规模和结构。根据当地金融业发展实际情况和需要，持续引进培育会计、法律、评估、咨询、财富管理、信用评级与征信、金融人力资源服务等金融专业配套服务机构，健全完善金融机构体系和金融服务产业链条，持续推进当地金融机构集聚能级和水平提升。

三、充分发挥政策的扶持引导作用

借鉴浦东的成功经验，雄安新区也应出台金融专项五年规划，明确普惠

金融扶持办法和细则，改善金融监管、法治、信用、人才等软环境，持续改善普惠金融发展环境。针对金融行业服务“三农”以及中小微企业时出现的市场失灵等突出问题，应当给予针对性扶持引领政策，通过贴息、补贴、税率优惠、奖励等政策给予灵活扶持，引导各类金融机构创新开发产品服务，将更多金融资源用于服务“三农”和中小微企业。雄安新区应设立研发补助专项资金，对符合条件企业的研发投入经费给予研发补助，激发科技型企业完善研发制度加强科技创新的积极性。出台风险补偿办法相关政策，对以商业银行为重点培育的科技型企业的贷款发生贷款净损失给予风险损失补偿。围绕服务中小微企业发展目标，设置专项资金和增信基金，提高针对中小微企业的培育引导力度，通过为中小微企业提供融资担保，给予贴息、融资附加费奖补等途径缓解融资难题。围绕服务“三农”发展目标，针对“三农”领域信贷业务设置政策性担保资金，为目标主体的融资业务提供支持帮助，通过担保费补贴以及贴息等方式为其提供低成本融资。实施普惠金融专项奖励考核办法，对工作突出的金融机构给予奖励，强化财政资金奖励引导作用。鼓励引导有关行业领域积极参与数字金融基础设施建设，通过网络提速降费、提升手机和电脑等数字金融终端载体普及率等途径，降低金融服务成本，将更多潜在客户纳入服务准入范围，为普惠金融覆盖率的提升打好基础。

四、持续提高普惠金融服务覆盖率

当前雄安新区金融机构体系不够健全，营业网点覆盖广度不高，在提升金融机构集聚能级和水平的同时，应推动当地金融行业围绕普惠金融业务，完善内部机构设置和人员配置，横向推进组织架构领导体系设置，强化普惠金融业务组织实施；纵向推进基层业务一线普惠金融业务功能设置，拓展优化线下营业网点布局，强化业务团队建设，壮大条线员工队伍，提高金融服务覆盖率。着重加强郊县地区营业网点机构设置和人员配备，推进中央普惠金融发展专项资金有关政策措施在当地贯彻落实，对在农村地区开设的新型农村金融机构给予相应政策性补贴，鼓励引导金融机构通过投放设置 ATM、媒体自助终端、无人银行等自助设备和网点，补齐面向农村地区普惠金融服务短板和薄弱环节，推动金融机构在农村地区延伸服务触角、完善服务体系。在线下网点布局拓展受成本制约较大情况下，积极鼓励引导各类金融机构紧跟时代步伐。从数字金融业务角度入手，依托大数据、AI等高新前沿科技对自身金融产品服务进行改进创新，推进金融产品数字化和平台化，借助雄安新区不断完善的数字金融基础设施，突破线下营业网点成本制约，拓展金融服务边界，构建具有雄安新区特色的金融服务业态，推动普惠金融业务惠及更多民众。

五、不断加大金融创新发展力度

要坚定不移走创新引领发展的普惠金融发展之路，大力推动云计算、大数据和AI等新技术与普惠金融的融合发展。鼓励支持各类金融机构创新线上、线下经营模式，开发新的服务平台和渠道，瞄准市场需求研发新的产品和服务，重点推进数字化信贷、数字化保险等市场迫切需求的产品服务，不断提高金融产品服务与市场需求的匹配程度，降低普惠金融业务成本，提升普惠金融业务可持续性。学习借鉴深圳和上海浦东普惠金融创新经验，着重加强服务小微企业、“三农”产品创新，强化科技型企业支持引导力度，根据其需求特点针对性开发使用产品服务，增加信用贷款、无还本续贷产品、科技贷等产品供给，根据小微企业的生产规模及周转特点合理设置贷款期限，推进知识产权、海关保函、新险种保险保单等新型质押品作为风险补充，丰富小微企业增信渠道；认真借鉴上海等地在农村承包土地的经营权、农民住房财产权、集体经营性建设用地使用权抵押贷款业务开展过程中积累的经验，积极稳健推进“三权”抵押贷款业务以及农业机械购置补贴贷款业务在雄安新区地区的创新试点推广。对“三农”信贷实行优惠利率，持续强化金融产品创新，提升普惠金融产品适用度和可获得性。

六、持续完善风险分担和信用体系建设

雄安新区应着力推进融资担保公司、保险机构分担风险，健全完善公共信用体系建设，引导金融资源助力小微企业发展。培育优化融资担保行业体

系结构，推进市场化运作和优胜劣汰，引导优化担保业务结构，引导担保资源向中小微企业、科技型企业和“三农”倾斜。成立中小微企业政策性融资担保基金，坚持“政策性、公益性、非营利性”原则，依据国家和地方产业政策制定担保政策，强化鲜明的产业导向。出台孵化器科技企业信贷风险补偿办法，建立科技信贷风险准备金池，鼓励引导金融机构开发适用于科技型企业的产品服务，对合作产品服务出现坏账给予本金损失补偿。发挥保险机构风险分担和增信作用，创新推进知识产权质押贷款保证保险业务，大力支持保险机构对标科技创新型企业从技术研发到成果转化不同阶段需求特征，开发创新保险产品服务，提供针对性强乃至定制化保险服务；开发完善履约保证保险产品，通过保险公司为目标企业信贷业务提供保证担保，推进政府、银行与保险等多方参与分担信贷风险，丰富企业增信措施，降低企业融资成本。充分发挥大数据、云计算、AI 等数字技术，大力推进信息数据共享，持续完善公共信用体系建设，制定雄安新区公共数据开放共享办法，向金融机构免费开放与开展普惠金融密切相关的政务、公用事业等各类公共数据，消除普惠金融业务各方参与主体间的信息壁垒，降低各方交易成本，促成更多普惠金融业务，惠及更多小微企业；大力推进完善公共信用体系建设，将更多业务机构和业务种类接入征信系统管理，推动征信机构完善征信管理系统，夯实征信数据质量基础，丰富征信产品服务，细化针对中小微企业以及“三农”领域经营主体的信用体系建设管理工作，通过推进人行征信、互联网征信、公检法公共数据以及各种生活类信用信息等数据整合、互联互通的途径，完善全社会信用信息评价共享体制机制建设，构建起人人重视信用、爱护信用、遵守信用的信用体系，助力普惠金融健康、安全、平稳发展。

七、推进完善多层次市场融资体系建设

发掘股权融资市场服务中小企业潜能，就引导培育中小企业上市融资制定完善的专项工作计划，积极支持培育目标企业上市融资发展。围绕创业投资和天使投资设立引导基金，推进引导基金市场化运作，使财政资金通过基金杠杆撬动更多社会资本，为优质创业企业和新兴朝阳产业汇聚更多发展资

金支持。支持银行业金融机构通过发行专项金融债，募集更多资金投向小微企业信贷领域，缓解银行业金融机构服务小微企业资金规模不足的问题。引导小额贷款以及融资租赁等行业有序发展，优化调整对小额贷款行业监管政策，引导当地小额贷款公司学习借鉴发达地区同行业先进经营理念、业务流程、信贷技术、产品服务等要素，推动小额贷款行业有序发展、优化结构，更好地服务于当地小微企业。通过外部引进与内部培养并重的方式，提高雄安新区当地融资租赁企业整体实力，推动行业整体快速发展，鼓励引导融资租赁公司与孵化器、公共服务平台等协同配合，强化融资租赁公司对科创型中小微企业以及“三农”领域的支持力度，为中小微企业和各类农业经营主体在设备改造更新、技术升级更新过程中的资金需求提供新型融资支持。

八、积极稳健发行地方政府债券，助推公益项目建设

雄安新区基建需求巨大，公益项目也需要大量资金投入，雄安新区应用好中央给予雄安新区单独核定发债限额等政策优惠，发挥自身举债空间大的优势，积极稳健发行政府债券，丰富拓展公益项目资金来源，推动共享发展。

一是用好中央给予的发债限额政策，积极发行雄安新区一般债券和专项债券，发挥雄安新区未来土地出让收入增长空间巨大的先天优势，最大限度发挥出雄安新区专项债券发行效能。针对一些没有收益或收益很少、不具备单独发债条件的公益项目，积极争取政策，尝试与经济和社会效益显著的重大项目捆绑发债，充分运用雄安新区专项债券额度，更好发挥债券资金对雄安新区养老、医疗、教育、体育、文化艺术等公益项目的支撑作用。

二是积极推动雄安新区集团企业债券在上交所、深交所等各类高级别交易市场发行，提高雄安新区集团债券总量规模，丰富债券品种，推进投资主体多元化，提高雄安新区集团债券价格发现和运行管理的市场化程度。

三是积极推进雄安新区债券在自贸区和境外发行，规范发行管理，拓宽融资渠道，完善体制机制，发挥评级体系对举债主体的约束和监督作用，与国际金融市场接轨。积极争取境外发行离岸人民币地方政府债券，抓住当前

中外债券利差处于高位、人民币债券投资价值在全球市场凸显的机遇期，推动雄安新区债券走向境外市场。

四是大力推进制度建设，规范运行，防范风险，稳健发挥债券融资功能。建立严格规范的政府债券资金使用管理办法，确保举债资金专款专用投向既定公益项目。通过制度建设，规范偿债机制，确保一般债和专项债具有可持续的一般预算收入和政府基金收入作为还债支撑，严防信用风险。完善风险管理机制，大力推进政府债务信息披露、评级管理、动态管理、风险预警、偿债准备金等制度建设，完善多层次监管体系，强化对政府债务的动态监控和风险管理，防范公共风险。

参考文献

[1]《习近平谈治国理政》第一卷，外文出版社，2018年版。

[2]《习近平谈治国理政》第二卷，外文出版社，2017年版。

[3]《习近平谈治国理政》第三卷，外文出版社，2020年版。

[4] 中共中央国务院关于对〈河北雄安新区规划纲要〉的批复[Z]. 2018。

[5] 习近平：《为建设世界科技强国而奋斗——在全国科技创新大会、两院院士大会、中国科协第九次全国代表大会上的讲话》，人民出版社，2016年版。

[6] 中共中央宣传部编，《习近平总书记系列重要讲话读本（2016年版）》，学习出版社、人民出版社，2016年版。

[7] 中共中央文献研究室编，《习近平关于社会主义生态文明建设论述摘编》，中央文献出版社，2017年版。

[8] 中共中央文献研究室编，《习近平关于全面深化改革论述摘编》，中央文献出版社，2014年版。

[9] 中共中央文献研究室编，《习近平关于科技创新论述摘编》，中央文献出版社，2016年版。

[10] 全国干部培训教材编审指导委员会组织编写，《建设现代化经济体系》，人民出版社，2019年版。

[11] 国家行政学院经济学教研部，《中国经济新常态》，人民出版社，2014年版。

[12] 吴晓灵，《中国金融政策报告2017》，中国金融出版社，2017年版。

[13] 国务院发展研究中心课题组，《迈向高质量发展：战略与对策》，中国发展出版社，2017年版。

[14] 黄金平、龚思文，《潮涌东方：浦东开发开放30年》，上海人民出版社，2020年版。

[15] 邢毓静主编，《金融改革开放40年：深圳案例》，中国金融出版社，2020年版。

[16] 南岭，《深圳产业政策40年》，中国社会科学出版社，2020年版。

[17] 刘琼祥主编，《深圳特区30年建设科技成果回顾与展望》，中国建筑工业出版社，2010年版。

[18] 李晓西、夏光等著，《中国绿色金融报告2014》，中国金融出版社，2014年版。

[19] 王遥潘、冬阳主编， 《地方绿色金融发展指数与评估报告(2018)》中国金融出版社，2019年版。

[20] 马中，《中国绿色金融发展研究报告2019》，中国金融出版社，2019年版。

[21] 史英哲 等著，《中国绿色债券市场发展报告（2020)》，中国金融出版社，2020年版。

[22] 曾刚、何炜、李广子、贺霞，《中国普惠金融创新报告（2020)》，社会科学文献出版社，2020年版。

[23] 吴晓求等，《中国资本市场研究报告：2020》，中国人民大学出版社，2020年版。

[24] 中国人民银行编，《中国金融标准化报告2020》，中国金融出版社，2021年版。

[25] 周娟美，《科技金融与科技型中小企业创新》，经济管理出版社，2021年版。

[26] 中国科学技术发展战略研究院，中国科技金融促进会，上海市科学学研究所编，《中国科技金融生态年度报告2020》，上海交通大学出版社，2020年版。

[27] 钟伟等，《数字货币：金融科技与货币重构》，中信出版社，2018年版。

[28]《从金融与实体经济的适应效率看金融结构的演进趋势》，浙江金融，2004年5月出版。

[29] 白钦先,《经济全球化和经济全球化的挑战和启示》, 世界经济, 1999 年 6 月出版。

[30] 裴喜亮、王新,《关于我国金融创新的发展研究》, 长春理工大学学报, 2014 年 9 月出版。

[31] 应根菊,《浅谈商业银行创新途径和对策分析》,《经济师》, 2015 年 2 月出版。

[32] 张贵、刘霄,《雄安新区: 创新生态系统建设与金融支撑》, 金融理论探索, 2017 年 12 月出版。

[33] 马嘉楠,《地方财政支持与企业科技创新关系及政策研究》, 上海社会科学院, 2018 年。

[34] 中国 (上海) 自由贸易试验区管理办法 [Z]. 上海市政府, 2013 年。

[35]《关于金融支持中国 (上海) 自由贸易试验区建设的意见》, 中国人民银行, 2013 年。

[36] 上海银保监局,《2019 年度上海市普惠金融发展报告》, 2019 年。

[37] 深圳市人民政府,《深圳国家创新型城市总体规划实施方案》, 深圳政府在线, 2009 年。

[38] 上海市人民政府,《关于支持浦东新区改革开放再出发实现新时代高质量发展的若干意见》, 上海市人民政府网站, 2019 年。

[39] 深圳市统计局,《深圳市 2019 年国民经济和社会发展统计公报》, 深圳市统计局官网, 2020 年。

[40] 上海市统计局,《上海市 2019 年国民经济和社会发展统计公报》, 上海市浦东新区统计局官网, 2020 年。

[41] 国务院,《国务院关于积极有效利用外资推动经济高质量发展若干措施的通知》, 2018 年。

后　　记

时光荏苒，从承担雄安新区课题研究到现在已经三年多的时间了，其间由于2019年工作调动和新冠肺炎疫情影响，课题研究一度受到影响。好在课题组成员精诚团结，克服重重困难，终于完成研究任务。研究期间，课题组成员河北金融学院胡继成、田媛、李俊强、谷晓飞、刘政永五位同志为课题设立经济高质量发展指标做了大量工作，郭靖、刘兢轶、闫东彬等同志提供了很多资料和思路以及协调工作，河北大学吴加顺老师、邯郸学院王岚、张晓阳、李男、刘丹丹、魏然、展海冰、张江等八位老师也为课题完成分别查找资料、文字梳理、调查研究，付出很多心血与汗水，在此，对以上老师表示深深的感谢！此外，本书在写作过程中还得到了河北金融学院党委书记杨兆廷教授、河北省发展与改革委员会财金处孟军平处长、财达证券胡恒松副总经理、中国财政经济出版社高进水副总编、编辑高树花老师的鼎力支持，在此也表示衷心感谢。

应该说研究雄安新区的金融工作，既是我们教学工作的延伸，也是服务国家社会发展大局的一种方式。研究的过程，虽然困苦煎熬，但也是我们思想认识提高的过程。未来已来，有生之年能为雄安新区的建设贡献些许智慧与力量，何其幸哉！

作者
2022年4月25日